U0574426

权威·前沿·原创

皮书系列为
"十二五""十三五"国家重点图书出版规划项目

BLUE BOOK

智 库 成 果 出 版 与 传 播 平 台

体育蓝皮书

BLUE BOOK OF SPORTS

中国体育发展报告（2020~2021）

ANNUAL REPORT ON THE DEVELOPMENT OF SPORTS IN CHINA (2020-2021)

研创 / 北京体育大学中国体育战略研究院

主 编 / 白宇飞 高 鹏

副主编 / 范松梅 吴 迪 蔡 娟

社会科学文献出版社

SOCIAL SCIENCES ACADEMIC PRESS（CHINA）

图书在版编目（CIP）数据

中国体育发展报告 . 2020 - 2021/白宇飞，高鹏主编
. -- 北京：社会科学文献出版社，2021.9
（体育蓝皮书）
ISBN 978 - 7 - 5201 - 8912 - 5

Ⅰ. ①中…　Ⅱ. ①白…　②高…　Ⅲ. ①体育事业 - 研
究报告 - 中国 - 2020 - 2021　Ⅳ. ①G812

中国版本图书馆 CIP 数据核字（2021）第 173095 号

体育蓝皮书
中国体育发展报告（2020~2021）

主　　编／白宇飞　高　鹏
副 主 编／范松梅　吴　迪　蔡　娟

出 版 人／王利民
组稿编辑／祝得彬
责任编辑／张　萍
文稿编辑／王红平
责任印制／王京美

出　　　版／社会科学文献出版社·当代世界出版分社（010）59367004
　　　　　　地址：北京市北三环中路甲 29 号院华龙大厦　邮编：100029
　　　　　　网址：www. ssap. com. cn
发　　　行／市场营销中心（010）59367081　59367083
印　　　装／天津千鹤文化传播有限公司

规　　　格／开本：787mm×1092mm　1/16
　　　　　　印张：17.75　字数：264 千字
版　　　次／2021 年 9 月第 1 版　2021 年 9 月第 1 次印刷
书　　　号／ISBN 978 - 7 - 5201 - 8912 - 5
定　　　价／168.00 元

本书如有印装质量问题，请与读者服务中心（010 - 59367028）联系

主编简介

白宇飞 博士，北京体育大学教授、博士生导师，北京体育大学中国体育战略研究院研究员，中国体育经济50人论坛主要发起人，主要研究方向为体育经济和体育战略规划。主持国家社科基金重点项目、北京市社科基金重点项目、国家体育总局决策咨询重点项目等各类科研项目30余项，发表（出版）学术论著50余篇（部）。

高　鹏 博士，北京体育大学副教授、硕士生导师，现任北京体育大学教务处副处长，主要研究方向为体育教育基本理论、体育教师教育等。已独立出版专著1部，发表各类论文20余篇，主持和参与课题近20项，曾获霍英东教育基金会青年教师奖、辽宁省教育科研优秀成果奖等奖励。

摘　要

　　体育是提高人民健康水平的重要途径，是满足人民群众对美好生活向往、促进人的全面发展的重要手段，是促进经济社会发展的重要动力，是展示国家文化软实力的重要平台。从"体育强则中国强，国运兴则体育兴"到"四个重要"，党和国家对体育的重视前所未有，体育在构建中华民族伟大复兴的中国梦中承担的使命前所未有，系统开展关于体育发展的前瞻性和针对性研究的急迫性与重要性同样前所未有。

　　2020 年，新冠肺炎疫情肆虐全球；2021 年，人类同新冠病毒的斗争仍在继续。新冠肺炎疫情已然成为中华民族伟大复兴征程的必打硬仗，也是2035 年如期建成体育强国的必过之关。

　　《中国体育发展报告（2020~2021）》由北京体育大学中国体育战略研究院组织研创，全书以新冠肺炎疫情对中国体育发展的现实冲击与体育系统的应对举措为贯穿主线，全面梳理了 2020 年疫情发生以来，体育战线坚定做强国建设"第一方队"、凝心聚力"第一力量"、疫情防护"第一关口"、复工复产"第一样板"的"以体抗疫"历程，深入分析了疫情之下群众体育、竞技体育、体育产业、体育文化的各自发展态势，客观研判了体教融合、体医融合与北京冬奥会筹办的具体进展以及中国体育对外交往的实际境况，科学评价了体育领域若干重大改革事项的推进效果，审慎展望了"十四五"开局之年中国体育的发展前景。

　　立足第二个百年起步，置身疫情防控常态化时期的特殊背景，《中国体育发展报告（2020~2021）》认为，通过不断激发群众体育活力，深度挖掘

竞技体育潜力，努力蓄积体育产业动力，多维展现体育文化魅力，定能为体育强国建设注入高质量发展内涵；通过持续提升全民冰雪运动发展水平，全面增强赛事保障能力，深入贯彻绿色、共享、开放、廉洁的办奥理念，加速推动京津冀协同发展，定能把北京冬奥会办成一届简约、安全、精彩的奥运盛会；通过进一步更新体育教育理念，系统加强学校体育工作，科学整合体教部门资源，定能促进体育与教育的深度融合；通过在完善体制机制、推动供需平衡、提高融合程度等方面重点发力，定能满足广大人民群众日益增长的健康需求，助力体医融合落到实处；通过扎实构建综合人文交流机制，积极推动国际赛事交流，系统强化体育援助效能，深度参与全球体育治理，定能推动体育对外交往跨上新台阶；通过大力推进"放管服"改革，真正激发体育市场主体活力，坚定聚焦重点领域取得关键突破，定能为实现体育治理体系和治理能力现代化奠定坚实基础。

关键词： 体育强国　全民健身　北京冬奥会　体教融合　冬奥遗产　体医融合

目 录

Ⅰ 总报告

B.1 新冠肺炎疫情下的中国体育发展形势（2020~2021）

             范松梅 吴 迪 / 001

 一 新冠肺炎疫情对我国体育发展的现实冲击与体育系统的

  应对举措 ……………………………………………… / 002

 二 疫情下体育战略作用的重新定位 ………………………… / 010

 三 "十四五"时期充分发挥体育战略作用的对策建议 …… / 016

Ⅱ 分报告

B.2 中国群众体育发展报告（2020~2021）

          高 鹏 王美荣 代小丽 / 019

B.3 中国竞技体育发展报告（2020~2021） ………… 吴 迪 / 035

B.4 中国体育产业发展报告（2020~2021） ……… 范松梅 / 055

B.5 中国体育文化发展报告（2020~2021） ………… 蔡 娟 / 072

Ⅲ 专题篇

B.6 北京冬奥会筹办进程研究⋯⋯⋯⋯ 高　鹏　姚元生　张倩玉 / 107

B.7 体教融合进程研究⋯⋯⋯⋯⋯⋯ 高　鹏　宋佳敏　林　娜 / 122

B.8 体医融合进程研究⋯⋯⋯⋯⋯⋯⋯⋯⋯⋯⋯⋯⋯ 时　婧 / 140

B.9 中国体育对外交往发展研究⋯⋯⋯⋯⋯⋯⋯⋯⋯⋯ 蔡　娟 / 162

Ⅳ 评价篇

B.10 体育领域重大改革推进效果分析（2020~2021）

⋯⋯⋯⋯⋯⋯⋯⋯⋯⋯⋯⋯⋯⋯⋯⋯⋯⋯⋯⋯ 吴　迪 / 182

Ⅴ 特别篇

B.11 北京2022年冬奥会和冬残奥会遗产报告（2020）

⋯⋯⋯⋯⋯⋯ 北京2022年冬奥会和冬残奥会组织委员会

北京体育大学 / 202

B.12 后　记 ⋯⋯⋯⋯⋯⋯⋯⋯⋯⋯⋯⋯⋯⋯⋯⋯ 白宇飞 / 255

Abstract ⋯⋯⋯⋯⋯⋯⋯⋯⋯⋯⋯⋯⋯⋯⋯⋯⋯⋯⋯⋯⋯⋯⋯⋯ / 257

Contents ⋯⋯⋯⋯⋯⋯⋯⋯⋯⋯⋯⋯⋯⋯⋯⋯⋯⋯⋯⋯⋯⋯⋯⋯ / 259

〔皮书数据库阅读**使用指南**〕

总报告
General Report

B.1
新冠肺炎疫情下的中国体育发展
形势（2020~2021）

范松梅　吴　迪*

摘　要： 2020年是中国体育不平凡的一年。本报告首先深入分析新冠肺炎疫情对我国体育发展的现实冲击与体育系统的应对举措，发现疫情下全民健身乘势而上、竞技体育强根固本、体育产业触底反弹、体育文化积极作为，并迎来了经常参加体育锻炼的人数增长加速、体育数字化转型加速、体育扶持政策出台加速和国际职业体育市场重心向我国转移的"三加速一转移"新机遇，但也面临内外部两方面的挑战，体育系统则有针对性地采取了坚持依法防控、强化财政支持、做好对外宣传等应对措施。其次，梳理了新中国从"站起来"到

---

* 范松梅，经济学博士，北京体育大学体育商学院讲师，研究方向为体育经济；吴迪，管理学博士，北京体育大学管理学院讲师，研究方向为体育管理。感谢北京体育大学马克思主义学院刘辰为本报告撰写提供的帮助。

"富起来"过程中体育展现的重要功能，阐释了疫情背景下"强起来"阶段体育之"提高人民健康水平，满足人民群众对美好生活的向往与促进人的全面发展，促进社会经济发展，展示国家文化软实力"战略作用的深刻内涵。最后，提出了"十四五"时期应通过多途径提升人民健康水平、多层次营造全民健身氛围、多维度促进体育产业结构升级、多渠道挖掘体育文化资源来发挥体育战略作用的对策建议。

关键词： 体育发展　全民健身　竞技体育　体育产业　体育文化

2020 年是中国体育不平凡的一年。面对突如其来的新冠肺炎疫情，全国体育系统勠力同心、迎难而上，经受住了复杂严峻形势的考验，统筹推进疫情防控和体育工作，取得了来之不易的显著成绩，展现了体育精神、体育力量、体育担当。①

一　新冠肺炎疫情对我国体育发展的现实冲击与体育系统的应对举措

2020 年 10 月 29 日，中国共产党第十九届中央委员会第五次全体会议审议通过《中共中央关于制定国民经济和社会发展第十四个五年规划和二〇三五年远景目标的建议》，明确到 2035 年建成体育强国、健康中国。回望 2020 年中国体育的发展，全民健身、竞技体育、体育产业和体育文化在经过疫情初期的短暂停滞后都开始在一定程度上进行"提档升级"。

---

① 林剑、李雪颖：《开拓创新　攻坚克难　奋力谱写体育强国建设新篇章》，《中国体育报》2020 年 12 月 28 日，第 1 版。

（一）新冠肺炎疫情下中国体育发展现状

1. 全民健身乘势而上

一是全民健身意识普遍增强。疫情发生后，全国人民响应号召"宅家战疫"，"居家健身"成为互联网高频词，参加居家健身的人数上升了11%以上[①]，近六成群众表示将投入更多时间参与体育锻炼[②]。随着疫情防控进入常态化阶段，健身逐渐从室内走向户外，参加体育锻炼的人数明显增加，2020年全国7岁及以上人口中经常参加体育锻炼的人数比例达37.2%。[③]

二是全民健身活动形式更加多样。居家健身的各种云端赛事活动不断涌现，如国家体育总局社会体育指导中心联合支付宝体育服务社区，推出"体育战疫"系列赛；各地政府、媒体、社会名流入驻"抖音""钉钉"，通过云端平台引导全民健身；王天一等14位全国象棋冠军通过网络直播形式授课，在线与观众实时互动。"全民健身日"前后，北京、江西、山东、安徽等地举办了丰富多彩的体育消费节、体育夜市，打造线上线下联动的健身活动新场景，满足大众的健身需求。

三是全国体育场地设施建设持续推进。2020年8月，北京工人体育场正式启动保护性改造复建，由综合性体育场改造为具有国际一流水准的专业足球场，预计新工体将于2022年12月交付使用。2020年10月，国务院办公厅印发《关于加强全民健身场地设施建设发展群众体育的意见》，强调完善健身设施建设的顶层设计，增加健身设施的有效供给，补齐群众身边健身设施的短板。截至2020年末，全国共有体育场地371.34万个，体育场地面积30.99亿平方米，人均体育场地面积2.20平方米，比2019年全国体育场地（354.44万个）增加了16.90万个，比2019年人均体育场地面积（2.08

---

① 《你所认为的2020"体育荒年"，正在深刻改变中国体育》，人民网，2020年12月20日，http：//sports. people. com. cn/BIG5/n1/2020/1220/c22155 - 31972479. html。
② 中国体育用品业联合会、尼尔森（nielsen）：《2020年大众健身行为和消费研究报告》，https：//shipin. sportshow. com. cn/file/pdf/2020年大众健身行为和消费研究报告. pdf。
③ 《中华人民共和国2020年国民经济和社会发展统计公报》，国家统计局网站，2021年2月28日，http：//www. stats. gov. cn/tjsj/zxfb/202102/t20210227_ 1814154. html。

平方米）增加了0.12平方米。①

四是学校体育关注度显著提升。2020年对于学校体育工作来说是具有里程碑意义的一年，也是中国改革开放以来学校体育工作、体教融合工作出台文件最多、影响最广泛的一年。2020年9月，国家体育总局和教育部联合印发《关于深化体教融合　促进青少年健康发展的意见》；10月，中共中央办公厅、国务院办公厅印发《关于全面加强和改进新时代学校体育工作的意见》。体教融合一系列政策的出台，是从实现中华民族伟大复兴的角度，旨在培养全面发展的社会主义建设者和接班人。

2. 竞技体育强根固本

一是北京冬奥会扎实筹办。冬奥会筹办严格落实各项防控措施，创新工作方式，克服各种困难，扎实稳步有序向前推进，为处于疫情阴霾笼罩下的奥林匹克运动注入了强心剂。北京冬奥组委一直通过视频会议等形式与国际奥委会、国际残奥委会等方面保持紧密联系，如期召开了协调委员会会议、世界转播商大会、赞助企业大会、世界媒体大会等重要会议；所有竞赛场馆年内完工，同步完成基础设施建设；赛会志愿者全球报名人数约100万人；线上公开征集奖牌、火炬和制服装备的视觉外观设计方案，发布了《北京2022年冬奥会和冬残奥会可持续性计划》，吉祥物等展示品完成月球之旅后返回。②

二是体育赛事有序重启。2020年6月，CBA成为全国首个复赛的职业体育联赛；7月，中超联赛重启，"唤燃亿心"的口号深入人心。这两大职业体育联赛的有序恢复为国内其他赛事举办树立了标杆。女足超级联赛、WCBA联赛、女排超级联赛、羽毛球超级联赛、乒乓球超级联赛以及网球、游泳、田径、举重、拳击、跆拳道、橄榄球、水球、射击、射箭、棋牌等多个项目的全国性比赛陆续展开。同时，我国为世界体坛提供了疫情防控常态

---

① 《2020年全国体育场地统计调查数据》，国家体育总局网站，2021年6月1日，http://www.sport.gov.cn/n315/n329/c991781/content.html；《2019年全国体育场地统计调查数据》，国家体育总局网站，2020年11月2日，http://www.sport.gov.cn/n315/n329/c968164/content.html。

② 《新华社体育部评出二○二○年中国体育十大新闻》，《新华每日电讯》2020年12月29日，第5版。

化条件下举办世界顶级赛事的中国方案。2020 赛季国际乒乓球赛事受疫情影响一度停摆 8 个月，直到 11 月世界乒乓球大家庭在中国迎来了赛季重启，国际乒联女子世界杯、男子世界杯以及总决赛相继在中国成功举办。国际乒乓球系列赛事在中国的重启，受到了国际乒坛的多方好评，向世界展示了中国的抗疫成果，彰显了大国担当。①

三是竞技成绩喜人。2020 年我国运动员在乒乓球项目上获得了 2 个世界冠军；在围棋和国际象棋项目上分别获得了 1 个世界冠军；在游泳项目中男女 4 × 100 米混合泳接力创造了 1 项世界纪录；在一系列的队内赛、测试赛、选拔赛和高水平专业赛事中，田径、举重、跳水、射击等项目都赛出了好成绩。

3. 体育产业触底反弹

一是体育市场加速了优胜劣汰。2020 年上半年，注销备案的体育企业已达到 4127 家，而 2019 年全年注销备案的体育企业约为 5900 家，注销备案的企业主要涉及体育用品生产经营、体育场馆管理、体育赛事组织运营、体育培训等细分领域。② 2020 年 5 月，中国足协在公布旗下三级联赛参赛俱乐部名单时，宣布 16 家足球俱乐部出局，其中 5 家主动申请退出，11 家被取消注册资格。③

二是体育消费凸显巨大市场潜力。疫情之下线上体育的火热和健身热情的释放促进了相关体育产品消费的增长。苏宁易购、苏宁体育、PP 体育联合发布的体育消费大数据显示，2020 年上半年体育零售销量同比增长达152%，健身器械、跑步机等居家运动器械增幅明显，分别同比增长280.6%、179%。④ 2020 年 9 月，国际冬季运动（北京）博览会（简称

---

① 葛会忠、扈建华、王向娜、李雪颖、林剑、顾宁、冯蕾、田洁、彭晓烯、王辉：《难忘2020：弘扬伟大抗疫精神　推进体育强国建设》，《中国体育报》2020 年 12 月 31 日，第 4 版。

② 《行业艰难！全国今年已 4127 家体育企业注销　还有许多经营异常状态》，新浪网，2020 年 7 月 29 日，http://k.sina.com.cn/article_5211109597_1369b38dd02000ssq7.html。

③ 《新华社体育部评出二〇二〇年中国体育十大新闻》，《新华每日电讯》2020 年 12 月 29 日，第 5 版。

④ 《体育消费撬动"双 11"》，"人民网"百家号，2020 年 11 月 11 日，https://baijiahao.baidu.com/s? id = 1683014614736301081&wfr = spider&for = pc。

"冬博会")与中国国际服务贸易交易会合并举行,突出了冰雪产业在现代全球服务贸易中的重要位置。11月,体育用品及赛事专区首次出现在第三届中国国际进口博览会上,迪卡侬、任天堂、亚瑟士等中国消费者耳熟能详的知名企业看好中国体育消费市场的发展前景,带来了体育领域的前沿产品。

4. 体育文化积极作为

一是体育文化精品涌现。2020年9月,国家体育总局、文化和旅游部发布了"2020年国庆黄金周体育旅游精品线路"。10月,体育影视作品《夺冠》在新片云集的国庆档上映,票房累计6.4亿元,排进了前三,是我国体育电影第一次跻身于票房排行榜前列;国家体育总局体育文化发展中心发布了《关于入选"2020中国体育旅游精品项目"的通告》《关于入选"2020中华体育文化优秀项目"的通告》,全国范围内共推选出191项中国体育旅游精品项目和45项中华体育文化优秀项目。

二是积极传播体育文化。12月,2020中国体育文化博览会、中国体育旅游博览会(简称"两个博览会")在网上正式开幕。两个博览会以"健康中国 体育力量"为主题,会期3天,通过"云展示""云观展""云论坛""云对接"展现了我国体育文化、体育旅游发展的丰硕成果,探讨了新时代、新机遇和新挑战下的体育发展新路径。两个博览会在促进体育发展、深化国际合作方面迈出了重要一步。

(二)新冠肺炎疫情下我国体育发展的机遇

新冠肺炎疫情让全民对健康有了深度反思,国人对体育的重视程度空前,加之全球体育市场低迷,我国体育发展悄然迎来了"三加速一转移"的新机遇。

1. 经常参加体育锻炼的人数增长加速

根据《全民健身计划(2021—2025年)》,"十三五"时期,我国经常参加体育锻炼的人数比例为37.2%,疫情让群众更加认识到健康、健身的重要性,多数群众在疫情防控时期养成了居家健身、线上健身的运动习惯。

例如，疫情防控时期浙江省81.54%的居民进行了健身活动，82.5%的居民认可了居家健身的必要性。① 疫情防控时期群众定期参加体育锻炼很可能成为一种常态，我国体育人口有望加速达到发达国家水平。

2. 体育数字化转型加速

疫情加速了体育数字化转型的步伐，线上赛事、线上培训、在线健身、电商主播等蓬勃发展，如2020年春节期间PP体育场均观赛人数同比增长151.4%②、2月运动健身App行业活跃用户规模同比增长93.3%③、4月"马布里直播带货"登上了热搜④，带动1~5月体育零售销售同比增长152%⑤。

3. 体育扶持政策出台加速

国家体育总局打出政策"组合拳"，《科学有序恢复体育赛事和活动推动体育行业复工复产工作方案》《体育场馆信息化管理服务系统技术规范》《全民健身信息服务平台数据接口规范》等重磅文件密集出台，相关司局负责人明确表示，将积极开展国家体育消费城市试点工作，鼓励企业利用大数据、云计算、人工智能、5G、区块链等新技术，培育数字体育、在线健身、线上培训等新业态，支持各地加大政府采购力度，利用体育产业引导资金或安排专项帮扶资金支持体育发展。⑥ 与此同时，地方政府陆续出台对冲政策来缓解疫情带给体育的冲击。例如，成都发布体育生活电子地图供居民一键查找，福建省体育局出台《福建省委省政府为民办实事——全民健身场地设施运营和维护管理指引》，山西11市"送运动下基层"打通全民健身

---

① 《浙江发布疫情期间居家健身况报告》，新华网，2020年7月6日，http：//www.xinhuanet.com/sports/2020－07/06/c_1126199671.htm。

② 《面对疫情，体育行业如何化"危"为"机"?》，新华网，2020年2月18日，http：//www.xinhuanet.com/sports/2020－02/18/c_1125592088.htm。

③ 《云健身火了! 2月健身App活跃用户同比暴增93.3%》，央视网，2020年4月7日，http：//jingji.cctv.com/2020/04/07/ARTIkDeqmkC1ScCGSgndkQKb200407.shtml。

④ 《走上线，走进宅——疫情催生体育消费新形态》，新华网，2020年6月7日，http：//www.xinhuanet.com/2020－06/07/c_1210649871.htm。

⑤ 程雨田：《全民健身打开广阔空间（新知）——关注健康消费新趋势》，《人民日报》2020年10月22日，第5版。

⑥ 《国务院联防联控机制2月26日召开新闻发布会（体育部分）》，安徽省体育局网站，2020年4月21日，http：//tiyu.ah.gov.cn/public/21751/118507361.html。

"最后一公里"，江苏下拨 1.85 亿元体育产业发展资金，等等。

4. 国际职业体育市场重心向我国转移

疫情造成全球体育瞬间冰封可谓前所未见，奥运会作为当今世界最成功、最盛大的体育盛事，在疫情面前，也只能无奈延期。疫情防控常态化时期，国内外疫情发展呈现两极分化的趋势，赛事供给形成鲜明的对比，我国 CBA 联赛、中超联赛、2020 年全国田径锦标赛、2020 西安马拉松赛等大型体育赛事顺利开展，而世界六大马拉松赛中的四站（波士顿、柏林、纽约和芝加哥）相继宣布取消，美国 NBA、英超联赛等因多人感染新冠病毒而造成开赛不顺。国内外赛事供给差异如此之大，很可能促成以大型赛事为核心的国际职业体育市场重心向我国转移。

（三）新冠肺炎疫情下中国体育发展的挑战

疫情防控时期，特别是 2020 年下半年以来，体育领域逐步复工复产复赛，有效凝聚了民心，提振了精神，但仍然存在如下两方面的挑战。

一方面是体育系统内部面临的挑战。随着疫情防控常态化阶段的到来，方方面面的精准化措施要求将更高，如何保证政策在层层传递过程中不走样、不打折，如何实现国家体育总局与地方体育局、项目中心与协会之间遇事不扯皮、难题共同办，如何进一步加强党风、赛风、作风建设，如何确保领导干部公正用权、依法用权、廉洁用权，如何确保兴奋剂问题"零出现"，如何在封闭训练期合理安排探亲或家属前来基地探望并做好后勤保障人员的轮休安排，如何有效缓解运动员备战期间产生的心理压力，如何做到出国训练参赛"零感染"，等等，都需要精心规划、精准设计、精细推进。2020 年已经爆出的某地拒绝办赛、某赛事过度防控、某足球体育场禁止踢球、个别运动员擅离基地外出饮酒、高水平联赛赛场出现大规模冲突等问题，都说明现行体育工作中仍旧存在不少漏洞和短板。

另一方面是体育系统外部面临的挑战。例如，在消费领域，疫情对居民收入的负面冲击明显。2020 年居民人均可支配收入呈现断崖式下跌，从季度数据来看，疫情发生前居民人均可支配收入同比增速稳定在 6% 左右，而疫情发生后该指标首次出现负增长，2020年前三季度分别为－3.9%、－1.3%和0.6%，同期居民人均消费支出同比增速分别为－12.5%、－9.3%和－6.6%①，说明疫情使居民收入受损的同时，更是降低了居民的消费支出，居民预期未来收入减少、不确定性加大，将增加预防性储蓄，而这势必在一定程度上影响居民的体育消费，并使体育企业承压。又如，在舆情领域，以美国为首的西方国家借"疫"生事，少数政要无中生有，以种族、人权等问题为借口不断鼓噪抵制北京冬奥会，彭博社、美联社、《洛杉矶时报》、《经济学人》、《太阳报》等美欧媒体也间歇传出抵制声音，在一定程度上影响了北京冬奥会筹办的国际环境。

（四）体育系统的应对举措

1. 提高思想认识，坚持依法防控

坚持依法防控，始终把人民群众的生命安全和身体健康放在第一位，会同多部门协商，完善体育领域疫情防控相关制度，出台体育领域疫情防控常态化工作条例，切实依法有效推进疫情防控常态化工作。高度重视疫情的复杂性与长期性，将体育领域疫情防控常态化工作纳入"十四五"规划之中，使之成为今后较长时间内常规性部门工作内容。继续加强思想政治教育，通过爱国主义、党史教育等形式，让运动员认识到疫情防控与训练备战的重要性与紧迫性，提高其责任感与使命感。

2. 采取积极灵活的财政支持措施

加大政策倾斜力度，争取财政扶持，设置特定标准，对体育企业进行精准化帮扶，以提供资金或减免税收等方式予以支持。帮助体育类企业建立风险对冲机制，扭转体育产业下行趋势，实现收支平衡或盈利。适度投入政府资金，发行体育消费券，精准化投放于健身运动群体，降低其运动经济成本，吸引更多群众参与全民健身运动，拉动体育消费，带动经济增长。

---

① 国家统计局网站，https：//data. stats. gov. cn/easyquery. htm？cn＝B01。

3.积极主动搞好对外宣传工作

主动回应国际关切，讲好中国体育抗击疫情故事。主动应对境外敌对媒体的舆论攻势，有理有据、有条不紊地化解国际舆论危机。联合国际友好媒体，开展体育领域疫情形势报道、疫情防控信息交流与研讨，促进国际合作。全面做好与疫情防控相关的外交工作，促进体育领域疫情信息共享和防控策略协调，争取国际社会的理解和支持，弘扬奥林匹克精神，宣传中华体育精神。

二 疫情下体育战略作用的重新定位

"体育强则中国强，国运兴则体育兴。"习近平总书记指出："要科学研判体育发展面临的新形势……不断开创体育事业发展新局面。"① 站在中华民族伟大复兴的关键节点，面对全球百年未有之大变局和新冠肺炎疫情对国际国内环境的冲击，需要把握战略机遇期变化，以历史逻辑分析体育在国家建设中的关键作用，精准界定体育在强国建设中的发展定位。

（一）新中国从"站起来"到"富起来"阶段体育的战略作用

纵观历史，在中国发展道路上，处处有体育给力的支持，在国家需要的每个关键历史节点上，体育也从未"掉链子"。回溯新中国从"站起来"到"富起来"的历史，体育始终回应国家战略需求，多角度、全方位支持国家发展。

1.体育助力新中国"站起来"

新中国成立后，国家急需身心健康的建设者，社会主义事业需要全面发展的接班人。党和国家迅速把发展体育事业提上议程，高度重视体育教育，着力提升国民身体素质，努力促进人的全面发展。全国体育工作者代表大会在新中国诞生不到20天召开，提出"为人民的健康、新民主主义的建设和人民的国防而发展体育"的工作方针。1952年，毛泽东同志为中华全国体

---

① 习近平：《在教育文化卫生体育领域专家代表座谈会上的讲话》，《人民日报》2020年9月23日，第2版。

育总会成立大会题词"发展体育运动，增强人民体质"。1954 年，《关于加强人民体育运动工作的报告》指出："改善人民的健康状况，增强人民体质，是党的一项重要政治任务。"1965 年，第二届全运会的举行带动了近亿人参与各种体育活动。与此同时，继举重运动员陈镜开首破世界纪录后，乒乓球运动员容国团获得新中国体育史上第一个世界冠军，随后的"乒乓外交"更是对中美关系破冰起到了强有力的推动作用，"小球转动大球"也由此成为世界体育史和外交史上的传奇案例。

2. 体育见证新中国"富起来"

1978 年党的十一届三中全会以来，改革开放的春风吹遍祖国大地，体育健儿的优异成绩极大地提振了国民士气。1981 年，中国男排战胜劲敌，北大学子走上街头高呼"团结起来，振兴中华"，激昂的口号见证了中国人民投身改革、激荡梦想的热情与期待。"五连冠"的佳绩使中国女排成为全民偶像，"祖国至上、团结协作、顽强拼搏、永不言败"的女排精神激发了一代又一代中国人的自豪和自信，成为新征程上的强大精神动力。

与此同时，体育也开始成为世界认识中国、见证中国改变的新窗口。1979 年，中国在国际奥委会的合法席位得到恢复。1984 年，洛杉矶奥运会赛场上，嘹亮的国歌和鲜艳的五星红旗向世界宣布了中国的回归。1990 年，北京亚运会是中国城市第一次作为东道主举办的国际大赛，"亚洲雄风"展示了改革开放的新面貌。"冲出亚洲，走向世界"是中国的目标，也是中国体育的时代使命。自 1992 年以来，中国体育健儿在奥运会上的金牌数量节节攀升，稳居奖牌榜前列；2002 年，中国国家男子足球队第一次闯入世界杯决赛圈，实现了几代人的夙愿；2008 年，《同一个世界，同一个梦想》《北京欢迎你》响彻全球，一个崭新开放的中国以友好的姿态向世界发出邀约。

（二）疫情背景下"强起来"的体育战略作用定位

从党的十九大报告提出"加快推进体育强国建设"，到《中华人民共和国国民经济和社会发展第十四个五年规划和 2035 年远景目标纲要》明确体育强国的建成时间节点，标志着体育被真正纳入新时代治国方略，置于重大

关键国事体系和总体战略目标格局。

2020 年 9 月 22 日，习近平总书记在教育文化卫生体育领域专家代表座谈会上首次提出"四个重要"论断，即体育是提高人民健康水平的重要途径，是满足人民群众对美好生活向往、促进人的全面发展的重要手段，是促进经济社会发展的重要动力，是展示国家文化软实力的重要平台。"四个重要"论断既是对"强起来"阶段体育战略作用最科学、最准确、最系统的定位，同时也为中国体育的下一步发展指明了方向。

1. 提高人民健康水平

"运动是良医"，"健康是幸福生活最重要的指标，健康是 1，其他是后面的 0，没有 1，再多的 0 也没有意义"。体育对于身心健康的重要价值已经得到普遍认可。数据表明：一周跑步 5 次，每次跑步时长在 15 分钟以上的人，大脑中分泌的多巴胺（带来兴奋的感觉）比不运动的人多出 50% ~ 70%，有助于保持欢乐，调节负面情绪，提高生活的愉悦度。[①]

现阶段，我国国民的身体素质亟待改善。首先，青少年体质问题突出。2018 年国家义务教育质量监测数据显示，四年级和八年级学生的视力不良检出率分别为 38.5% 和 68.8%，比 2015 年分别上升了 2.0 个和 3.5 个百分点；肥胖率分别为 8.8% 和 9.7%，比 2015 年分别上升了 1.9 个和 2.2 个百分点。[②] 其次，亚健康人口比例过大。相关数据显示，2017 年我国主流城市中白领亚健康的比例高达 76%，处于过劳状态的接近六成，仅有不到 3% 的人属于真正健康。[③] 最后，老年人带病生存比例偏高。《中国健康城市建设研究报告（2018）》指出，到 2017 年底，中国 1.58 亿 65 岁以上老年人中，有 75% 处于带病生存状态。

提升身体素质进而提高人均寿命。《"健康中国 2030"规划纲要》中有

① 郝光安：《疫情下全球体育未来展望》，《民生周刊》2020 年第 19 期，第 68 ~ 70 页。

② 《2018 年义务教育质量监测报告：数学学业总体表现良好》，中国新闻网，2019 年 11 月 20 日，http://www.chinanews.com/gn/2019/11 - 20/9012765.shtml。

③ 《2017 年中国人口老龄化占比、亚健康人群分布、居民人均消费支出及健康管理融资数量统计分析》，产业信息网，2018 年 4 月 16 日，https://www.chyxx.com/industry/201804/630763.html。

明确的数据指标要求，即到 2030 年我国人均预期寿命达到 79.0 岁，比 2020年提高 1.7 岁。在这一过程中，部分领域需要体育发挥直接作用，如 2030年城乡居民达到《国民体质测定标准》合格以上的人数比例为 92.2%，比2020 年提高 1.6 个百分点；2030 年经常参加体育锻炼的人数达到 5.3 亿人，比 2020 年增加 21.8%。部分领域需要体育发挥支持作用，如居民健康素养水平从 2020 年的 20% 提升至 2030 年的 30%；2030 年重大慢性病过早死亡率比 2015 年降低 30%。

疫情发生之后，体质健康成为人民群众关注的焦点，通过体育锻炼强身健体、增加抵抗力成为应对新冠病毒的"有力武器"，健康观念得到提升，健身习惯发生转变。在抗击疫情的关键时期，体育锻炼也带来了积极影响，居家健身成为新的时尚，不仅促进民众强健体魄，还有效释放了负面情绪，减少了心理压力。

2. 满足人民群众对美好生活的向往与促进人的全面发展

随着生活水平的提升，人们逐渐从单纯追求物质享受转向同时追求舒适、健康、快乐，体育在引领健康生活、促进社会交往和正向激励方面的作用更加突出。

从少年和儿童来看，在素质教育背景下，家长对体育教育的认识不断深化，期待孩子实现"德智体美劳"全面发展，青少年群体成为中国体育培训市场中的主力军。智研咨询集团发布的《2021—2027 年中国少儿培训市场深度调查及投资前景预测报告》显示：中国少儿接受体育培训年龄逐渐提前，种类亦不断向多元化发展，从 2014 年到 2019 年中国儿童体育培训市场的规模以年均超过 40% 的速度增长。

从中青年来看，走向社会的"80 后"、"90 后"和"00 后"更具社交意识和专业健身需求，健身房、户外活动、比赛场所将成为他们重要的生活组成部分。腾讯与凯络联合出品的《解码青少年的文化内核与运动习惯》报告详细分析了"90 后"的运动习惯，认为这一群体更标榜个性，在运动和观赛方面会对赛车、台球、飞镖等小众项目及赛事青睐有加，也乐于挑战登山、攀岩等极限运动。这一代人更希望在运动中获得愉悦和乐趣，与体育

的互动也开始呈现泛娱乐化特点，运动员和明星之间的界限逐渐模糊；其参与体育的方式也更加多元，如打通线上线下互动的社交圈，以趣味路跑的形式代替参加马拉松。[①]

2019 年，中国居民人均预期寿命达到 77.3 岁[②]；2020 年第七次人口普查数据显示，65 岁及以上人口比重达 13.50%[③]。"长寿化 + 老龄化 + 空巢化"的社会逐渐形成，体育除了可以带来健康，其娱乐性和社交属性也将为老年人带来获得感和归属感，将吸引大量老人参与。[④]

3. 促进经济社会发展

清华大学公共管理学院教授、院长江小涓认为，"我国人均 GDP 已经迈过 1 万美元并继续向高收入国家攀升，从国际经验看体育产业将持续较快增长，成为国民经济支柱性产业"[⑤]。根据国家统计局公布的数据，2015 ~ 2019 年，我国体育产业总产出从 17107 亿元增长至 29483 亿元，其年均增长率远超 GDP 年均增长率；体育产业增加值从 5494 亿元增长至 11248 亿元，2019 年体育产业增加值占比再次超过 1%。即便在疫情之下，体育相关产品的销量表现也十分抢眼：以健身器械为例，2020 年"双十一"期间，京东"健身器械"品类中，动感单车销售额同比增长 105%，综合训练器销售额同比增长 229%，跳绳销售额同比增长 592%，踏步机销售额同比增长 198%。[⑥]值得买科技发布的《11.11 消费幸福趋势报告》显示，2020 年 11 月 1 ~ 11 日，热门居家健身器材及周边产品销量激增，其中，筋膜枪、划船

---

① 《腾讯 & 凯络：解码青少年的文化内核与运动习惯》，中文互联网数据资讯网，2017 年 6 月 21 日，http://www.199it.com/archives/603926.html。

② 《2019 年我国卫生健康事业发展统计公报》，国家卫生健康委员会网站，2020 年 6 月 6 日，http://www.nhc.gov.cn/guihuaxxs/s10748/202006/ebfe31f24cc145b198dd730603ec4442.shtml。

③ 《第七次全国人口普查主要数据情况》，中国政府网，2021 年 5 月 11 日，http://www.gov.cn/xinwen/2021 – 05/11/content_5605760.htm。

④ 《江小涓：体育产业发展——新的机遇与挑战》，搜狐网，2019 年 8 月 12 日，https://www.sohu.com/a/333275582_505663。

⑤ 《数字时代中国体育产业发展展望》，《中国体育报》百家号，2021 年 1 月 4 日，https://baijiahao.baidu.com/s?id=1687922637823022288&wfr=spider&for=pc。

⑥ 《双十一成交额破 3723 亿，体育消费占几成?》，搜狐网，2020 年 11 月 12 日，https://www.sohu.com/a/431274178_519172。

机、蛋白粉是三大热门产品，销量分别同比增长 38%、95%、230%，而能够实时监护健康状况并帮助用户合理安排健身计划的智能手环和手表的销量则同比增长 42.44%。①

与此同时，随着数字经济时代的到来，数字化转型为我国体育产业提供了难得的"弯道超车"机遇。随着大数据、云计算、人工智能等先进数字技术在体育用品智造、竞赛表演、健身休闲、体育培训、体育旅游等多个细分领域的深度应用，我国体育产业诸多优秀潜质正在被全面激活，有望以强包容性反制逆全球化、以高成长性反制"撤资论"、以广受众性反制"脱钩论"，助力"双循环"新发展格局的形成。

4. 展示国家文化软实力

体育是展示国家文化软实力的重要平台。以日本为例，动漫产业在日本属于仅次于汽车和家电的第三产业，在 2016 年里约奥运会闭幕式上，"哆啦A梦""吃豆人""凯蒂猫""大空翼"等日本卡通人物相继出现在东京奥运会宣传片中，时任日本首相安倍晋三化身超级马里奥用"管道"抵达现场的方式，引起强烈的反响。② 日本球星中田英寿曾在专访中表示他就是因为看了《足球小将》而爱上了足球，"当时我在棒球和足球之间做选择，最终选择了后者"。

中华体育文化承载着中华民族自身的价值底蕴，其世界意义和时代价值远未被充分挖掘，通过讲好中国体育故事则能够让世界更多地了解中国。2020 年国庆档上映的《夺冠》将几代女排姑娘的故事连在一起，展现了顽强战斗、勇敢拼搏的中国女排精神；2021 年 6 月先后走上大银幕的《超越》《了不起的老爸》则从小处着眼，淡化了"叙事之战"，增进了共情体验。如此更多体育文化力作的诞生，将有助于增强体育文化的吸引力，并利用外溢效应传播中国文化。

---

① 《揭示消费新趋势、助力行业新发展，值得买科技发布〈11.11 消费幸福趋势报告〉》，投资界，2020 年 11 月 27 日，https://news.pedaily.cn/20201127/8035.shtml。

② 《日本体育治理体系》，清华五道口，2019 年 7 月 15 日，http://www.pbcsf.tsinghua.edu.cn/portal/article/index/id/4732.html。

体育是无言的交流，能将不同国籍、不同种族、不同语言的人团结在一起，回忆历史，立足现在，展望未来，体育伴随中国"站起来""富起来""强起来"的路程，在国家战略实施中的重要作用正在被不断认识和实践，也在真实地发挥着不可替代的作用。

三 "十四五"时期充分发挥体育 战略作用的对策建议

《中华人民共和国国民经济和社会发展第十四个五年规划和2035年远景目标纲要》提出"到2035年建成体育强国"，"十四五"时期是全面小康跨越到建成体育强国的关键阶段。以习近平总书记关于体育的"四个重要"论断为根本遵循，从以下四个方面提出"十四五"时期充分发挥体育战略作用的对策建议。

（一）多途径提升人民健康水平

一是完善体医融合政策体系。全面深化体育部门与卫健部门间合作，在国务院部际联席会议制度的框架下，建立国家体育总局与国家卫健委的经常性会商机制，出台体医融合领域指导意见，明确专责部门负责落实体医融合工作。二是提高体医融合服务效能。加快体医融合复合型人才培养，提速体医融合科技成果转化和推广，探索在代表性地区建设一批"科学健身门诊""慢性病运动干预创新中心"等示范机构，待条件成熟时实现地级市全覆盖。三是增强大众科学健身意识。进一步突出社会体育指导员作用，招募和培训群众体育志愿者，科学指导人民群众参与日常锻炼；发挥高校、单项体育协会、社区的科学健身普及作用，减少锻炼风险和降低运动损伤概率。

（二）多层次营造全民健身氛围

一是改革体育教学模式。完善教材与实践课程体系，将中小学体育纳入基础学科体系；强化中国大学生体育协会功能，引导大学积极参与相关赛事以促进体育教育的充分和健康发展。二是充分发挥单位工会组织的在职人员参与体育的功能。加大政府、主管单位对工会资金支持力度，或以工会会员缴费成立体育基金，提供资金保障；强化载体建设，鼓励工会成立体育协会或俱乐部，提供职工参与体育锻炼和赛事的途径。三是补足老年人社区健身短板。将体育服务纳入居家养老服务体系建设，以补贴或消费券等形式激发老年人健身的积极性；以社区为基础，提供适合老年人运动的设施及场所。四是调动全员健身积极性。开发编制青少年感兴趣、中年人愿参与、老年人想尝试的健身课程，如花式课间操、午后活力课、大众广场舞等，并通过主流媒体和自媒体全方位滚动播放，提升各年龄段人群的参与兴趣。

（三）多维度促进体育产业结构升级

一是强化数字赋能。支持大数据、区块链、物联网、云计算、人工智能等新一代信息技术在体育产业领域的创新应用，积极培育在线健身、在线培训、在线赛事、智慧场馆、智慧体育社区等新兴业态。二是丰富产业模式。激活"体育＋X"产业发展，重点推进体教融合、体医融合、体旅融合，促进体育与文化、科技、养老、金融等复合经营。三是聚焦职业体育。大力推进"三大球"等市场化程度较高运动项目的职业联赛理事会和职业联盟建设，打造一批影响较大、体系完善的职业联赛；支持社会力量投入体育俱乐部组建训练体系和赛事体系，增加和提高俱乐部的数量和活力；鼓励更多城市建设大型职业体育队伍。

（四）多渠道挖掘体育文化资源

一是提升体育文化传播功能，大力弘扬中华体育精神，并同坚定文化自信结合起来。更加关注如何讲好中国体育故事，关注如何从宏大民族叙事中寻找到精准恰切的个体体育形象，向世界展现开放的中国代表团与中国运动员形象。二是大力开发体育文化产品，创新体育宣传资源平台。推动体育非物质文化遗产保护和活化，弘扬中华传统体育文化，深度挖掘传统体育类非

遗项目在健身、竞技、娱乐、观赏和教育等方面的重要功能，助力民族文化自信的提升。

参考文献

《不断增强人民群众获得感、幸福感、安全感——习近平总书记在教育文化卫生体育领域专家代表座谈会上的重要讲话催人奋进》，中国政府网，2020 年 9 月 25 日，http：//www. gov. cn/xinwen/2020 – 09/25/content_ 5546954. htm。

国家体育总局：《迈向体育强国之路》，人民体育出版社，2019。

《全民健康托起全面小康——习近平总书记关心推动健康中国建设纪实》，中国政府网，2020 年 8 月 8 日，http：//www. gov. cn/xinwen/2020 – 08/08/content_ 5533270. htm。

分 报 告
Sub Reports

B.2

中国群众体育发展报告（2020~2021）

高 鹏　王美荣　代小丽*

摘　要：　本报告介绍了中国群众体育现阶段取得的新进展、存在的问题以及解决措施。现阶段，中国群众体育颁布了新政策文件、增加了经费投入，在场地设施建设及群众体育活动开展等方面也取得了明显成就，但面临全民健身发展依旧不平衡、体育场地设施建设和使用供需矛盾突出、群众体育的多元功能发挥不充分、群众体育服务绩效管理机制亟待更新等问题。解决中国群众体育发展的瓶颈性问题，应坚持以人民为中心，促进群众体育共享发展；应加强体育场地设施建设，促进群众体育供需平衡；应发挥群众体育多元价值，促进群众体育协调发展；应创建公共体育服务绩效考核与评估机制，促进群众体育高效发展；等等。

---

* 高鹏，教育学博士，北京体育大学教育学院副教授，研究方向为体育教育基本理论、体育教师教育；王美荣，北京体育大学硕士研究生，研究方向为体育教育思想史；代小丽，北京体育大学硕士研究生，研究方向为体育课程与教学论。

关键词： 中国群众体育 体育运动 全民健身

一 中国群众体育新进展

习近平总书记讲道："建设体育强国，是全面建设社会主义现代化国家的一个重要目标。体育强国的基础在于群众体育。"① 回顾 2020 年，我国群众体育取得了新进展，如颁布了新政策文件、增加了经费投入、扩大了场地设施建设规模、开展了一系列群众体育活动等。

（一）颁布了新政策文件

2019 年 9 月 2 日，国务院办公厅印发了《体育强国建设纲要》，阐明了建设体育强国的目标、任务和措施，提出"落实全民健身国家战略，助力健康中国建设"的战略任务，其首要任务就是完善全民健身公共服务体系，发挥国务院全民健身工作部际联席会议的作用，以人民为中心，抓好全民健身"六个身边"工程建设。②

2019 年 12 月 31 日，国家体育总局发布了《体育规划管理办法》（简称《办法》）。《办法》坚持以习近平新时代中国特色社会主义思想为指导，围绕体育强国建设目标，坚持以人民为中心的思想，对体育规划的立项和编制、衔接和论证等一系列工作做出了明确规定，全面推进体育规划体系与治理能力现代化，增强体育全面高质量发展动力。③

2020 年 3 月 18 日，全国爱卫办、中央文明办、生态环境部、住房和城乡建设部、农业农村部、国家卫生健康委、中华全国总工会、共青团中央、

---

① 《体育强国的基础在于群众体育（短评）》，"人民网"百家号，2021 年 2 月 1 日，https：//baijiahao. baidu. com/s？id=1690461115579540079&wfr=spider&for=pc。
② 《国务院办公厅关于印发体育强国建设纲要的通知》，中国政府网，2019 年 9 月 2 日，http：//www. gov. cn/zhengce/content/2019－09/02/content_ 5426485. htm。
③ 《体育规划管理办法》，国家体育总局网站，2020 年 1 月 7 日，http：//www. sport. gov. cn/n316/n340/c940102/content. html。

全国妇联 9 部门联合发出《动员广大群众积极参与爱国卫生运动的倡议书》（简称《倡议书》），倡议全国人民在爱国卫生月积极参与爱国卫生运动，为巩固疫情防控成果继续贡献自己的力量。《倡议书》中提到"注意合理膳食、适量运动"，提出运动对保持身体健康、疫情防控的重要性。[1]

2020 年 10 月 10 日，国务院办公厅印发《关于加强全民健身场地设施建设发展群众体育的意见》（简称《场地设施建设意见》）。《场地设施建设意见》从健身设施顶层设计、健身设施有效供给、促进群众体育实施几个方面为群众体育工作提出了新要求。《场地设施建设意见》的提出不仅仅指明了群众体育具体的发展任务，更是在全国将全民健身推向了高潮。[2]

（二）增加了经费投入

"十三五"期间为支持推进体育强国建设，彩票公益金累计安排 99.99 亿元支持各地改善公共体育设施条件、开展全民健身活动、建设群众体育组织和队伍。2016~2020 年，累计 1.8 亿元赠款用于全国性综合运动会办赛补助。中央专项彩票公益金安排了 15 亿元用于足球公益项目，以促进足球改革发展财政投入机制进一步完善，推动中国足协进行实质性改革。[3]

国家体育总局在 2021 年 1 月 29 日发布《体育总局办公厅关于做好 2021 年大型体育场馆免费或低收费开放工作有关事宜的通知》，要求各地大型体育场馆免费或者低收费开放，同时要加强场馆信息化建设和对场馆开放使用的督导，进一步提升场馆开放服务水平。财政部相关文件显示，2021 年广西将由中央拨款 7848 万元用于建设 78 个大型体育场馆，[4] 届时将会免费为群众健身提供场地和体育健身知识、技能培训及讲座，此项惠民政策提

① 《9 部门发出〈动员广大群众积极参与爱国卫生运动的倡议书〉》，中国政府网，2020 年 3 月 21 日，http://www.gov.cn/xinwen/2020-03/21/content_5503985.htm。
② 《国务院办公厅关于加强全民健身场地设施建设发展群众体育的意见》，中国政府网，2020 年 10 月 10 日，http://www.gov.cn/zhengce/content/2020-10/10/content_5550053.htm。
③ 《"十三五"财政 1.83 万亿元投入公共文化》，中国政府网，2020 年 11 月 11 日，http://www.gov.cn/xinwen/2020-11/11/content_5560445.htm。
④ 关安婷：《广西 78 个体育场馆获中央补助资金》，《中国体育报》2021 年 1 月 27 日，第 5 版。

升了体育场馆的使用率以及群众体育活动的参与率，在疫情防控常态化时期有效保障了国民身体素质的提升。在疫情之下为推动全民体育的发展，16个省区市及相关地市组织发放体育消费券，财政资金投入超过9亿元，累计拉动体育消费超过百亿元。① 在建成"15分钟健身圈"的倡议下，多地加大投入建设体育中心、体育场馆，如河北省衡水市投入6.4亿元建设奥体中心，投资2123万元建设衡水首家集运动、休闲、娱乐于一体的综合体育公园。② 山东省烟台市芝罘区财政投入4400万元助推体育事业蓬勃发展，投入近800万元专项资金严格落实体育场馆相关开放政策。③

（三）扩大了场地设施建设规模

健身场地设施向来都是城市建设"补短板、强弱项、惠民生"的重要发力点，国务院办公厅于2020年10月10日印发了《场地设施建设意见》之后，全国健身场地设施数量有较大增长，全国已有90%的社区配备了健身设施，"见缝插针"的健身设施设置有效利用了社区的空闲场地，也在一定程度上解决了群众"健身去哪儿"的现实问题。

住房和城乡建设部、国家体育总局2020年12月发布了《关于全面推进城市社区足球场地设施建设的意见》（简称《意见》），《意见》要求2025年实现新建居住社区内至少配建一片非标准足球场地设施，既有城市社区因地制宜配建足球场地设施；2035年地级及以上城市社区实现足球场地设施全覆盖。社区足球场要建好更要维护好，才能保障群众使用好。

疫情之下，体育场馆的建设呈现"智慧化"的趋势。国家体育总局在2018年制定了《智慧社区健身中心建设试点工作方案》，7个首批试点单位已经全部投入使用并收获了群众的一致好评。国家体育总局办公厅于2020

---

① 《体育产业成国民经济新增长点》，黄山市体育局网站，2020年12月16日，http：//tyj. huangshan. gov. cn/zxzx/xydt/8868732. html。
② 郑言：《河北省衡水市　全民健身服务水平不断提升》，《中国体育报》2021年4月12日，第5版。
③ 《芝罘区不断加大经费投入　助推体育事业蓬勃发展》，水母网，2021年4月2日，http：//zf. shm. com. cn/2021 - 04/02/content_ 5201059. htm。

年7月印发了关于推行《体育场馆信息化管理服务系统技术规范》和《全民健身信息服务平台数据接口规范》的通知，要求各地因地制宜执行规范。由国家体育总局牵头开发了全民健身信息服务平台及注册了微信公众号。目前，该平台已更新上万个体育设施的相关信息，其中包括中央财政资金补助的1000多个大型公共体育场馆信息。智慧的体育场馆、公共体育服务将会越来越多地出现在全民健身的场景中。

（四）开展了一系列群众体育活动

群众体育活动是群众体育发展的最直接体现，2020年在疫情防控时期掀起了"智慧健身热"，群众体育活动以冰雪体育运动为发力点继续蓬勃发展。

1. 突破疫情限制，掀起"智慧健身热"

2020年，突如其来的新冠肺炎疫情打乱了人们的生活节奏，也让群众越发感受到身体健康的重要性，在全国范围内掀起了全民健身的热潮。国家体育总局办公厅于2020年1月30日发布了《关于大力推广居家科学健身方法的通知》，该通知要求各体育部门要结合当地实际，推出简便易行、科学有效的居家健身方法，并且广泛利用各类媒体宣传居家健身的重要性，推广科学居家健身的方法、知识，倡导疫情防控时期的健康生活方式。国家体育总局也在疫情防控时期亮出新招，通过各种短视频平台引导全民健身，例如"居家健身有新招"（抖音）、"居家健身抖出花样"（国家体育总局/中体产业）、"运动也要带节奏"（中体产业/国家体育总局人力资源开发中心）等，其播放量均过10亿次。

疫情防控时期也带动了线上线下融合新健身模式的发展。比如山东青岛城阳区首创"阳台马拉松"和"家庭趣味运动会"；中迹体育从2020年2月开始举办"客厅马拉松"，截至7月中旬共举办了28场，参与人数超过76万人次。2020年2月启动的第二届全国智能体育大赛总共吸引了560万智能体育爱好者，此次比赛凭借新兴智能技术，以线上趣味竞技的方式吸引了全国各地的体育健身爱好者。

2. 抓住北京冬奥会契机，冰雪运动持续升温

随着冬奥会进入"北京时间"，群众冰雪运动也愈加火热。2020年11

月 27 日，国家体育总局发布了《关于开展 2020—2021 年群众冬季运动推广普及活动的通知》，以"冬季动起来 健康你我他"为活动主题，全国冬季运动氛围高涨。中国人民大学 2020 年 12 月 5 日发布的 2020 年度"全国冰雪运动参与状况调查"显示，2019 ~ 2020 年冬季，全国约有 1.5 亿人参加过冰雪运动。① 以北京市朝阳区为例，朝阳群众直接参与冰雪活动达 101.5 万人次，接受冰雪运动知识宣传教育培训群众达 19 万人次。②

为落实《群众冬季运动推广普及计划（2016—2020 年）》，各省区市结合各地实际情况展开了各具特色的冰雪运动。北京积极响应"带动三亿人参与冰雪运动"的号召，开展了各级各类冰雪活动 15000 场，参与者共计 2480 万人次。北京还举办了首届创新冬季市政奥运会，共计 62400 人参加，举办了北京青年冬季锦标赛，重点建设了 5 个青年冰雪运动品牌赛事，青年冰球俱乐部联赛的规模在亚洲排名第一，同时已经组建了 6 个市级和 126 个区级青年冰雪运动队。河北省采用改革的思路和创新的办法，采取联办、共建等方式组建了 18 支省级专业队，运动项目包含五大项 13 分项，位居全国前列。2020 ~ 2021 年雪季河北省参与冰雪运动的人数超过 1870 万人，直接参与人数达 583 万人。近年来，黑龙江省积极响应"带动三亿人参与冰雪运动"的口号，集结多方力量，打造"全城热练冰雪"品牌，大力推广普及了冰雪运动。2020 年 2 ~ 4 月，黑龙江举办了如全省四项滑雪冠军赛、全省花样滑冰赛、全省冰壶赛、全省速滑赛等一系列冰雪运动竞赛，点燃了黑龙江冰雪运动的热情。四川省在春节期间推出"体育大惠民 欢乐过牛年"全民健身活动，通过"线下打卡线上抽奖"的方式，鼓励群众了解冬奥知识并参与冰雪运动，通过多样活动提升了冰雪运动在川影响力。2020 年 12 月，第七届全国大众冰雪季启动仪式在长春举行，此次大众冰雪季在吉林设主会场，在河北、北京、湖北和海南共设 4 个分会场。在冰雪运动"南展

---

① 《报告显示 2019—2020 年冬季全国约 1.5 亿人参加过冰雪运动》，央视网，2020 年 12 月 6 日，https://news.cctv.com/2020/12/06/ARTIacrO3QRNE8Hfx8mN6Ut7201206.shtml。

② 《冬奥工程陆续完工 冰雪活动吸引群众》，"央广网"百家号，2021 年 1 月 20 日，https://baijiahao.baidu.com/s? id = 1689374243801287774&wfr = spider&for = pc。

西扩东进"的号召下，此次大众冰雪季从南到北，冰雪运动蓬勃开展，带动冰雪运动在全国各地持续升温。

二 中国群众体育存在的问题

虽然近年来我国群众体育发展取得了许多新进展，但目前群众体育发展仍面临以下几大问题：全民健身发展依旧不平衡、体育场地设施建设和使用供需矛盾突出、群众体育的多元功能发挥不充分、群众体育服务绩效管理机制亟待更新等。正如《国务院办公厅关于印发体育强国建设纲要的通知》中关于"出台背景"所指出的：我国体育发展不平衡不充分的问题依然突出，全民健身公共服务体系不健全，体育促进全民健康的作用发挥不充分，体育社会组织发展不规范，体育产品和服务供给不充足等，不能满足人民群众多元化、多层次的体育需求。

（一）全民健身发展依旧不平衡

鉴于群众的健身需求呈多样化发展趋势，"健身去哪儿"问题能否得到解决的形势依旧严峻。"健身去哪儿"的问题恰恰是群众健身需求旺盛和公共健身服务供给缺乏矛盾的表现。

从宏观上来看，全民健身发展不平衡，具体体现在以下几个方面。一是体现在区域间发展不平衡，东部和中部地区总体发展水平明显高于西部地区。二是体现在城乡间发展不平衡，在体育设施建设、参与体育活动的人数、体育组织网络等方面城市均好于同一地区的农村。三是体现在政府、市场和社会组织对群众体育发展的贡献不平衡，政府的职能远远超出市场和社会组织，政府的群众体育建设格局也不平衡，有效市场和有机社会组织尚未完全形成。四是体现在体育事业和体育产业的整体联动发展效果不明显，政府亟须解决如何促进体育产业和体育事业发展转型升级的问题。①

---

① 郑家鲲：《五大理念引领下"十三五"我国群众体育发展研究》，《上海体育学院学报》2016 年第 2 期，第 19~24 页。

从微观上来看，体育设施建设与群众需求之间存在供需矛盾主要是由全民健身公共服务体系不完善导致的。个性化需求不断增加，与之前健身层次和类型大不相同。健身被越来越多的人看作平时生活娱乐、沟通及放松的方式之一。面对高强度的工作和学习，人们很难抽出固定的时间来进行完整锻炼，相反，临时的、零散的锻炼时间越来越多，这对健身场所和设施建设也提出了更高的要求。

"健身去哪儿"问题，不仅因为健身设施数量不够、健身设施用地不足，还因为缺乏社会力量参与建设和运营管理来支持全民健身发展、相关部门未能充分调动和有效整合部门资源等。比如"部门协同"的形式还比较单一，"协同"的内容还不丰富，尚停留在单边或双边合作的初级阶段，缺乏深层次的"协同"合作，未能破解全民健身事业发展的难题。[①] 因此就要求政府和有关部门充分发挥体育场馆及国家、地方体育馆的作用，增加体育设施建设经费投入，提升体育健身场馆的利用率。

（二）体育场地设施建设和使用供需矛盾突出

体育场地设施的建设和使用之间存在供需失衡矛盾。就广大农村和经济欠发达地区而言，既缺少室内健身场所，室外体育设施也相对简单。新建社区体育设施"同步设计、同步建设、同步使用"政策尚未真正落实。目前仍存在一些突出问题，如健身场地面积减少、设施建设不合理等。除此之外，场地设施管理制度较不完善。首先，健身设施经常遭到破坏。社区健身公园和学校运动场的健身设施被人为破坏的情况时有发生，应加强教育引导和管理。其次，场地空间不足。目前，许多地区的中小学户外运动场地基本对外开放，但只有少数室内场地对外开放。受开放条件和天气因素等的制约，健身人群不能完全根据自己的爱好和自身特点开展选择性体育活动，学校场馆的开放和社区参与管理需要进一步协调。最后，关键难题没有得到有效解决。公共体育场馆及设施的开放运行机制、长效管理机制、维护改造机

---

① 刘国永：《全面深化群众体育改革的思考》，《体育科学》2015年第8期，第3~7、51页。

制存在问题。比如，国有体育场馆的开放会受很多原因的限制，若和大中型活动发生冲突，则不开放。有一些场馆仍以租赁的形式由社会资本运营，难以体现其公益性。此外，以下几个方面依旧是全民健身战略实施的短板，如未能充分利用先进科学技术提高资源的整合程度、推动科学健身知识的普及、加快科学健身方法的推广、提供健身咨询和答疑服务、建立高效激励机制等。

（三）群众体育的多元功能发挥不充分

群众体育的功能不仅在于提升人们的体质，而且在于促进其他经济社会领域的发展。就如习近平总书记所说："体育是提高人民健康水平的重要手段，也是实现中国梦的重要内容，能为中华民族伟大复兴提供凝心聚气的强大精神力量。"[①] 然而，群众体育所具备的健康促进、社会教育、经济发展及文化传承等功能发挥得不明显。全民健身是促进健康发展的重要途径，其在让公众了解体育运动对自身健康的有益影响、养成合理的体育锻炼方式，以及增强自我保健意识等方面的作用尚未充分发挥。作为促进体育产业发展的重要支撑，群众体育还需进一步提升其在促进我国体育事业和产业规模扩大、结构扩张等方面的作用，实现体育消费行为和观念的转型升级。目前，群众体育发展依旧被限制在体育内部系统，其具备的教育价值、社会价值和文化价值，尤其是健康促进的特殊价值尚未完全凸显。这一方面是因为对群众体育的多元价值认识不够；另一方面是因为群众体育的综合价值和多元功能还没有充分发挥。发挥群众体育的多元功能及价值，促进经济社会发展，还有很长的一段路要走。

（四）群众体育服务绩效管理机制亟待更新

有效的评价监督机制对提高群众体育发展质量具有重要意义。传统的群众体育服务发展提出了一种客观的结果导向的评价模式，重点是投入产出、成本效益分析。比如，《全民健身计划（2016—2020年）》中提到的每周参加1次及以上体育锻炼的人数上升到7亿人，体育消费总量达到

[①] 《北京奥运十周年，看习近平的体育强国梦》，央视网，2018年8月8日，http://news.cctv.com/2018/08/08/ARTIX6lLjUlnu6F0j63FeUkJ180808.shtml。

1.5万亿元。① 这种评价模式形式主义严重，追求预算利益最大化。在党的十九大报告中提出，以提高保障和改善民生水平为目标，借助第三方组织参与绩效管理的规范化和指导，不断完善绩效评价指标，落实综合绩效管理要求，为我国群众体育监督评价提供了方向。针对目前群众体育评价机制存在的问题，政府虽然实施第三方组织进行监督评价、提升公共体育服务满意度等措施，但效果不明显，如群众参与度不高、第三方评价机构不规范、综合健身服务效率不高、相应指标感知的公共体育健身服务不足等。群众体育不是一个完全的个体体育概念，它具有很强的社会意义，需要协同社会多方资源形成协同效应。这主要体现在体育部门与其他部门、社会力量的协调两个方面。当然，任何层面都存在客观阻力，这就需要相关部门根据政策精神逐级分解问题，提高各部门或组织的活力，激发其主观能动性。从总体上讲，群众体育服务绩效管理做到人民满意任重道远。

三 解决中国群众体育发展问题的措施

就目前发展状态而言，我国群众体育朝着较好的趋势发展。具体体现在以下几个方面：体育健身设施规模不断扩大、健身组织网络不断完善、体育指导员队伍不断壮大、群众体育活动不断开展、体育健身服务逐渐完善。但是，我国群众体育发展还存在一些问题，下文将从四个方面提出解决措施。

（一）应坚持以人民为中心，促进群众体育共享发展

发展以人民为中心的群众体育，需要满足民众参与体育活动、健身锻炼的需求，不断促进人的全面发展。人的全面发展，即全面提升人的身体素质，与全民健康和全面健身两大核心要素息息相关。党中央、国务院提出将全民健身发展纳入"五位一体"总体布局和"四个全面"战略布局中，进而统筹推进，颁布了《"健康中国2030"规划纲要》，对从全民健身到全民

---

① 《国务院关于印发全民健身计划（2016—2020年）的通知》，中国政府网，2016年6月23日，http://www.gov.cn/zhengce/content/2016-06/23/content_5084564.htm。

健康再到全面建成小康社会的每一个阶段与整体战略做出了明确布局。① 习近平总书记强调："要紧紧围绕满足人民群众需求，统筹建设全民健身场地设施，构建更高水平的全民健身公共服务体系。"②

促进群众体育高效发展，必须倾听人民心声，解决人民问题，通过实施新途径来解决城乡、地区以及不同群体发展不平衡问题，保证每个人都能享受到群众体育发展的成果。在制定经济社会发展规划和土地空间规划时，可以将公共体育空间、设施和场所的建设统筹考虑；部分城乡社区没有或者健身设施不达标，可以鼓励有关部门合理利用社区公共空间进行建设补充，也可以鼓励和引导建设商业机构、促进各类体育健身综合体构建，为其提供有偿服务。

1. 打造群众体育赛事品牌

要注重引进体育赛事品牌、特色项目、体育高级人才、体育服务产业项目和公益性体育社团等，从而为打造体育赛事品牌提供资源支撑。要充分利用我国不同地区得天独厚的自然和文化资源，建立健全自上而下、分级管理、高效运行的体育赛事体系，积极举行影响大且民众参与度高的群众体育竞赛。广泛开展全民健身体育活动、主题活动和品牌赛事，丰富群众健身活动，全力打造类型多样的群众体育活动，从而激发各地区、各年龄段群众广泛参与的热情和参与感。

2. 打造群众体育品牌队伍

要进一步加大支持力度，发挥基层群众体育组织、民间体育组织和网络体育组织的作用，促进各乡镇街道推进体育社团的社会化、实体化。通过加强专业指导人员和体育骨干培训，促进群众体育协会的自我发展，从而打造一批有影响力、有号召力的群众体育品牌队伍。

3. 倡导全民健身的健康生活方式

积极宣传全民健身活动，提高公民学习和掌握科学健身知识的能力，充

---

① 《群众体育》，中国政府网，2019 年 12 月 30 日，http：//www. gov. cn/guoqing/2012 - 04/19/content_ 2584197. htm。

② 《加快体育强国建设（专题深思）》，"人民网"百家号，2020 年 10 月 29 日，https：//baijiahao. baidu. com/s? id = 1681836656214170873&wfr = spider&for = pc。

分发挥骨干在群众体育中的带头作用，拓宽公众参与群众体育的渠道，建立健全全民健身志愿服务和社会体育指导员等参与规则，督促健身人群加强自我管理和自我约束。因地制宜地为不同地区、行业及群体举办类型多样的全民健身活动，推动经常参加体育锻炼的人数比例提高，将全民健身推广为群众接受并积极践行的生活方式。

（二）应加强体育场地设施建设，促进群众体育供需平衡

供给侧结构性改革为促进群众体育领域的创新发展提供了新的机遇，因此要善于抓住这次机遇，并围绕新时代群众体育发展的新特点，加强体育场地设施建设。为群众提供直接、高效、便民的全新全民健身管理服务，解决体育场地设施的建设和使用之间存在的供需失衡矛盾。

1. 推进大型体育场馆开放

指导和推进体育场馆信息化建设，因地制宜实施《体育场馆信息化管理服务系统技术规范》和《全民健身信息服务平台数据接口规范》。加强场馆开放服务监管，督促整改 2019 年检查评估中有问题的场馆，广泛接受社会各界对场馆开放的监督，在全民健身信息服务平台上公布各类场馆的开放计划。

2. 提升公共体育场馆管理服务水平

积极研究老年健身场馆设备配置与管理服务、人工制冷溜冰场建设与管理、体育场馆信息管理服务体系建设等标准，加快我国公共体育场馆信息化和设施标准化建设。

3. 建立智能健身中心和体育公园

组织实施地方健身器材捐赠，引导支持建设和完善一批配备智能户外健身器材的智能健身中心和体育公园。组织第三方机构监督捐赠场所的健身器材质量是否存在安全问题。

（三）应发挥群众体育多元价值，促进群众体育协调发展

在体育工作中，强调群众体育的主体地位和作用，实现群众体育、竞技体育、体育产业互促共进的目标，从而促进群众体育协调发展。有学者提

出，竞技体育发展将从政府独轮驱动向政府、社会、市场、民众四轮主体驱动转变，集多方力量在提升竞技实力的同时，发挥助推群众体育全面发展的作用。[①] 当前我国已进入全面建成小康社会的关键期，群众体育作为其重要载体，应构建和完善全民健身公共服务体系。在这一时期，要进一步发挥和深入挖掘群众体育的综合价值及多重功能，服务于全面建成小康社会的需要。学校教育应注重学生体质的提高，全面贯彻《国家学生体质健康标准》，确保在校学生每天至少进行一个小时的体育锻炼，从而把"全国亿万学生阳光体育"落到实处。

1. 开展各类全民建设主题示范活动

积极举行元旦攀岩、全民健身日、重阳节、群众性冬季体育推广普及活动等类型丰富的全民健身主题示范活动，提高群众参与体育活动和赛事的积极性，掀起全民健身高潮。积极开展冰雪运动进农村、进部队、进社区、进机关、进厂矿、进家庭活动，深入实施冰雪运动"南展西扩东进"战略。《关于加强全民健身场地设施建设发展群众体育的意见》强调："实施群众体育提升行动。丰富社区体育赛事活动，打造线上与线下比赛相结合、全社会参与、多项目覆盖、多层级联动的'全国社区运动会'。"[②]

2. 推进"互联网＋健身"

推广居家健身，组织居家健身和全民健身网上活动，在健康中国系列行动中大力推广居家健身计划，倡导体育明星等体育专业人士积极参与到健身直播活动中来。培育一批社会体育指导员队伍，发挥社会体育指导员协会、社区体育中心等基层体育组织的协同作用。要掌握在疫情防控下，群众健身和参与体育活动及锻炼的新特点，研究疫情防控常态化时期全民健身的新需求，摸索适应和满足全民健身工作需要的创新途径，继续完善"统一布局、统一标准、统一建设"的顶层设计，从体制机制上创新和完

① 钟秉枢：《新时代竞技体育发展与中国强》，《上海体育学院学报》2018 年第 1 期，第 12 ~ 19 页。

② 《国务院办公厅印发〈关于加强全民健身场地设施建设发展群众体育的意见〉》，中国政府网，2020 年 10 月 10 日，http：//www. gov. cn/xinwen/2020 – 10/10/content_ 5550216. htm。

善新型卫生治理。要积极倡导全民健康文化，帮助和鼓励群众增强健康意识。

3. 加强冬奥会对群众体育的促进作用

将全民健身与冰雪运动发展相结合，举办群众冰雪运动，普及冰雪运动知识，提升人民体质健康水平，充分调动民众参与冰雪运动的热情。借助 2022 年北京冬奥会，群众冰雪健身和专业冰雪运动将实现一体化发展。[①] 在专业竞赛场馆扩建方面，加大群众冰雪健身设施的投入和维护力度。在完善竞技体育发展布局方面，大力开展群众性冰雪体育赛事和高人气活动，大力发展参与面广、带动力强的竞技体育；加强实施"南展西扩东进"战略，不断扩大群众冰雪运动范围。

（四）应创建公共体育服务绩效考核与评估机制，促进群众体育高效发展

2020 年 9 月 22 日，在教育文化卫生体育领域专家代表座谈会上，习近平总书记指出，"加快体育强国建设""要科学研判体育发展面临的新形势，坚持问题导向，聚焦重点领域和关键环节，深化改革创新，不断开创体育事业发展新局面"。[②] 这对于推动我国群众体育事业高质量发展具有重要指导意义。

深度融合全民健身与全民健康，把《"健康中国 2030"规划纲要》的实施作为主线。贯彻落实《关于实施健康中国行动的意见》《健康中国行动（2019—2030 年）》中有关全民健身行动的年度任务，发挥全民健身对全民健康和全面小康的助力作用。落实《体育强国建设纲要》，实施全民健身的国家战略，逐渐提升全民健身公共服务水平，推进体育场地设施建设，开展全民健身活动等。评估《全民健身计划（2016—2020 年）》的效果实施，推进《全民健身计划（2021—2025 年）》的研究和编制工作。会同有关部

---

① 王学彬、郑家鲲：《新中国成立 70 周年我国群众体育发展：成就、经验、问题与展望》，《体育科学》2019 年第 9 期，第 31~40、80 页。

② 《习近平：在教育文化卫生体育领域专家代表座谈会上的讲话》，中国政府网，2020 年 9 月 22 日，http://www.gov.cn/xinwen/2020－09/22/content_ 5546157.htm。

门研制《关于加强全民健身场地设施建设　推进社区体育发展的实施意见》和《"十四五"全民健身提升工程实施方案》（暂定名），做好政策文件出台后的组织实施工作。

近几年来，全民健身热情十分高涨，仅是在利用重要节日举行的规模较大的全民健身活动就有上亿人次的群众参加。抓住这一庞大的群体，促进绿色群众体育经济发展，全力打造全民健身产业链。善于利用体育事业发展的热潮，挖掘"体育 +""+ 体育"的优势，促进我国供给侧结构性改革。创建公共体育服务绩效考核与评估机制，促进群众体育高效发展，则是群众体育未来要实现的重要目标之一。

总之，我国群众体育工作应进一步以习近平新时代中国特色社会主义思想为指导，贯彻党的十九大和十九届二中、三中、四中全会精神，深入贯彻习近平总书记关于体育的重要论述，按照党中央、国务院关于加快推进健康中国和体育强国建设的决策部署，实施好《"健康中国 2030"规划纲要》和《体育强国建设纲要》，继续完善全民健身公共服务体系，积极举办各类群众体育运动和赛事，实现体育治理体系和能力现代化。① 未来网上健身将随着大数据、云计算等信息技术的快速发展，继续保持快速发展趋势。由此可见，线上线下深度融合，优势互补，家庭健身、现场健身将形成不断发展的新趋势，各级各部门应顺应新趋势，发挥长效作用，推动全民健身的新业态，探索全民健身入户新模式，激发中国群众体育发展新动能。

参考文献

程志理、刘米娜、刘雪冰、张磊、殷伟、夏成前：《公共体育资源、体育参与与公

---

① 《体育总局办公厅关于印发〈2020 年群众体育工作要点〉的通知》，国家体育总局网站，2020 年 1 月 19 日，http：//www.sport.gov.cn/n316/n336/c941449/content.html。

共体育服务满意度研究》,《体育与科学》2016 年第 4 期。

胡鞍钢、方旭东:《全民健身国家战略:内涵与发展思路》,《体育科学》2016 年第 3 期。

刘国永:《对新时代群众体育发展的若干思考》,《体育科学》2018 年第 1 期。

仇军:《群众体育发展的困境与出路》,《体育科学》2016 年第 7 期。

任海:《由单位体育到社会体育——对我国群众体育发展的思考》,《体育科学》2018 年第 7 期。

B.3
中国竞技体育发展报告（2020~2021）

吴　迪*

摘　要：　竞技体育是体育事业发展的"排头兵"。改革开放以来，中国竞技体育飞速发展，近十年来更是成绩斐然。本报告梳理了2020年中国竞技体育的发展概况和重要事件，并总结特点和展望未来。2020年，受新冠肺炎疫情的影响，国际国内多项体育赛事被迫延期甚至取消。面对这些变化，中国体育界紧抓疫情防控，积极应对，探索新型办赛模式，有序保证联赛复赛。在重要事件方面，2020年最受关注的是奥运会。持续推进反兴奋剂工作是另一个重点，违法使用兴奋剂"入刑"成为兴奋剂防治法治化"里程碑"。回望2020年，疫情影响了体育领域的国际交流，赛事经济效益下降，运动员备战计划调整，主办城市应对能力受到挑战。展望未来，重塑体育赛事吸引力，充分利用高科技促进竞技体育的发展，是竞技体育领域值得关注和探索的问题。

关键词：　竞技体育　奥运会　反兴奋剂

2020年，党的十九届五中全会提出，到2035年基本实现社会主义现代化远景目标，建成文化强国、教育强国、人才强国、体育强国、健康中国。竞技体育在体育强国建设中备受关注，是整个体育事业发展的"排头兵"，

---

* 吴迪，管理学博士，北京体育大学管理学院讲师，研究方向为体育管理。

具有独特的社会价值和吸引力。综观世界，具有国际竞争力的体育强国在竞技体育领域均有突出表现。

运动健儿在赛场上顽强拼搏，挑战人类生理和心理的极限，不仅仅能带来激动人心的瞬间，更能振奋民族精神，凝聚社会力量。自新中国成立以来，竞技体育曾有无数闪光瞬间。1953年，吴传玉获得中国运动员在重大国际比赛中的第一块金牌；1956年，陈镜开成为新中国第一个打破世界纪录的运动员；1959年，容国团获得第一个世界冠军；1984年，许海峰在第23届奥运会上夺得中国人的第一块奥运金牌。时光荏苒，随着国家体育事业的发展，我国运动健儿在国际赛场上屡创佳绩，2010年以来，年均获得世界冠军数过百个，年均破世界纪录数过十项（见图1）。2015～2019年，我国运动员获得世界冠军数586个，破世界纪录数75项。

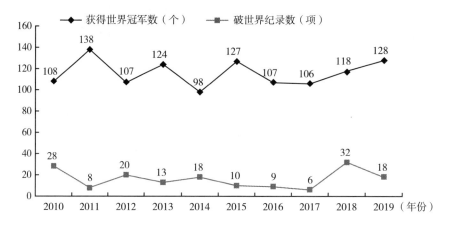

图1 2010～2019年中国运动员获得世界冠军数和破世界纪录数

资料来源：国家体育总局网站。

2020年本是奥运之年，各国的体育健儿都期待于东京共聚比拼。然而，2020年也是一个特殊的年份，全球蔓延的新冠肺炎疫情不仅仅改变了人们的生活，更严重影响了国际体育交流，众多赛事被迫暂停、延期甚至取消。面对前所未有的情况，中国体育健儿不惧困难与挑战，把握好有限的比赛机会，在全国人民万众一心抗击疫情的关键时刻，用优异的成绩为抗击疫情提供了强大的精神力量。中国女篮三战全胜，以 2020 年东京奥运会女篮资格赛 B 组第一名的优异成绩提前一轮锁定参赛资格。隋文静、韩聪、任子威、刘佳宇等冰雪健儿均在各自的项目中以优异的表现收获冠军。羽毛球、体操、自行车、拳击等 17 个项目在 46 场奥运资格赛中获得 18 个奥运参赛席位。① 2020 年，我国运动员在乒乓球、围棋和国际象棋 3 个项目上获得了 4 个世界冠军，在男女 4×100 米混合泳接力项目上一举打破了美国队创造的世界纪录。特殊时期，我国运动健儿在国际赛场上的良好表现提振了国民士气，展现了中华体育精神和伟大抗疫精神。

在 2020 年这个特殊的年份，中国竞技体育的发展情况值得关注。本报告旨在全面梳理 2020 年中国竞技体育的发展概况，挖掘发展特点，总结发展经验，展望未来发展方向。

一　2020年竞技体育发展概况

体育赛事是竞技体育的核心舞台，也是保证其发展的基础。2020 年新冠肺炎疫情的出现改变了人们的生活方式，对整个体坛也产生了较大的冲击。大量国际体育赛事延期或取消，各国职业联赛也纷纷停摆，赛事的变化对世界竞技体育的发展造成了严重的影响。据《中国体育报》的统计，从 2020 年 2 月 1 日到 3 月 25 日，受新冠肺炎疫情的影响，除 2020 年东京奥运会外，足球、篮球、排球和田径等项目中推迟或取消的赛事就有 40 余项。② 在足球赛事中，日本、韩国、意大利、美国、西班牙、英国、法国、巴西、荷兰、德国等国家的足球职业联赛推迟或暂停。在区域性比赛中，亚足联杯东亚区比赛、亚冠小组赛以及南美解放者杯、欧洲杯、美洲杯、世俱杯、欧冠等赛事推迟进行。在国际层面，卡塔尔世界杯亚洲区、美

---

① 《中国体育报和人民日报体育部联合评出 2020 年国内国际十大体育新闻》，国家体育总局网站，2020 年 12 月 29 日，http：//www. sport. gov. cn/n318/n352/c974709/content. html。
② 《疫情下全球体育赛事推迟及取消信息一览》，国家体育总局网站，2020 年 3 月 26 日，http：//www. sport. gov. cn/n318/n358/c946026/content. html。

洲区预选赛均推迟。在篮球方面，国际篮联从 2020 年 3 月 13 日起暂停了旗下的一切比赛；美国职业篮球联赛（NBA）于 2020 年 3 月宣布赛事暂停，美国大学生体育协会（NCAA）宣布取消男篮和女篮锦标赛；女篮奥运资格赛异地举行，东京奥运会男女篮分组抽签仪式被推迟。在这样的背景之下，2020 年中国竞技体育在开年之初就面临前所未有的挑战。随着抗疫形势的不断变化，国家体育总局及相关部门也跟随形势，在竞技体育领域进行着应对策略的调整，在全面保证疫情防控的基础上，寻求竞技体育的突破。

本报告以国家体育总局网站竞技体育版块的竞技新闻为主要信息来源，通过数据抓取技术获取竞技体育版块从 2020 年 1 月 1 日至 12 月 31 日发布的全部新闻标题，通过对标题的词频分析，得出 2020 年中国竞技体育的发展历程和关键事件，进一步通过对新闻内容的文本分析，总结 2020 年竞技体育发展概况。

本报告共抓取竞技体育新闻数量 2496 条，按月度进行统计，每月的新闻数量分布如图 2 所示。从新闻数量的变化可以看到，受疫情影响，2020 年上半年竞技体育新闻数量与下半年相比明显偏少，6 月以后，竞技体育新闻数量有较为明显的上升。

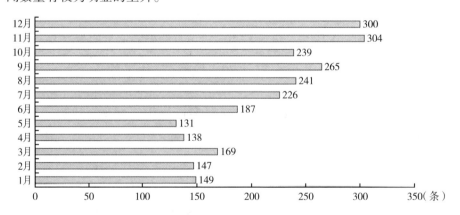

图 2　2020 年竞技体育新闻数量月度分布

资料来源：根据国家体育总局网站中竞技体育新闻整理得出。

对竞技体育新闻标题进行关键词词频统计，得到如图 3 所示的结果。其中，词语字体的大小与该词语出现的频率成正比。根据词频统计图中词语字体的大小，结合词语出现次数的数量统计，在新闻标题中出现频率从低到高排名前十的关键词是围棋、国际象棋、冠军、备战、桥牌、体能、奥运、锦标赛、联赛，其中出现频率最高的两个关键词是"联赛"和"锦标赛"。本报告以词频统计结果顺序对 2020 年竞技体育的发展进行分析。

图 3　2020 年竞技体育新闻标题关键词词频统计

资料来源：根据 2020 年竞技体育新闻标题关键词词频统计结果生成。

（一）疫情挑战下国内赛事稳步恢复

"联赛"和"锦标赛"是新闻标题关键词词频分析中出现数量最多的两个

词，以"联赛"和"锦标赛"作为关键词对所有的新闻标题进行筛选，共获得包含这两个关键词的新闻数量430条。从新闻发布的时间和数量可以看出疫情对体育赛事影响的变化，具体的新闻数量月度变化如图4所示。

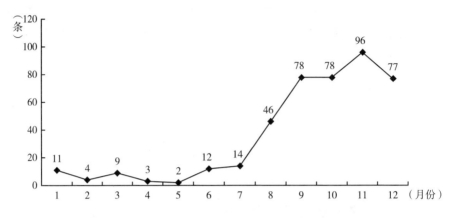

图4 2020年"联赛"和"锦标赛"新闻数量月度变化

资料来源：根据国家体育总局网站中竞技体育新闻整理得出。

受疫情影响，7月及以前与体育赛事相关的新闻数量较为有限。2~5月，与赛事相关的新闻数量均为个位数。2月和3月，由于国内疫情防控形势严峻，竞技体育赛事新闻以报道国际赛事情况为主。4月和5月，随着全球疫情形势的变化，国际体育交往受到较大冲击，竞技新闻的主要内容也有所变化，基本与赛事无关，主要公布国际体育组织的一些重要活动和决定。进入6月和7月，虽然竞技新闻的数量只有轻微的提升，但国内赛事已经出现复苏之势，最具代表性的就是"三大球"联赛复赛时间安排相继出炉。6月4日，中国篮球协会发布公告宣布2019~2020赛季CBA联赛将于6月20日复赛；7月1日，中国足协宣布，2020中国平安中超联赛将于7月25日在苏州赛区和大连赛区举行；7月22日，国家体育总局排球运动管理中心宣布，2019~2020中国男排超级联赛将于8月20日重新启动；8月18日，中国足协宣布2020年中国足球协会女子超级联赛揭幕战将于8月23日打响，联赛将于8~10月在云南昆明举行。此后，一系列省市级的联赛也陆续开始恢复比赛。各项赛事在举办过程中均严格落实疫情防控要求，采取封闭、空场等一系列措施，保证比赛安全顺利进行。联赛的重启带动了国内赛事整体复苏，8月开始，与竞技体育相关的新闻数量一路攀升。9月及以后，国内疫情形势出现明显好转，随着疫情防控常态化，足球、篮球、排球、象棋、围棋等多项国内联赛赛程稳步推进。各个项目不同级别的锦标赛持续开展，全国田径锦标赛、全国艺术体操锦标赛、全国拳击锦标赛等多项赛事陆续拉开序幕，相关新闻数量也持续攀升。10~12月，全国高尔夫锦标赛、全国羽毛球锦标赛、全国沙滩足球锦标赛、全国跳伞锦标赛、全国击剑锦标赛等项目陆续开赛。举办国内锦标赛为无法出境参赛的运动员提供了参赛机会，有助于运动员保持良好的运动竞技状态，达到"以赛代练、以赛促练"的目的。

（二）奥运备战如期有效推进

奥运会是最受关注的大型综合性体育赛事，在新闻标题关键词词频排名中，"奥运"一词排在第三位。以"奥运"为关键词在竞技体育新闻标题中进行检索，共获得相关新闻数量192条，关键词词频统计如图5所示，关键词集中在"备战"、"模拟赛"和"东京奥运"。

2020年本为奥运之年，冬训期间，运动健儿们已经开始调整状态，积极备战，还没有获得奥运资格的个人和团队希望获得更多参赛机会，已经获得奥运资格的个人和团队希望取得更好的成绩。在新冠肺炎疫情发展形势出现明显变化后，国家体育总局第一时间出台相关措施，提出国家队"不移动"、训练基地"全封闭"的要求，把疫情对奥运备战的影响降到最低。为避免别国入境限制政策对奥运备战工作产生不利影响，国家体育总局有序组织夺取奥运资格任务的队伍提前出访、绕道参赛，有17个项目在46场奥运资格赛中获得18个奥运参赛席位，基本实现了"该拿的资格都拿到"的目标。① 3月后，国内疫情得到有效控制、海外疫情形势严峻，国家体育总局

---

① 《苟仲文局长在全国体育局长会议上的讲话》，国家体育总局网站，2020年12月27日，http://www.sport.gov.cn/n316/n340/c974540/content.html。

图5 2020年"奥运"相关新闻标题关键词词频统计

资料来源：根据2020年"奥运"相关新闻标题关键词词频统计结果生成。

积极调整备战和参赛策略，及时撤回外赛外训人员，最大限度地降低了运动队感染风险。

受疫情影响，大量国际赛事难以如期举行，高水平赛事数量急剧下降，奥运模拟赛成为各运动队"练兵"的新选择。对标奥运会，高标准的模拟赛能够为国家队提供锻炼的机会，同时满足体育爱好者观看高水平赛事的需求。中国乒乓球队于8月8～21日举办了"备战东京·2020中国乒乓球队·奥运模拟赛"。比赛按照"进入东京时间、打造东京场地、设立东京标准、使用东京赛制、模拟东京对手、提供东京保障"的要求，全方位模拟演练了东京奥运会的比赛模式。按照国际乒联公布的最后一期世界排名，比赛确定了各项目参赛选手的种子排位，参照东京奥运会的乒乓球比赛赛程，先后决出混双、女单、男单、女团、男团5个项目的冠军。比赛过程中使用的器材、裁判的判罚尺度都严格遵守奥运会的相关要求。除乒乓球外，跳水、游泳、蹦床、艺术体操、射击、射箭、赛艇、皮划艇、橄榄球、水球等多个项目的国家队均结合项目特点，对标东京奥运会的比赛条件和要求，充分营造奥运比赛氛围，通过一系列高水平的模拟赛和对抗赛，强化队伍实战能力，检验集训效果。

2020 年东京奥运会推迟一年举行的消息一经发布，各项目国家队积极应对变化，及时调整心态和训练计划，加强体能储备，积极备战 2021 年举办的奥运会。东京奥运会举办时间的调整对中国的运动健儿既是机遇也是挑战。对于一些青年运动员来说，奥运会的推迟给了他们更多的备赛时间。如 19 岁打破 6 项世界纪录的中国女子举重运动员李雯雯就表示，东京奥运会延迟一年举行对她来说可能是一个机遇，"接下来这一年，需要把体能提高，在伤病控制好的基础上提升训练能力，把成绩更好地稳定提升"[1]。对于一些"老将"来说，推迟一年的奥运会让他们面临生理和心理的双重挑战。但是大部分"老将"也展示出了应有的风范，积极地调整心态和备赛状态，争取获得更大的突破。中国铅球名将巩立姣表示"一年的时间，我还等得起。我要做的就是努力调整，争取把最好的状态留到明年"[2]。皮划艇女子选手周玉重新复出备战奥运，在 2020 年全国皮划艇锦标赛获得两项冠军，她表示"东京奥运会，我最底线的目标就是奖牌"[3]。

除了 2020 年东京奥运会，2022 年北京冬奥会也备受关注。"扩面、固点、精兵、冲刺"的备战计划是为实现"全项目参赛""全面出彩"的目标而制定的。2018 年"扩面"工作卓有成效。2019 年"固点"工作全面推进，备战选手从 4000 余人精简至 1153 人。2020 年的目标是"精兵"，国家体育总局提出"五精"：打造精锐之师、锻造精勇之士、明确精准目标、抓

① 袁雪婧：《19 岁覆盖 6 项女举世界纪录　李雯雯：奥运延迟是个机遇》，《中国体育报》2020 年 4 月 27 日，第 3 版。
② 李东烨：《巩立姣调整状态静候奥运》，《中国体育报》2020 年 4 月 27 日，第 3 版。
③ 陈思彤：《周玉复出备战奥运冲奖牌而去》，《中国体育报》2020 年 12 月 16 日，第 3 版。

实精细训练、强化精致保障。[①] 疫情发生初期，各支队伍根据项目特点和所处的位置制订了不同的训练计划，以封闭训练的方式保证训练的系统和冬奥备战的有序。面对国际冰雪赛事的不确定性，中国冰雪军团通过模拟赛事的方式检验队伍备战冬奥会的成效。2020 年国庆节期间，中国冰雪国家集训队在吉林、秦皇岛、成都等多个赛区进行了冰壶、越野滑雪、自由式滑雪空中技巧、单板及自由式滑雪等多个项目的系列对抗赛，在检验队伍训练成果的同时也丰富了观众的观赛体验。2021 年，备战正式转入"冲刺"阶段，覆盖北京冬奥会 7 个大项、15 个分项和 109 个小项的国家集训队已全部建立，备战选手从 2019 年底的 1100 余人精简至 500 余人[②]，并将通过进一步筛选，力争在北京冬奥会上创造佳绩。

（三）"云端"成为新的观赛体验方式

在竞技体育新闻标题中出现频率排名前三的项目为"国际象棋"、"桥牌"和"围棋"。其中，与国际象棋有关的新闻数量有 76 条，与桥牌有关的新闻数量有 80 条，与围棋有关的新闻数量有 100 条。这些项目的高频率"出镜"，除了爱好者的关注之外，也与项目本身的特点密切相关。疫情防控时期，线下赛事大规模停办或者延期，但是基于互联网举行的线上赛事如火如荼，不仅有职业高手之间的对决，也有广大爱好者的积极参与。以围棋为例，2020 年 2 月，中国围棋协会主办的"众志成城，抗击疫情"国家围棋队网络训练赛和全国网络业余围棋系列大赛同时开赛，吸引了众多观众。网络对抗赛为棋手保持水平提供了有效条件，这种参赛和观赛方式也有助于疫情防控措施有效落实。除了国内赛事，在线比赛的形式也有助于推动国际同行切磋。如 4 月举行的世界围棋公开赛八强赛中，中日选手采取线上形式进行比赛；同月举行了首届中欧网络围棋擂台赛，比赛双方通过围棋客户端

---

① 田洁：《多管齐下备战北京冬奥会》，《中国体育报》2020 年 12 月 15 日，第 1 版。
② 傅潇雯：《北京冬奥会开幕倒计时一周年——冲刺！中国冰雪健儿备战提速》，《中国体育报》2021 年 2 月 4 日，第 1 版。

在线对弈，每轮比赛同时开出两个直播间，进行中英文双语解说，世界各地的围棋爱好者都可以在线观战。

虽然疫情导致了参赛者物理上的隔离，但是线上比赛成为运动员的新选择。与其他的项目相比，桥牌、国际象棋和围棋等项目能够更有效地利用现代通信和人工智能技术，通过远程连线，实现比赛的可能性，推动赛事举办采用新模式。虽然在线操作可能会出现"滑标"的现象，但总体而言，这种形式已经被普遍接受并运用在国际赛事当中。

除了智力运动项目外，射击、排球、拳击、跆拳道、田径、帆船等项目也走上"云端"。中国国家射击队邀请地方队进行网络视频对抗赛；中国田径协会通过通讯赛为分布在不同训练基地的选手创造比赛机会；国家体育总局排球运动管理中心开展全国排球一线队网络公开课，全面展现队伍日常训练成果；中国国家拳击队网络直播对内对抗赛，检验封闭训练的成果。"云端"赛事为运动员搭建了跨越空间的竞技平台，也为观众提供了更多的观赛机会和更好的参与体验。

二　2020年竞技体育的"焦点"

赛事变化与调整并没有影响体育的整体热度，2020年，中国和世界体育界仍然发生了许多值得关注的"大事件"，从中可以探索竞技体育的"焦点"。

（一）2020年体育新闻

表1列示了2020年中国和国际体育十大新闻，评选主体分别为《人民日报》体育部和《中国体育报》、新华社体育部。在国内新闻方面，"体育强国"建设、"体教融合"、"全民健身"等依然是体育领域最受关注的主题；"方舱医院变身""中超和中职篮复赛"等新闻则具有明显疫情"烙印"。

表1 2020年中国和国际体育十大新闻

主体	《人民日报》体育部和《中国体育报》	新华社体育部
国内	党的十九届五中全会提出到2035年建成体育强国 北京冬奥会筹办和备战工作有序推进 青少年体育工作重要文件相继出台 体育健儿连创佳绩为全国抗击疫情加油 全民健身事业取得新进展 珠峰高程测量登山队圆满完成任务 中国成功举办国际乒坛重要系列赛事 杭州亚运会吉祥物发布 中超和中职篮顺利完成复赛不断深化改革 柯洁成为中国围棋最年轻"八冠王"	16家足球俱乐部出局 方舱变身，赛事重启 刘国梁出任世乒联理事会主席 林丹退出国家队 北京冬奥会筹办扎实进行 工人体育场启动复建 学校体育、体教融合发力推进 全军专业体育力量调整改革 亚洲杯足球赛中国组委会成立 15年后建成体育强国、健康中国
国际	东京奥运会推迟至2021年举行 世界体坛因疫情一度停摆 巴黎奥运会增设霹雳舞等四大项 国际体坛痛失巨星 莱万多夫斯基首获世界足球先生 汉密尔顿追平舒马赫车手总冠军纪录 纳达尔追平费德勒网球大满贯纪录 多项中长跑世界纪录被打破 欧洲足球五大联赛创多项纪录 第三届冬青奥会在瑞士洛桑举行	第三届冬青奥会在瑞士洛桑举行 科比、马拉多纳相继离世 田径多项世界纪录被打破 多位知名运动员退役 孙杨禁赛案将重审 东京奥运会延期一年 利物浦登顶英超，拜仁揽"三冠王" 北京冬奥会筹办扎实进行 纳达尔平大满贯纪录 巴黎奥运会新增四大项，举重被缩减

资料来源：《人民日报》《中国体育报》《新华每日电讯》。

在年度体育新闻当中，竞技体育新闻占据重要地位。综观国内外体育新闻，青年奥运会、冬季奥运会和夏季奥运会均榜上有名，奥运会依然是体育领域最受关注的焦点。在国际新闻方面，2020年1月，第三届冬季青年奥林匹克运动会（简称冬青奥会）在瑞士洛桑举行；3月，2020年东京奥运会确定将推迟一年举行；9月21日，2022年北京冬奥会开幕式倒计时500天，各项筹备工作扎实、稳定、有序地推进；12月，霹雳舞、滑板、攀岩和冲浪四大项经过国际奥委会执委会同意，将于2024年在巴黎举办的第33届奥运会上正式亮相。

随着疫情防控常态化，赛事复苏也是竞技体育关注的另一个"热点"。在国际赛事方面，中国举办了国际乒坛重要系列赛事，展现了乒乓大国的担当。11月8日，在山东威海揭幕的国际乒联女子世界杯成为疫情以来国内举办的首个有境外选手参加的国际体育赛事。随着国际乒联男子世界杯和国际乒联总决赛相继在山东威海、河南郑州成功举行，中国在世界乒坛停摆8个月后，率先迈出重启国际赛事的脚步。在国内联赛方面，6月20日，2019~2020赛季中国男篮职业联赛（CBA）复赛，比赛在东莞和青岛以空场赛会制方式进行。7月25日，2020中国平安中超联赛于苏州赛区和大连赛区复赛。整个赛季中，中超和中职篮（CBA）采取封闭的赛会制比赛，有条件地恢复观众入场。8月15日，2019~2020赛季中国男篮职业联赛总决赛圆满结束。11月12日，2020赛季中超联赛收官。

2020年，虽然受到疫情影响，但即将在中国举办的各项国际大型体育赛事活动依然在持续和顺利推进。除了2022年北京冬奥会外，第19届亚运会将于2022年在杭州举行，第18届亚足联亚洲杯将于2023年在中国举行。4月3日，2022年杭州亚运会吉祥物——智能小伙伴"江南忆"组合正式发布，"琮琮"、"莲莲"和"宸宸"分别代表良渚古城遗址、西湖和京杭大运河，均为机器人造型。10月22日，2023年亚足联亚洲杯中国组委会在北京成立，标志着亚洲杯筹办工作进入新阶段。

运动员是竞技体育中的核心，在2020年的新闻当中也多有涉及。6月29日，世界乒乓球职业大联盟（WTT）宣布刘国梁将担任新成立的WTT理事会主席。刘国梁是中国乒乓球第一个男子大满贯得主，退役后先后担任中国乒乓球队总教练和中国乒乓球协会主席。7月4日，37岁的羽毛球运动员林丹宣布结束国家队生涯。林丹拥有20个世界冠军头衔，曾两夺奥运会男单冠军、5次获得世锦赛男单冠军，帮助中国队夺得了6届汤姆斯杯冠军和5届苏迪曼杯冠军。11月3日，年仅23岁的中国棋手柯洁在第25届三星杯世界围棋大师赛三番棋决赛中战胜对手，第四次摘得三星杯桂冠，成为中国围棋历史上最年轻的"八冠王"。

（二）奥运会依然备受关注

在媒体评选的2020年国内和国际体育十大新闻当中，奥运会作为竞技体育盛会依然备受关注。第三届冬青奥会、2020年东京奥运会、2022年北

京冬奥会、2024年即将举行的巴黎奥运会均成为2020年最难忘的记忆。1月，第三届冬青奥会在瑞士洛桑开幕，有来自79个国家和地区的1872名运动员参与了比赛，两个数量均创下了冬青奥会历史之最。中国代表团派出53名运动员参加57个小项比赛，获得3金、4银、5铜的成绩。

3月24日，国际奥委会与东京奥组委发表联合声明，正式确认东京奥运会推迟至2021年举行。这一声明使得东京奥运会成为现代奥运百年历史上首届推迟举行的奥运会。国际奥委会主席巴赫认为，推迟举行奥运会是因为面对"人类史无前例的危机"，也是"奥运会史无前例的挑战"。奥运火种将留在日本，在2021年举行的东京奥运会和残奥会依旧被称为"2020年东京奥运会和残奥会"。该声明发布后，国际田联、国际乒联、国际皮划艇联合会、世界射箭联合会、国际柔道联合会及世界棒垒球联合会等多家国际单项体育组织均发布声明，表达了对这项决定的支持。3月30日，国际奥委会和东京奥组委联合宣布，推迟后的东京奥运会将于2021年7月23日至8月8日举办。

2020年，2022年北京冬奥会和冬残奥会的各项筹备工作扎实、稳定、有序地推进。2020年末，北京赛区、延庆赛区8个竞赛场馆已经全面完工，张家口赛区76个冬奥项目全部完工。冬奥会筹办工作全面转向赛时体制，所有竞赛场馆（群）运行团队全部实现一线办公。《北京2022年冬奥会和冬残奥会可持续性计划》发布，线上公开征集奖牌、火炬和制服装备的视觉外观设计方案，完成月球之旅的冬奥会吉祥物等展示品顺利返回。冬奥会展现了强大的吸引力，北京冬奥组委计划招募2.7万名冬奥会赛会志愿者、1.2万名冬残奥会赛会志愿者，截至2021年3月，志愿者申请报名人数已超130万人。冬奥会也吸引了众多企业的关注，展现了强大的"吸金"能力。截至2021年6月，已有42家赞助企业与北京冬奥组委成功签约，包括11家官方合作伙伴、11家官方赞助商、9家官方独家供应商和11家官方供应商。[1]

12月，国际奥委会执委会同意在巴黎举办的第33届夏季奥运会增设霹

[1] 《走近冬奥｜舒华体育成为北京冬奥组委成功签约的第42家赞助企业》，新华网，2021年6月7日，http://www.xinhuanet.com/sports/2021-06/07/c_1127539186.htm。

霹舞、滑板、攀岩和冲浪四大项。相比于 2020 年东京奥运会，巴黎奥运会将在办赛规模上进一步缩减：参赛运动员的名额从 11092 人减少到 10500 人；项目总数从 339 个小项减少到 329 个小项。举重是所有大项中受影响最大的项目，共有 4 个小项被移出，参赛运动员总数从东京奥运会的 196 人减少至 120 人。巴黎奥运会项目的调整还强调性别平等，首次实现男女运动员各占 50%，男女混合的小项从东京奥运会的 18 个增加到 22 个。[①] 此次巴黎奥运会增设的项目在青少年中都拥有较为广泛的参与基础，它们都极富挑战性，具有自我展示特质和各自的流行文化。

2020 年，国际奥委会执委会通过了武术成为第四届青年奥林匹克运动会新增正式比赛项目的提议。这意味着武术第一次成为奥林匹克系列运动会正式比赛项目。2001 年国际武术联合会首次提出申请武术成为奥运会正式比赛项目，经过国际武联及其 155 个国家（地区）会员协会的长期努力，多年来的武术国际推广普及终于取得了阶段性进展和成果。

（三）反兴奋剂法治化进程取得新突破

兴奋剂被视为体育领域的"毒瘤"，严重背离竞技体育精神，违背体育竞赛道德，对运动员的身心健康造成不可挽回的损失。兴奋剂检测在竞技体育领域备受关注，我国一直对运动员使用兴奋剂的行为采取"零容忍"的坚定态度，并从体制机制建设入手筑牢"防火墙"。为贯彻落实习近平总书记关于反兴奋剂工作的重要指示批示精神，根据《反兴奋剂工作发展规划（2018—2022）》和《国家体育总局"反兴奋剂工程"建设方案》的要求，各省区市和国家运动项目管理单位正在积极构建"纵横交叉、上下联动"全覆盖的反兴奋剂组织体系。截至 2020 年 8 月 31 日，中国田径协会、国家体育总局游泳运动管理中心等 15 个国家运动项目管理单位，江苏、浙江、辽宁等 25 个省区市成立了专门的反兴奋剂部门或机构。

---

① 《四项目入围 2024 年巴黎奥运会》，人民网，2020 年 12 月 9 日，http://world.people.com.cn/n1/2020/1209/c1002-31960314.html。

　　受疫情影响，国内外赛事的数量急剧减少，但是对于兴奋剂的检查力度并没有因此放松。2020年，中国反兴奋剂中心的监控重点为备战东京奥运会和北京冬奥会的运动员，兼顾备战全运会和其他级别的运动员，接受来自各协会、省市和高校等的检查委托，各检查方检查数据比例分布如图6所示。

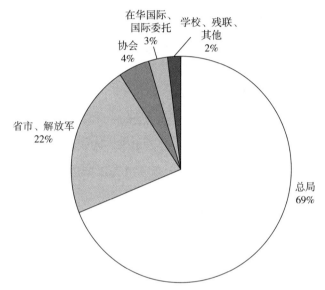

图6　2020年各检查方检查数据比例分布

　　　资料来源：《严格实施疫情防控　有效开展备战检查——反兴奋剂中心公布2020年兴奋剂检查数据》，国家体育总局网站，2021年3月3日，http：//www.sport.gov.cn/n316/n340/c979789/content.html。

　　2020年，中国反兴奋剂中心共实施检查14072例，其中尿检12026例，血检2046例，查出阳性23例，其他违规2例，共计25例违规，总体违规率为0.18%。检查涉及田径、游泳等88个项目，包括26个残疾人项目。兴奋剂检查中，赛内检查3304例，赛外检查10768例。兴奋剂检查样本数量比例排名前五的项目是田径、游泳、举重、自行车和赛艇，检测样本数分别为总数的15.0%、8.7%、8.6%、8.5%和8.1%，超过检测总数的40%。[1]

　　① 《严格实施疫情防控　有效开展备战检查——反兴奋剂中心公布2020年兴奋剂检查数据》，国家体育总局网站，2021年3月3日，http：//www.sport.gov.cn/n316/n340/c979789/content.html。

疫情发生初期，大量国家队赴境外训练、比赛，中国反兴奋剂中心根据现实情况的变化，积极委托境外检查机构监控检查境外备战运动员，2020年第一季度境外检查数量达到 657 例，较 2019 年全年数量增长了 115%。2020 年全年共派出检察官 1049 批次 2635 人次，检查地域遍布除台湾以外的 31 个省区市及香港、澳门两个特别行政区。①

2020 年 12 月，全国人大常委会第二十四次会议通过了《刑法修正案（十一）》，增设与兴奋剂有关的罪名，规定"引诱、教唆、欺骗运动员使用兴奋剂参加国内、国际重大体育竞赛，或者明知运动员参加上述竞赛而向其提供兴奋剂，情节严重的，处三年以下有期徒刑或者拘役，并处罚金。组织、强迫运动员使用兴奋剂参加国内、国际重大体育竞赛的，依照前款的规定从重处罚"。这一规定提升了反兴奋剂工作的法治化水平，使处理涉兴奋剂的违法行为有法可依。

三　总结与展望

2020 年是一个特殊的年份，疫情的出现打乱了人们的生活节奏，影响了体育的国际交流，给中国的竞技体育发展带来了巨大的挑战。尽管如此，中国竞技体育依然顶住了压力，中国的体育健儿屡创佳绩，各国家队的训练和备战有序进行，赛事也在疫情防控常态化的背景之下逐渐恢复。面向未来，国际体育赛事完全恢复疫情前的水平还需要一定的时间，运动员参赛、观众观赛可能都会出现新的方式，从而影响竞技体育整体的发展。

（一）2020年竞技体育发展总结

回望 2020 年，在疫情的影响下，竞技体育的发展受到了前所未有的挑战。

---

① 《严格实施疫情防控　有效开展备战检查——反兴奋剂中心公布 2020 年兴奋剂检查数据》，国家体育总局网站，2021 年 3 月 3 日，http：//www. sport. gov. cn/n316/n340/c979789/content. html。

一是赛事延期和停摆对社会和经济效益的影响。2020 年东京奥运会的延期在奥运会历史上并无先例，大量赛事的中止和延期不仅仅影响了整体的赛程进展，更给主办方带来了严重的经济损失。2019 年全球体育产业的经济收入已达到 1353 亿美元，原本预计 2020 年体育产业将保持 4.9% 的稳定增长，由于新冠肺炎疫情的影响，到 2020 年 4 月已经有 47% 的赛事取消或者延期，全球体育产业全年收入将减少 616 亿美元左右。① 大型体育赛事对主办城市的形象塑造有着积极影响，近年来中国多地通过引入国际顶尖体育赛事打造良好的国际形象，疫情之下各项赛事陷入停摆，包括首次落户中国的南京室内田径世锦赛、已拥有多年影响力的跳水世界杯北京站，以及女足、女篮、拳击等奥运资格赛。② 此外，由于赛事的调整变化，未来还可能会出现大型赛事"扎堆"举办的情况，如何保证运动员的参赛状态，如何吸引足够的关注度，成为赛事主办方需要面对和考虑的问题。

二是对运动员备赛和训练的影响。运动员的训练具有科学的周期性，原有的备赛和训练计划需要重新调整，部分运动员还要面临伤病风险和年龄变化带来的不确定性，一些运动员和教练员还需要面临职业生涯发展规划的调整。对于以比赛为职业生涯主要经济来源的运动员来说，在疫情影响之下，如何维持训练和生计也成为他们面临的最为现实的问题。

三是对主办方办赛能力的挑战。在疫情防控常态化的背景之下，赛事的举办需要符合防疫规定。如何制订科学的防疫计划，既能保证防疫效率，又能提升观众的观赛体验，需要主办方积极探索新的机制和方案。"气泡"办赛成为一种新的模式，即赛事空场进行，运动员、教练员、裁判员和工作人员集中在一个或几个地方举行赛会制比赛，辅之以频繁的病毒检测。③ 目前，国内赛事举办已经进行了有效的探索，随着国内疫情形势逐渐好转，办

---

① 《损失 616 亿美元？全球五成赛事取消，体育公司面临退款难题》，澎湃新闻，2020 年 4 月 21 日，https://www.thepaper.cn/newsDetail_forward_7065727。
② 《疫情对中国体育产业影响多少？》，中国新闻网，2020 年 2 月 27 日，http://www.chinanews.com/ty/2020/02-27/9106858.shtml。
③ 《"气泡"与"云端"——疫情下办赛的变量与增量》，新华网，2020 年 12 月 28 日，http://www.xinhuanet.com/sports/2020-12/28/c_1126916705.htm。

赛风险也逐渐降低。随着 2022 年北京冬奥会、杭州亚运会等国际赛事的临近，如何让来自世界各地的运动员和相关工作人员安全参赛，如何让主办城市的疫情风险降到最低，依然是值得关注的问题。

（二）2021年中国竞技体育发展展望

突如其来的疫情给整个世界带来了不确定性，中国竞技体育也经受了巨大考验。在抗击疫情的过程中，中国竞技体育面临前所未有的挑战，却也在这场挑战之中探索着新的发展思路。

一是重塑体育赛事吸引力。2021 年，东京奥运会、欧洲杯、美洲杯、世俱杯、世界大学生运动会和第十四届全国运动会等国内外大赛"扎堆"举行。疫情防控时期，观赛需求受到巨大压抑的观众可能会带来新的增长点，为受疫情冲击的竞赛表演业带来机会。但是，过于密集的大型赛事可能会给运动员参赛带来一定压力，同时也可能会使观众出现"审美疲劳"，各项赛事需要突出自身特点，深度挖掘其对观众的吸引力。疫情仍然是影响赛事举办的重要因素，世界多个国家发现了新冠病毒变异毒株，日本国内出现了关于东京奥运会是否应该如期举行的讨论①，这些新的情况需要引起各大赛事主办方的高度关注。

二是注重高科技在竞技体育领域的发展。"云端"和"线上"成为疫情防控时期人与人之间交流的主要渠道，也为竞技体育的办赛和观赛带来了新的思路。尤其是棋牌类项目的赛事，竞赛双方通过网络连线方式进行比拼，吸引了大量观众在线围观，在疫情得到缓解之后这种办赛方式也存在延续的价值。除了比赛，观赛方式也有了新的可能性。人工智能、虚拟现实（VR）、5G 通信、360 度全景回放等先进技术在赛事转播中的应用将营造"身临其境"的感觉，可以极大地提升用户的观赛体验。目前市面上也出现

---

① 《日本"中止东京奥运会"请愿书已获得签名超过 20 万》，中国新闻网，2021 年 5 月 7 日，http：//www.chinanews.com/gj/2021/05 - 07/9472179.shtml。

了一些 VR 直播平台，提供拳击、篮球等赛事的直播服务①，对于需要空场比赛或者限制入场观众数量的比赛来说，这种方式可能会成为未来观赛的新趋势。"云端"赛事的举办和观看对于信息通信技术和硬件等有更高的要求，需要体育领域关注"新基建"的发展，结合"数字化"发展思路，探索更多竞技体育与现代科技的结合模式。

参考文献

鲍明晓：《"新冠疫情"引发的国际政治变动对全球体育的影响与中国体育的应对之策》，《成都体育学院学报》2020 年第 3 期。

邓万金、管莹莹、何天易：《竞技体育强国核心竞争力比较研究》，《北京体育大学学报》2019 年第 4 期。

龚正伟、刘星：《新型冠状病毒肺炎疫情下基于人类命运共同体理念的我国体育治理方略》，《体育学研究》2020 年第 2 期。

韩勇：《中国反兴奋剂的管理成效及面临的风险与对策》，《北京体育大学学报》2020 年第 8 期。

杨国庆、彭国强：《新时代中国竞技体育的战略使命与创新路径研究》，《体育科学》2018 年第 9 期。

---

① 《NBA 联赛全面暂停！VR 直播观赛会跃身主流吗？》，"新浪科技"百家号，2020 年 3 月 12 日，https：//baijiahao. baidu. com/s？ id = 1660936344766934785&wfr = spider&for = pc。

B.4
中国体育产业发展报告（2020～2021）

范松梅*

摘　要：　2020年，突如其来的新冠肺炎疫情让中国体育产业颇受冲击。本报告全面分析2019～2020年中国体育产业发展的基本情况和主要问题，发现我国体育产业规模持续扩大，但整体规模仍偏小；产业结构持续向好，以服务业为主，但体育竞赛表演活动的总产出和增加值占比都较低，需进一步优化升级；产业布局规划加速，支持政策较多，但需统筹区域协调发展；产业主体不断壮大，但影响力需加强；政策环境、平台环境、金融环境等部分产业发展环境有所改进，但体育治理的社会体系亟须完善、体育产业人才较为匮乏、体育消费水平较低等。针对现阶段我国体育产业存在的主要问题，本报告从强化顶层设计、提高三大要素配置效率、引导产业结构优化升级、统筹协调区域产业布局、增强产业主体影响力、坚持产业创新驱动发展六个方面为推动我国体育产业高质量发展提出建议。

关键词：　体育产业　产业结构　产业政策

2020年，突如其来的新冠肺炎疫情让中国体育产业颇受冲击。但疫情终将过去，一切都会恢复正常。目前，我国的疫情防控已取得阶段性胜利，我们应该认真反思，寻找疫情所暴露的体育产业的问题与短板并探寻新的发

---

* 范松梅，经济学博士，北京体育大学体育商学院讲师，研究方向为体育经济。感谢北京体育大学体育商学院游龙飞为本报告撰写提供的帮助。

展方向。那么疫情给体育产业的发展带来了哪些影响? 2019～2020 年我国体育产业存在哪些问题? 如何推动疫情防控常态化时期我国体育产业的高质量发展? 基于上述问题, 本报告重点围绕 2019～2020 年我国体育产业的现状与问题展开研究, 并为 2021 年我国体育产业高质量发展提供建议。

一 2019~2020 年中国体育产业发展的基本情况

(一)产业规模持续扩大

"十三五"以来, 我国体育产业总规模及增加值增长态势良好, 为体育产业高质量发展注入动力。2019 年, 全国体育产业总规模(总产出)为 29483 亿元, 约是 2015 年的 1.72 倍, 增加值为 11248 亿。从名义增长情况来看, 2019 年我国体育产业总产出同比增长 10.9%, 增加值同比增长 11.6%。体育产业总规模反映的是主要负责生产体育类实物及劳务产品的主体创造的价值, 增加值反映的是主要负责生产体育类实物及劳务产品的主体创造的增加价值, 从两者的数据中可以看出我国体育产业发展的整体情况, 2015～2020 年我国体育产业的相关数据见表 1。体育产业总规模从 2015 年的 17107 亿元增长至 2020 年的 33781 亿元, 增加值从 2015 年的 5494 亿元增长至 2020 年的 13455 亿元。2015～2020 年, 国内生产总值中体育产业增加值所占比重从 0.79% 增长至 1.32%, 与同期 GDP 相比, 增长速度较快, 体育产业在拉动经济增长中发挥着越来越大的作用。

表1 2015～2020 年我国体育产业的相关数据

年份	总规模(亿元)	增加值(亿元)	增加值占当年 GDP 比重(%)
2015	17107	5494	0.79
2016	19011.3	6475	0.87
2017	21987.7	7811	0.94
2018	26579	10078	1.10
2019	29483	11248	1.13
2020	33781	13455	1.32

资料来源: 2015～2019 年数据来自国家统计局, 2020 年数据为预测值。

（二）产业结构持续向好

2019 年，在总产出方面，体育服务业总产出超过体育用品及相关产品制造总产出，居第一位，占比 50.6%；体育用品及相关产品制造总产出占比小幅下降，为 46.2%；体育场地设施建设总产出仍居第三位。在增加值方面，体育服务业增加值每年增长幅度较大，自 2016 年以来，体育服务业增加值超过体育用品及相关产品制造增加值，两者的差距日益增大。2019 年，体育服务业、体育用品及相关产品制造、体育场地设施建设的增加值占体育产业增加值的比重分别为 67.7%、30.4%、1.9%（见图 1）。

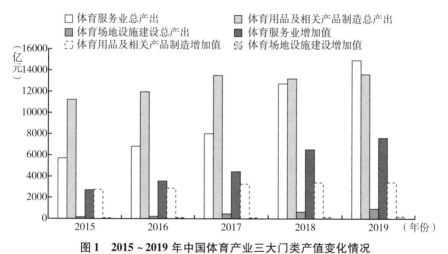

图 1　2015～2019 年中国体育产业三大门类产值变化情况

资料来源：国家统计局。

（三）产业布局规划加速

在国家政策的带动下，我国体育产业布局规划加速发展，各地政府结合《体育产业发展"十三五"规划》以及体育产业、项目产业中长期规划，制定并出台了一系列有关区域体育产业和项目产业发展的政策文件。除了传统的以行政区划进行划分实行五年规划的区域以外，京津冀、长三角、粤港澳

大湾区、成渝一体化自贸试验区、海南自由贸易港等是体育产业优势与创新发展区域的代表。同时，马拉松、自行车等项目产业由于在市场化程度、群众基础、社会关注度及参与度等方面享有一定优势，凭借国家体育总局直属项目中心单独发布了发展规划。在国家的支持和引导下，现阶段我国区域体育产业规划布局也出现了一些具有代表性的指导政策和实践，如以示范园区、示范单位、示范项目为主体的国家级体育产业示范基地，国家精品体育旅游线路，体育旅游示范项目，体育主题特色小镇等，采取自上而下的宣传与地方选拔推荐相结合的方式，鼓励有优势的地方政府、体育机构和组织为体育产业的健康持续发展提供资金、政策等方面的支持。

（四）产业主体不断壮大

近年来，我国体育产业主体不断壮大。首先，为了培育壮大体育产业主体，体育资源交易平台在部分省市纷纷出现，如广东、山西等省市建立起一个中立的"第四方"平台，独立于买方、卖方、中介方而存在；其次，江苏、浙江、重庆等省市也建立起体育发展专项资金，如江苏省为体育休闲健身、体育赛事等体育产业相关业态提供一定的补贴、贷款贴息和奖励；最后，体育产业对社会资本的吸引力不断提高，大量产业基金被吸引进入，多家体育类公司陆续加入了新三板行列。2018 年，全国共有体育产业法人单位比 2015 年增加了 12.4 万个，年均增速为 27.4%。[①]《中国体育上市公司2020 年市值榜单》显示，33 家体育公司总市值在 2020 年末为 8134.18 亿元，安踏体育、李宁、申洲国际等 3 家公司的市值均超过千亿元。

（五）产业发展环境有所改进

1. 体育产业政策环境

近年来体育产业政策纷纷出台，国务院办公厅、国家体育总局、国家发

---

① 《体育产业成国民经济新增长点》，国家体育总局网站，2020 年 12 月 11 日，http：//www. sport. gov. cn/n319/n4832/c972585/content. html。

展改革委、教育部等多部门发布的一系列重要文件都将体育列为促进中国经济发展的新业态与新模式（见表2）。此外，体育产业在2020年9月22日的教育文化卫生体育领域专家代表座谈会和23日的国务院常务会议上都被列入了重要议程。

表2　2014年以来体育产业相关政策文件一览

颁布年份	颁布机构	文件名称
2014	国务院	《关于加快发展体育产业促进体育消费的若干意见》
2016	国家体育总局	《体育产业发展"十三五"规划》
2016	国务院办公厅	《关于加快发展健身休闲产业的指导意见》
2016	国家体育总局等4个部委	《冰雪运动发展规划(2016—2025年)》
2016	国家体育总局等9个部委	《水上运动产业发展规划》
2016	国家体育总局等9个部委	《航空运动产业发展规划》
2018	国家体育总局等11个部委	《马拉松运动产业发展规划》
2018	国务院办公厅	《关于加快发展体育竞赛表演产业的指导意见》
2019	国务院办公厅	《体育强国建设纲要》
2019	国务院办公厅	《关于促进全民健身和体育消费推动体育产业高质量发展的意见》
2020	国家体育总局、教育部	《关于印发深化体教融合　促进青少年健康发展意见的通知》
2020	国务院办公厅	《关于以新业态新模式引领新型消费加快发展的意见》
2020	国家发展改革委等4个部委	《关于扩大战略性新兴产业投资　培育壮大新增长点增长极的指导意见》

资料来源：根据网络公开资料收集整理得出。

2. 体育产业平台环境

当前，数字技术在推动体育产业结构转型升级、提升群众获得感方面具有巨大的作用和价值，尤其是在疫情防控常态化时期，数字技术在体育等各领域的广泛应用更为推动互联互通的数字型社会打下了良好的基础。利用云计算、大数据技术深入挖掘细分社会群体的体育消费需求，通过体育产品和服务的有效供给满足其个性化需求；可依托各类体育网络平台实现体育信息和资源的交互与共享，通过体育与其他产业的跨界融合与协同创新，实现向高层次体育消费价值链的升级。随着网络数字技术的不断发

展，云计算、大数据、物联网等技术在国内外健身休闲实践中已得到广泛应用。以内置芯片的手环、手表为代表的智能硬件通过采集相关数据并利用数据挖掘和算法进行分析处理，实现了线上线下运动的融合。美国网络健身平台"火辣健身"，首先通过收集用户体质的基本数据，然后借助交互视频完成对用户的体测，最后用算法为用户设计具有针对性的专属视频健身课程。国内运动社交类公司"咕咚"通过社交平台和大数据分析让用户更好地参与运动，从而获得健康生活和运动社交的最新体验。国家体育总局体科所与华为成立了"运动健康联合实验室"，共同打造智慧运动健康综合研究平台，"大体育大数据大健康"不久将成为现实。

3. 体育产业金融环境

现阶段，随着经济的不断发展和金融工具的不断创新，体育产业也迎来了多种融资手段并存、融资额逐年增加的局面。在资本市场方面，股票市场作为资本市场中对经济运行状况最显著的"晴雨表"，其反应主要表现在价格信息上，在一定程度上，市场对未来经济预期的变化可以通过股票价格的波动显示。在现实中，以国内 A 股上市的中体产业、西藏旅游、探路者等大型体育公司为例，它们的市场表现都较好，同时这些优秀的体育企业在资本运作上经验丰富、生存能力强，可以在国家出台的相关政策方面享受更多实惠，也可以在证券市场上更为容易地募集到大量资金。

4. 体育产业消费环境

新时代我国社会主要矛盾的重大转变体现出人民群众的需求已从生存型需求向发展型、生活型需求转化。人民消费需求将日益多元化，从物质消费、必需品消费、发展消费向舒适消费、健康消费、快乐消费延展。体育产业作为五大幸福产业之一，是满足人民群众美好生活需求的重要内容。体育消费具有内容健康性、素质塑造性、过程激励性及参与动态性等特征，能够促进身心健康，与人们日益增长的精神文化消费需求相契合。根据国际案例总结出的经验可知，居民精神文化消费在人均 GDP 超过 5000 美元时会进入旺盛时期。例如，国际健康、运动与健身俱乐部协会（International Health, Racquet & Sports Club Association, IHRSA）发布的《2018 美国健身俱乐部消费者报告》显示，2017 年美国健身行业创造了超过 300 亿美元的收入，健身房共吸引了 7030 万人到店消费，美国的健身房会员人数在 6000 万人以上。我国目前正处于此阶段，居民体育消费仍有较大的提升空间。一方面，体育从公共服务领域向个性化消费领域拓展，消费模式逐渐由物质化消费向参与性消费转变。以马拉松为例，近年来全国马拉松赛事的数量和参赛人数快速增长，不少马拉松赛事参赛名额供不应求。另一方面，居民体育需求的不断丰富使得体育消费日益多元化。2018 年"双十一"期间，各大电商的销售报告显示，体育消费占总额的 3% 左右，[①] 其中增长最快的是垂钓用品、冰雪装备、骑行运动、马术等体育用品，体现了体育消费总量不断增加、消费水平不断提升、消费结构日益呈现多元化的特点。随着各运动项目消费潜力的进一步释放，围绕运动项目形成的产业链条将在体育产业发展中发挥更为核心的作用。

二 2019~2020 年中国体育产业发展面临的主要问题

（一）产业整体规模仍偏小

我国体育产业整体规模仍偏小，与幸福产业中的其他产业相比，2019年我国文化及相关产业增加值为 44363 亿元[②]，旅游及相关产业增加值为 44989 亿元[③]，而体育产业增加值仅为 11248 亿元[④]。从 GDP 中产业增加值所占的比重来看，2019 年我国文化及相关产业增加值占 GDP 的比重为

---

① 江小涓：《促进体育消费 推动体育产业高质量发展》，《中国体育报》2019 年 9 月 20 日，第 1 版。

② 《2019 年全国文化及相关产业增加值占 GDP 比重为 4.5%》，国家统计局网站，2021 年 1 月 5 日，http://www.stats.gov.cn/tjsj/zxfb/202101/t20210105_1812052.html。

③ 《2019 年全国旅游及相关产业增加值 44989 亿元》，国家统计局网站，2020 年 12 月 31 日，http://www.stats.gov.cn/tjsj/zxfb/202012/t20201231_1811941.html。

④ 《2019 年全国体育产业总规模与增加值数据公告》，国家统计局网站，2020 年 12 月 31 日，http://www.stats.gov.cn/tjsj/zxfb/202012/t20201231_1811943.html。

4.50%，旅游及相关产业增加值占 GDP 的比重为 4.56%，体育产业增加值占 GDP 的比重仅为 1.13%。与美国、欧洲等发达国家和地区相比，2018 年我国体育产业增加值为 10078 亿元[①]，美国体育产业增加值为 35700 亿元[②]。除此之外，美国户外运动产业是拉动其经济发展的重要力量，2016 年其消费支出为 8870 亿美元[③]。2012 年德国体育产业增加值占 GDP 的比重已近 4%[④]。不管与国内同类产业相比，还是与发达国家和地区相比，我国体育产业的规模都有巨大的上升空间。

（二）产业结构需进一步优化升级

2015 年我国体育产业增加值为 5494 亿元，在 GDP 中所占比重为 0.79%；2020 年体育产业增加值为 13455 亿元，在 GDP 中所占比重为 1.32%（见表 1）。可见虽然我国体育产业增加值不断上涨，但其占 GDP 的比重仍然不高。

2019 年，我国体育产业结构从 11 个类别来看，体育用品及相关产品制造的总产出和增加值占整体体育产业的比重都是最高的，分别为 46.2% 和 30.4%；其次为体育用品及相关产品销售、出租与贸易代理，占比分别为 15.3% 和 22.8%；而体育竞赛表演活动作为体育产业的重要组成部分，其总产出和增加值占比都较低，分别为 1.0% 和 1.1%（见表 3）。需要说明的是，2019 年体育竞赛表演活动总产出为 308.5 亿元，若要实现《国务院办公厅关于加快发展体育竞赛表演产业的指导意见》（国办发〔2018〕121号）提出"到 2025 年，体育竞赛表演产业总规模达到 2 万亿元"的发展目

① 《2018 年全国体育产业总规模与增加值数据公告》，国家统计局网站，2020 年 1 月 20 日，http://www.stats.gov.cn/tjsj/zxfb/202001/t20200120_1724122.html。

② 任波、黄海燕：《体育产业供给侧改革的内在逻辑与实施路径——基于高质量发展的视角》，《上海体育学院学报》2021 年第 2 期，第 65～77 页。

③ 孙辉、梁斌：《美国户外休闲产业发展特征、经验及启示》，《体育文化导刊》2019 年第 9 期，第 91～97 页。

④ 黄海燕：《推动体育产业成为国民经济支柱性产业的战略思考》，《体育科学》2020 年第 12 期，第 3～16 页。

标，那么 2020～2025 年体育竞赛表演活动的年均增速需要保持在 100% 左右，这个速度远高于现在体育竞赛表演活动的年均增长率，说明实现上述发展目标将面临较大的困难。

表3　2019 年中国体育产业 11 个类别结构情况

单位：%

序号	大类名称	总产出占比	增加值占比
1	体育用品及相关产品制造	46.2	30.4
2	体育用品及相关产品销售、出租与贸易代理	15.3	22.8
3	体育场地和设施管理	9.3	9.0
4	体育教育与培训	6.5	13.6
5	其他体育服务	5.8	6.3
6	体育健身休闲活动	6.1	7.4
7	体育管理活动	2.9	4.0
8	体育场地设施建设	3.2	1.9
9	体育传媒与信息服务	2.4	2.5
10	体育经纪与代理、广告与会展、表演与设计服务	1.3	1.0
11	体育竞赛表演活动	1.0	1.1

资料来源：国家统计局。

（三）产业布局仍需统筹区域协调发展

虽然我国体育产业取得了巨大的成绩，但当前体育产业布局还有待完善，地域布局规划中的产业结构趋同问题比较突出。现阶段，我国体育产业布局在以下 4 个方面还存在不足：一是以体育行政主管部门为主进行产业规划，导致布局政策协同性差；二是不同区域体育产业布局未体现其独特性，导致相似度偏高，趋同现象明显；三是现有的一些示范项目侧重于普及鼓励和概念包装，要素根植性及可持续性较差；四是区域内各类体育要素资源缺乏互动及协作，仍然存在竞争性均衡问题。

（四）产业主体影响力需加强

体育市场主体是实现体育产业长期快速发展的微观基础，也是体育市场经济的基本单元。自《关于加快发展体育产业促进体育消费的若干意见》颁布以来，社会力量充分涌流，体育市场主体迅猛发展，但总体上我国体育企业依然存在盈利能力不强、国际竞争力较弱等问题。一是缺乏具有较强影响力的龙头企业。龙头企业在整合优势资源、完善产业链条、激发市场活力中具有重要作用，目前我国体育制造业中已有安踏体育、李宁等具有一定国际影响力的企业，但与耐克、阿迪达斯两家行业巨头依然存在较大差距；在体育服务业中，以上市俱乐部为例，国内顶级俱乐部的营收和净利润仍低于国际水平（见图2），尤其在体育中介服务、体育场馆服务等业态方面缺乏具有较强竞争力的龙头企业（见表4）。二是我国体育中小企业普遍存在小、散、弱的问题，企业规模较小、盈利模式不清晰、抗风险能力较差、市场竞争能力弱，使我国体育产业，尤其是体育服务业的市场集中度不高，整体效益较差。三是中小企业投融资渠道存在一定限制。这一点尤其体现在体育服务类企业中，这类企业在创业初期投资回报周期长、上市相对困难，同时由于我国目前体育投融资渠道缺乏有效创新和监管，体育服务类企业融资速度慢、规模小，虽然近年来私募基金和众筹等新兴融资方式为这类企业提供了重要的资金补充，但从长远来看，依然缺乏稳定持续的金融支持。

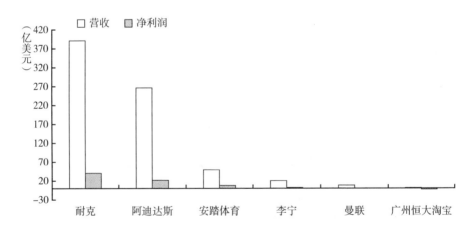

图2　2019年部分体育公司的营收和净利润

资料来源：耐克等各上市公司财报。

表4　2019年全球最具有价值的体育经纪机构

排名	名称	佣金（亿美元）	合约金额（亿美元）	合约年数（年）
1	美国创新艺人经纪公司	4.142	106	1814
2	美国沃瑟曼体育公司	2.091	42	988
3	美国卓越体育管理公司	1.723	36	222
4	英国星球集团	1.28	13	470
5	美国八方环球公司	1.267	26	895
6	葡萄牙 Gestifute 经纪公司	1.18	12	190
7	美国博拉斯公司	1.188	24	154
8	加拿大冰球经纪公司	0.78	20	521
9	马耳他利安体育公司	0.78	7.77	167
10	美国独立体育娱乐公司	0.766	13	185

资料来源：2019年福布斯体育经纪公司排行榜。

（五）产业发展环境仍需优化

1. 体育治理的社会体系亟须完善

随着体育产业的不断创新发展，传统的治理模式难以适应社会发展需求，而由政府、体育行业协会以及体育市场共同组成的多元化治理模式能顺应国家治理的大趋势并推动体育产业健康可持续发展。与美国社会主导型的治理模式不同，政府在我国体育治理中仍处于绝对领导地位，但目前政府作为"引导者"的角色定位尚没有把握明确，主要依靠政策与行政手段"自上而下"进行管理，这样的治理模式过于干预体育产业的发展，价值偏好容易导致公平性欠佳、对体育产业的财政资金投入不足。从体育社会组织的角度分析，体育社会组织是联系政府、体育企业和体育市场的枢纽，虽然近几年我国体育社会组织的数量与占比都逐年增长，但其参与体育治理的机制需进一步健全。体育社会组织的数量缺口较大及人员基础薄弱，独立性不强，导致其协助政府的职能受到制约，顶层设计与实际执行存在"脱耦"现象。大部分体育社会组织存在一种"低层次""依附式"的发展状态，在体育产业治理中并不能发挥重要作用。从参与治理的社会

基础分析，美国的治理模式是以深厚的社会基础作为支撑的，而我国受传统政治体制的影响，社会治理的行政色彩依然浓厚，以社会公共服务为导向的体育法治体系尚未建立，体育的社会治理缺乏稳固的制度安排、文化氛围和法治环境。

2. 体育产业对大数据技术的应用水平较低

相比于发达国家，我国体育产业对大数据技术的应用水平较低。大数据技术在国际大赛中运用广泛，利用数据清晰、内容翔实、信息可控的可视化图表对比赛数据进行实时分析，随时了解比赛实况，教练员通过分析比赛数据，制订下一步比赛计划并与球员沟通，可以随时调整战术。以CBA与NBA赛事为例，二者在大数据技术的应用上存在较大差距。NBA的统计数据不仅包括CBA统计的篮板数、命中率、抢断数、投篮数等基础数据，还包括对手快攻得分、内线球员篮板数、外线球员贡献度等更为细致的数据。同时，我国体育产业内部之间缺乏数据及信息的交流，更缺乏与大数据技术的相互协调，导致体育产业整体还局限在最基础的数据统计上，对个性化服务推送等方面的数据挖掘度不够，缺乏对消费者实际体育需求的精准预测。

3. 体育产业人才较为匮乏

随着居民体育需求的逐步增长，体育产业人才的需求更加旺盛，产业人才匮乏问题是体育产业成为支柱性产业的主要障碍，具体表现在人才总量和结构两个方面。从人才总量上看，体育产业规模扩大对人才的吸引力不断增强，但体育产业人才匮乏的历史性短板依然突出。一是由于体育产业人才培养周期长、培养条件高，其供给在短时间内满足不了体育产业发展需求。二是虽然我国体育院校及综合类院校加快了体育产业人才培养的节奏，但受制于人才培养体系与市场结合不紧密等原因，培养的人才不能满足体育企业岗位需求，导致结构性短缺加剧。从人才结构上看，随着体育产业向纵深发展，赛事运营、体育旅游、大数据等人才需求急剧飙升，体育产业人才结构性矛盾突出。体育产业与其他行业有高度关联性，又具有独特的行业属性，对人才的专业技能和行业背景要求较高，当前懂体育、会管理、善策划的高端复合型人才稀缺。

4. "投资热"与"体系冷"

近年来，市场上出现的对体育产业的"投资热"与我国出台的一系列扶持政策密切相关，然而"热"与"强"仍然是有一定差别的。虽然大量资金的注入在一定程度上使许多体育企业的融资问题得到缓解，但实际上只有一个完整的产业体系才能真正使一个产业繁荣起来，仅靠资本注入并不能长期带动产业发展。此外，其他因素也制约着体育产业的发展。例如，国家财政对体育的投入力度不足，体育用品科技水平不高、研发设计不足，体育赛事的市场化程度还需进一步提高。"投资热"没有改变我国体育产业体系不完善的问题，而我国体育产业体系的完善离不开人民对体育认知的健全。当前人民的可支配收入增加，带动了人民对体育需求的上升，但仍不足以激发体育产业的崛起。原因之一是人民对体育产业的认知仍然存在很大的误解。不少人依然认为选择投身于体育产业不是一条好出路，而是一种被迫选择，这种观念直接导致了很少有高水平的人才加入体育产业。此外，体育产业改革的不彻底、忽视各产业的内部管理和建设等原因也导致了体育产业"体系冷"的现实困境。

5. 体育消费水平较低

我国人均体育消费与美国等发达国家相比差距较大，即使在上海、江苏、深圳等国内经济水平较高、体育消费意识较强的地区，人均体育消费也仅为400美元左右（见表5）。同时，我国依然以实物型体育消费为主，服务型体育消费占比依然不高。根据2019年上海市居民体育消费专项调查，服务型体育消费占比仅为44.7%，显著低于英国（74%），从一个侧面表明我国体育消费结构仍有较大优化空间。最后，我国居民的体育消费观念也有待改变。相较于欧美国家和地区的户外休闲文化，我国居民的体育消费观念保守，加之经济下行压力使居民的收入预期持续走低，消费偏好趋向于住房和预防性储蓄，使居民的体育需求无法向消费端有效转化。另外，在服务型消费中，受到体育服务产品的供给和体育消费观念的制约，文化、教育、娱乐的消费优先级也普遍高于体育。

表5　我国与发达国家（地区）人均体育消费比较

单位：美元

国家（地区）	年份	人均体育消费
美国	2018	820.7
法国	2017	641.4
德国	2018	818.9
澳大利亚	2018	605.3
韩国	2017	605.2
中国	2020	161.9
上海	2019	413.0
江苏	2019	354.0
深圳	2017	380.4

资料来源：黄海燕：《推动体育产业成为国民经济支柱性产业的战略思考》，《体育科学》2020年第12期，第3~16页。

三　2021年推动我国体育产业高质量发展的建议

（一）强化顶层设计

全面推动现有产业政策落地，在各运动项目和各体育业态的政策落实过程中，要具体到部门和负责人，鼓励各部门成立各运动项目及各类体育业态发展和促进的联席会议。建立体育产业政策配套的长效服务机制，确保政策的可持续性和与时俱进。加强对体育产业政策研制与落实过程中的资金支持，积极推动潜力较大及富有地方特色的体育赛事、体育项目、体育企业、体育平台的发展，主管部门积极研制和落实与之配套的体育产业发展政策，并为相关机构和个人提供奖励。准确把握体育消费发展趋势和规律，促进体育消费扩量、提质，打造一批具有示范引领作用的国家体育消费试点城市和示范城市，可以通过拓展体育消费新载体、升级体育消费新场景和丰富体育消费新内容等方式释放体育消费需求。

（二）提高三大要素配置效率

一是优化土地供给。建议各地体育部门编制体育用地布局规划，联合自然资源部门明确体育用地仍以"划拨"为主要方式，辅之以"直接流转＋占补平衡"等手段，争取预留足够规模的体育用地，纳入城镇规划并严格落实，解决体育场地设施建设不充分、不平衡问题。二是扩大资金供给。适度提高体育彩票公益金的地方留成比例、中央集中部分的国家体育总局分配比例；积极探索采取特许经营、体育资产证券化等模式，联合金融机构创新推出专项信贷产品；争取财政、税务部门加大税收减免力度。三是充实人才供给。构建教育系统、体育系统和社会力量参与的多层次人才培养体系，建立梯次递进、上下联动的后备人才队伍，联合培养体育领域专业复合型人才，激发体育从业者潜能与活力。

（三）引导产业结构优化升级

为了进一步科学有效地调整体育产业结构，应强调以服务业为主导产业，通过产业政策扶持保护幼小产业，进一步提高服务业在体育产业中的占比。以大力推动体育竞赛表演业和体育健身休闲业的发展为主，不断完善培训、经纪、媒体、场馆、用品、社交等服务业态，探索体育明星、体育社交、体育 App 等新型商业模式的发展潜力，把握体育产业发展新机遇。在体育用品及相关产品制造方面，以服务化、智能化、智慧化来推动体育用品制造企业的发展。

（四）统筹协调区域产业布局

着力推进体育产业空间布局的调整和优化，不仅是体育产业结构调整的重要内容，也是以产业合理配置促进区域协调发展的重要举措。一是以重大赛事为引领，积极推进体育产业发展融入京津冀协同发展、长江经济带发展、长三角一体化发展、粤港澳大湾区建设等国家战略，打造我国体育产业的增长极。二是以资源禀赋为依托，因地制宜地积极优化我国山地户外运动、冰雪运动、武术运动等运动产业布局。三是围绕"一带一路"倡议和

体育强国建设等国家战略布局体育产业发展，以提升产业国际化水平为目的，大力拓展对内对外开放新空间。

（五）增强产业主体影响力

一是扶持国有体育企业做大做强，深化国有体育单位体制改革，通过资本金注入、股权投资、资产重组、融资担保等方式，扶持具有核心竞争力的大型国有体育企业发挥引领作用。二是积极培育具有较高品牌影响力和市场占有率的体育服务类龙头企业，在遵循市场发展规律的基础上，适当促进体育资源和生产要素向优质企业集中，努力打造一批具有全球体育资源配置优势、持续盈利能力强、产业链完善、营销渠道多元的骨干企业。三是合理规划体育产业集聚区的建设，依据自身资源条件优势，确定产业发展定位和目标，有针对性地归集相关体育企业入驻，完善配套基础设施，鼓励企业间开展技术、知识、人才的交流互动，促进区域内体育企业形成规模经济。

（六）坚持产业创新驱动发展

加快大数据、云计算、物联网、区块链等先进技术在体育制造、体育服务技术创新、服务流程优化、商业模式更新中的应用，实现"体育制造"向"体育智造"的转型。鼓励体育企业和体育组织加大在高科技引进及自主科技研发方面的投入，对于投资较大、投入产出显著的企业和组织，为其提供贷款低税率、税费减免的优惠政策，鼓励对体育产业大数据平台的投资建设。大数据平台的运营模式就是基于群众关系最大限度地实现体育产业的价值，打造具有网上交易、社交媒体、用户体验等多种功能的体育平台，推动体育赛事演出、体育旅游、健身训练、运动器材、体育游戏、社交互动等共同发展。

参考文献

白宇飞、臧文煜：《支持体育产业高质量发展的财政金融政策工具：功能与应用》，

《北京体育大学学报》2019 年第 9 期。

白宇飞、杨松：《我国体育产业数字化转型：时代要求、价值体现及实现路径》，《北京体育大学学报》2021 年第 5 期。

范松梅、白宇飞：《中国体育产业发展与体育系统人力资源投入关系的实证分析》，《北京体育大学学报》2020 年第 9 期。

江小涓：《网络空间服务业：效率、约束及发展前景——以体育和文化产业为例》，《经济研究》2018 年第 4 期。

江小涓、孟丽君：《内循环为主、外循环赋能与更高水平双循环——国际经验与中国实践》，《管理世界》2021 年第 1 期。

B.5
中国体育文化发展报告（2020～2021）

蔡　娟*

摘　要：　本报告回顾了中国体育精神文化和物质文化发展取得的成就，同时也讨论了中国体育文化在发展过程中存在的问题，如体育文化发展未能支撑国家战略，体育精神文化和物质文化在不同层次上存在一定的局限。为促进中国体育文化发展，未来要高度重视体育文化的战略地位，不断创新中国体育精神文化发展平台和文化产品，因地制宜地发展体育物质文化。

关键词：　文化自信　体育精神文化　体育物质文化

一　中国体育文化发展取得的成就

党的十九大报告指出："文化是一个国家、一个民族的灵魂。文化兴国运兴，文化强民族强。没有高度的文化自信，没有文化的繁荣兴盛，就没有中华民族伟大复兴。"体育文化不仅是文化强国建设的重要内容，也是体育强国建设的重要组成。正如习近平总书记一直所强调的那样，文化自信是国家和民族立足和发展的根基，以体育文化建设为抓手不断推进体育强国和文化强国建设，进而助力社会主义强国建设。

体育文化通常包括体育物质文化和体育精神文化。体育物质文化是体育

---

* 蔡娟，教育学博士，北京体育大学教育学院讲师，研究方向为全球体育治理。

文化的基础，是体育制度文化和体育精神文化的前提；体育精神文化是体育文化系统的主导。①

（一）体育文化发展的战略地位日益凸显

早在 2011 年印发的《体育事业发展"十二五"规划》中就将体育文化建设作为体育宣传工作的重要内容，并提出要大力宣传中华体育文化，弘扬全面体育文化精神。之后，国家体育总局陆续出台相关政策继续加强体育文化工作的指导思想、目标和重要性，并首次在 2013 年明确陈述了体育文化在文化强国建设中的重要作用。

2014 年，在《关于加快发展体育产业促进体育消费的若干意见》中首次对体育文化建设的内容做了进一步具体的描述，并加强体育文化与相关产业的融合发展，如体育旅游、体育传媒、体育广告和体育影视等。

2015 年，在《关于进一步做好运动项目文化建设的通知》中首次将体育文化与竞技体育置于同等重要的地位，强调竞技成绩的同时，注重项目文化内涵。

2016 年，在《体育发展"十三五"规划》中突出强调体育文化在体育事业中的重要地位，将体育文化作为体育事业发展的重要支撑，并明确了体育文化的重要任务，更加突出体育文化在培育社会主义核心价值观中的作用，即"培育运动项目文化，力争打造一批高质量的体育文化精品工程，办好一批社会效益显著的体育文化品牌活动，把丰富多彩的体育文化理念融入到体育事业发展的各个环节，为精神文明建设增添力量"。

2017 年 5 月，在《关于推动运动休闲特色小镇建设工作的通知》中强调，运动休闲特色小镇要具有特色鲜明的运动休闲业态、深厚浓郁的体育文化氛围、与旅游等相关产业融合发展、脱贫成效明显、禀赋资源合理有效利用的特点，以进一步推动体育文化和旅游的融合发展。2017 年下半年，国家体育总局明确提出了建立体育文化大格局的构想，回应了党中央对体育强

---

① 易剑东：《文化体育学》，北京体育大学出版社，2006，第 157 页。

国发展战略的要求。

2019年，在国务院办公厅下发的《体育强国建设纲要》中首次从国家层面对体育文化的定位做了准确陈述，即它是体育强国建设的重要支撑，并对体育文化建设的内容做出了指示。一年后，习近平总书记在与教育文化卫生体育领域专家代表座谈时再次对体育在国家战略中的重要地位做出了指示，即体育是提高人民健康水平的重要途径，是满足人民群众对美好生活向往、促进人的全面发展的重要手段，是促进经济社会发展的重要动力，是展示国家文化软实力的重要平台。

（二）体育精神文化的发展

体育精神文化是人类围绕体育或依托体育而改造主观世界的活动方式及其全部产物，又称之为体育意识和观念文化。①

1. 中华体育精神的时代新意

伴随奥林匹克精神在中国的传播、国家战略由全民健身向全面健康的转向，以及体育文化建设得到高度重视，中华体育精神被重新定义为"爱国主义精神、英雄主义精神、乐观自信精神、公平竞争精神、团队精神、实用理性精神"，也以"爱国、超越、拼搏、合作、公正、尊重"等更简练的语言予以了表达。中华体育精神与"富强、民主、文明、和谐、自由、平等、公正、法治、爱国、敬业、诚信、友善"的社会主义核心价值观高度契合，为我国迈向体育强国和实现民族的伟大复兴提供了精神动力和支持。竞技体育运动员要心怀报效祖国、为国争光的信念，赛出成绩、赛出成果，同时发扬奥林匹克精神和中华体育精神，战胜自我、超越自我。

2. 中华传统体育文化内涵挖掘

（1）传统体育文化研究成果丰硕。在国家社科基金项目中，2018年一共有20项中华传统体育文化相关项目立项，一般项目和青年项目分别为15项和5项；2019年一共有21项中华传统体育文化相关项目立项，1项重点

---

① 易剑东：《文化体育学》，北京体育大学出版社，2006，第165~166页。

项目、17 项一般项目、3 项青年项目；2020 年一共有 24 项中华传统体育文化相关项目立项，一般项目和青年项目分别为 20 项和 4 项。

此外，以传统体育文化为篇名关键词，以体育学 CSSCI 来源期刊①为文献检索的范围，共搜索了 258 篇相关研究文献。1987 ~ 2001 年，关于传统体育文化的研究文献较少，从 2002 年开始快速增加，呈波动起伏的状态（见图 1）。

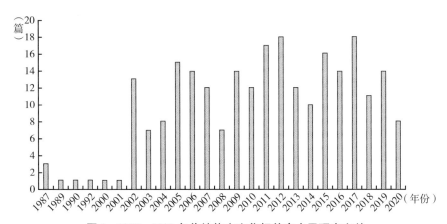

图 1　1987 ~ 2020 年传统体育文化相关高水平研究文献

注：研究文献为 0 篇的年份图中未列示。
资料来源：根据网络公开资料整理得出。

（2）传统体育文化进课堂。在 2021 年 1 月教育部印发的《中华优秀传统文化进中小学课程教材指南》中强调，体育与健康是落实中华优秀传统文化教育的重要课程。主要载体形式为民族民间传统体育活动（如抽陀螺、跳房子、踢毽子、滚铁环、抖空竹、舞龙、舞狮、荡秋千、踩高跷、竹竿舞等）、武术、中国式摔跤、跳绳、毽球、珍珠球、赛龙舟、传统健身功法（如五禽戏、八段锦、易筋经等）和我国传统体育文化知识等。而在学校体育教学实践中，传统体育项目已经纷纷走进校园，成为别开生面的体育课。

① 它们分别是《北京体育大学学报》《成都体育学院学报》《上海体育学院学报》《首都体育学院学报》《体育科学》《体育学刊》《体育与科学》《天津体育学院学报》《武汉体育学院学报》《西安体育学院学报》《中国体育科技》等 11 个 CSSCI 来源期刊，以及《沈阳体育学院学报》《体育文化导刊》《体育学研究》等 3 个 CSSCI 拓展版来源期刊。

（3）传统体育文化的特色旅游。自 2017 年国家体育总局印发《关于推动运动休闲特色小镇建设工作的通知》以来，在全国扶持建设了一批体育特征明显、文化气息浓厚的特色小镇。其中不少小镇以传统体育文化为特色，创建特色旅游项目。此外，还有很多省市积极推动体育和旅游的深度融合，大力推动优秀民族传统体育项目进景区，促进民族传统体育项目的传承和保护，助推景区人气和魅力的提升，促进景区品牌和旅游产品的开发。比如 2020 年8 月，河南省安阳市在殷墟景区商魂广场举行鞭陀技艺展演，主题为"传承民族体育文化　提升旅游景区魅力"。在展演现场，集体鞭展示，动作整齐，鞭声震天，令人震撼；个人鞭展示，刚劲有力，潇洒自如，令人赞叹。尤其是70 米的长鞭展示和 180 公斤的重鞭展示，让现场的游客和观众大饱眼福，纷纷叫绝。鞭陀爱好者用精彩的表演传递着"全民健身动起来　健康幸福练出来"的健身理念，展示着积极、乐观、向上的生活态度。

3. 运动项目文化建设的发展

早在 2015 年，国家体育总局便印发了《关于进一步做好运动项目文化建设的通知》，其中突出了以运动项目文化为核心的体育文化建设。此后相继在《关于实施中华优秀传统文化传承发展工程的意见》和《体育强国建设纲要》中突出强调运动项目文化的重要性，特别是后者提出了运动项目文化建设的具体路径和举措。

"三大球"文化建设：2020 年 6 月"牢记初心使命攀新高　践行女排精神再出发"体育文化展在苏州开幕，通过 40 余件实物及大量历史图片和文字展现了过去 40 年中国女排的奋斗历程和精神，充分展现了"祖国至上、团结协作、顽强拼搏、永不言败"的"女排精神"。[①] 同年，10 月 1 日至 12 月 31 日在天津美术馆举办"国家荣誉——中国女排精神展"，展览还在展区专门铺设了一块真实的排球场地，摆放战术板，设置了问答环节，通过互动、讲解和竞猜，让观众现场亲身体验排球运动，深入了解排球比赛规则和发展历史，寓教于乐。[②] 此

---

① 刘敏：《女排精神体育文化展开幕》，《中国体育报》2020 年 7 月 1 日，第 2 版。
② 刘晨：《"国家荣誉——中国女排精神展"十一开展》，《中国体育报》2020 年 9 月 30 日，第 1 版。

外，北京市文史研究馆与北京市排球运动协会合作编著的《北京排球》于2020年10月29日正式出版发行，不仅是推广排球运动的精美图书，也是普及排球知识、满足人们精神文化需求的大众读物。① 不仅如此，在足球文化方面，2020年12月青少年足球题材电影《出巴西记》在2020中国国际儿童电影展"儿童电影教育论坛"上正式发布，该片取材于20世纪90年代中国健力宝青年队远赴巴西留学的真实事件，电影将重塑这群生龙活虎的足球少年，重现他们为了实现自己的梦想而坚韧不拔的拼搏精神、顽强意志和乐观风貌。② 2021年4月，中国首部以边远山区校园足球为主题的电影《足球·少年》在中国宋庆龄青少年科技文化交流中心举行了全国公映仪式，该影片根据兰州市榆中县中连川小学真实故事改编，立足校园教育，着眼边远山区，以校园足球发展为载体，突出体育强国概念。③ 在篮球文化方面，2020年10月13日，人民体育出版社与《中国娃娃游戏篮球大纲暨指南》编写委员会在北京举行了《中国娃娃游戏篮球大纲暨指南》出版合作签约仪式，该书广泛整合社会和高校资源，遵循儿童的发展规律，通过以篮球游戏为切入点，为篮球融合幼儿教育指明方法和路径。④ 2019年，长沙市广播电视台新闻广播主创的新闻专题节目《"一个人"的篮球队》获得了2019年第一季度全国优秀广播电视新闻作品。该片讲述了酷爱篮球的16岁少年叶沙在突发脑出血后不幸离世，捐赠的部分器官让7名患者重获新生，为了达成叶沙生前参加职业篮球比赛的梦想，其中5名受捐者组建了名叫"叶沙"的篮球队，在2019年的WCBA全明星赛中和职业女篮进行了一场两分钟的比赛，完成了叶沙的篮球梦。⑤

冰雪运动文化建设：冰雪影视作品层出不穷，如《冰糖炖雪梨》《冰上

① 苏畅、周圆：《〈北京排球〉出版发行》，《中国体育报》2020年10月30日，第4版。
② 刘昕彤：《青少年足球题材电影〈出巴西记〉正式发布》，《中国体育报》2020年12月17日，第6版。
③ 林剑、刘昕彤：《电影〈足球·少年〉拍给全国两亿中小学生 关注边远山区 关注校园体育》，《中国体育报》2021年4月22日，第7版。
④ 竞文：《中国娃娃篮球筑基工程启动》，《中国体育报》2020年10月14日，第4版。
⑤ 《〈"一个人"的篮球队〉获评2019年第一季度全国优秀广播电视新闻作品》，搜狐网，2019年6月19日，https://www.sohu.com/a/321757558_120034458。

荣耀》《冰雪战队》《冰上无双》《冰上的玫瑰》《青春修炼手册》等 10 余部作品陆续登陆各地电视台，又如在 2019 年第 15 届北京国际体育电影周上征集到的冰雪运动题材的影片《五棵松：制冰过程大揭秘》《花滑冰刀与寒冷冰面的对话》《冰火淬炼》《故地重游盼冬奥》《古老冰雪文化——探访阿勒泰》《我让冰嬉"活"起来》《单板少年的冬奥梦》《冰球小将》《冰雪父子》《图瓦少年永登》等。[1] 冰雪运动文化公开课陆续开展，2020 年 11 月 10 日，河北省举行冰雪运动文化公开课暨网络知识竞赛启动仪式，9 位河北体育学院的老师对中国的冰雪运动文化、冰雪运动精神、中国的冰雪运动政策、冰雪人才培养、冬奥知识等方面进行了详细的解读。[2] 冰雪运动文化作品遍地开花，2021 年 5 月 19 日，在国家体育总局的资助下，浣花诗社创作的专题诗集《冰雪运动诗赞》正式首发，该诗集包含 156 首格律诗词，描绘了我国冰雪运动快速发展的历程，生动地介绍了冬季运动项目的特点和趣味，有力地展现了我国冰雪运动员刻苦训练、顽强拼搏的体育精神和为国争光的辉煌业绩。[3]

其他运动项目文化建设：2020 年 1 月 9 日中国登山协会与中国少年儿童新闻出版总社联合主办《五星红旗我为你骄傲——中国登山队的故事》新书首发式，该书通过"从世界最高峰说起""奥运圣火 闪耀珠峰——2008 年北京奥运火炬珠峰接力传递"等五个章节，为读者们讲述了我国登山运动的真实、感人的故事。[4] 2020 年 7 月 2 日，"年·轮"中国赛车运动十年（2010～2019）影像志线上摄影展正式在线展出，给观众展现了 100 多场国家级汽摩赛事（包括越野赛、场地赛、拉力赛）的现场图片，旨在激发大众对汽摩运动的兴趣与热爱。[5]

---

① 彭晓烯：《乘冬奥春风 影视剧频现冰雪元素》，《中国体育报》2020 年 3 月 27 日，第 8 版。
② 彭晓烯：《河北省冰雪运动文化公开课启动》，《中国体育报》2020 年 11 月 12 日，第 2 版。
③ 刘昕彤：《专题诗集〈冰雪运动诗赞〉首发》，《中国体育报》2021 年 5 月 20 日，第 3 版。
④ 《〈五星红旗我为你骄傲——中国登山队的故事〉新书首发 传承登山精神 见证中国奇迹》，国家体育总局网站，2020 年 1 月 10 日，http：//www. sport. gov. cn/n320/n365/c940421/content. html。
⑤ 《"年·轮"中国赛车运动十年影像志上线》，搜狐网，2020 年 7 月 6 日，https：//www. sohu. com/a/405977989_ 120743430。

4. 体育艺术的发展

体育题材电影直观感人、励志向上、影响深远。2020 年反映中国女排 40 年风雨历程的《夺冠》上映，将体育本身作为重点，如实还原了中国女排的几次巅峰时刻，袁伟民、郎平、陈忠和等传奇教练得以生动刻画。2020 年可谓中国体育电影的分水岭，在未来像《独自·上场》《中国乒乓》《夺金》《荣耀乒乓》《乡村女童篮球队》《极速超越》《跑马》等涉及多种体育项目的影视作品即将上映。

体育音乐是重要的体育精神文化。随着中国体育事业的发展和普及，新中国体育事业在"站起来"、"富起来"以及"强起来"的每个节点都留下了脍炙人口、耳熟能详的音乐作品。1957 年，《女篮 5 号》的电影主题曲由卢芒作词、黄淮作曲，因其悠扬的旋律将集体主义和爱国情操体现得淋漓尽致而广为流传。1964 年，《青少年运动员之歌》由乔羽作词、全如玢作曲，是彩色电影《女跳水队员》的主题曲，在电影中反复出现，由管弦乐伴奏的女童声合唱，活力四射，气势非凡，是一首时代色彩浓郁的经典之作。《银球飞舞花盛开》作为 1973 年纪念片《万紫千红》的插曲，它是在乒乓球作为中国"国球"以及"乒乓外交"的大环境下催生的歌曲，在首届亚非拉乒乓球友好邀请赛上引起了轰动。1990 年，《亚洲雄风》是第十一届亚洲运动会的宣传曲，由张藜作词、徐沛东作曲、刘欢和韦唯合唱。这首气势磅礴的作品凭借激昂高亢的旋律赢得了群众的一致好评，虽不是亚运会的主题歌，却又超越了主题歌，成为这场盛会中流传最广的歌曲。2008 年，《北京欢迎你》是北京奥运会的主题歌曲之一，由林夕作词、小柯作曲、百位明星共同演唱。该作品以具有北京特点的传统歌谣形式，表达了人们迎接奥运的热情、喜悦以及欢迎世界各地的友人到北京参与奥林匹克运动会的积极姿态和真挚感情。

（三）体育物质文化的发展

体育物质文化具体是指体育文化诸多现象中，实际存在并有形有色，可直接感知的事物，如五光十色、款式新颖的系列运动服；富丽堂皇、雄伟宏大的体育建筑；惟妙惟肖、栩栩如生的体育雕塑；工艺精美、造型别致的运动器械；寓消遣娱乐与收藏价值为一体的体育邮票和体育奖券；娴熟流畅、准确惊现的运动技术和技巧；等等。①

1. 体育场馆和器材的发展

现代体育场馆不仅是一个城市的地标性建筑，还是一个国家体育文化的重要内容。2018年11月，为督促大型体育场馆更好地向公众开放，提升公共体育服务水平，根据相关文件要求，国家体育总局会同财政部确定了进行补助的大型体育场馆名单，要求场馆和区域内的公共体育场地和设施免费或低收费向社会开放，全国各省区市一共有1277个大型体育场馆位列其中。②

2020年7月，全民健身信息服务平台上线，国家体育总局发布了《体育场馆信息化管理服务系统技术规范》，推进全民健身智慧化发展。2020年10月，国务院办公厅发布了《关于加强全民健身场地设施建设发展群众体育的意见》；2020年12月，住房和城乡建设部、国家体育总局发布了《关于全面推进城市社区足球场地设施建设的意见》，将社区足球场建设嵌入城市规划。2020年全国免费或低收费开放1400多个公共体育场馆，完成"十三五"全国新增2万块社会足球场任务。③ 截至2019年12月31日，全国体育场地354.44万个，体育场地面积29.17亿平方米，人均体育场地面积2.08平方米。④《健康中国行动（2019—2030年）》提出，到2022年和2030年人均体育场地面积分别在1.9平方米及以上和2.3平方米及以上⑤；《体育强国建设纲要》提出，到2035年，人均体育场地面积达到2.5

---

① 易剑东：《文化体育学》，北京体育大学出版社，2006，第157~158页。
② 《体育总局办公厅关于发布2018年中央财政资金补助的大型体育场馆名单的公告》，国家体育总局网站，2018年11月14日，http://www.sport.gov.cn/n10503/c881962/content.html。
③ 《苟仲文局长在全国体育局长会议上的讲话》，国家体育总局网站，2020年12月27日，http://www.sport.gov.cn/n316/n340/c974540/content.html。
④ 《2019年全国体育场地统计调查数据》，国家体育总局体育经济司网站，2020年11月2日，http://www.sport.gov.cn/jjs/n5043/c968164/content.html。
⑤ 《健康中国行动（2019—2030年）》，中国政府网，2019年7月15日，http://www.gov.cn/xinwen/2019-07/15/content_5409694.htm。

平方米①。

2018~2021年部分省市体育场馆建设情况如表1所示。

表1 2018~2021年部分省市体育场馆建设情况

省市	体育场馆建设情况
北京	2021年1月，国家速滑馆"丝带飞舞"、国家雪车雪橇中心"游龙盘卧"、国家跳台滑雪中心"雪如意"等北京冬奥会竞赛场馆全面完工。2020年12月至2021年1月，国家体育馆、首都体育馆、五棵松体育馆等场馆扩建改造工程陆续完工，给奥运遗产增添了新的生命力。北京市编制的《北京市体育设施专项规划（2018年—2035年）》提出了体育场地设施新规划和发展思路
浙江	浙江省市场监督管理局编制的《大中型体育场馆智慧化建设和管理规范》于2021年2月5日正式颁布实施。2019~2020年浙江省多个体育场馆引入自助服务机、人脸识别设备、无人值守闸机等智慧系统，促进智慧体育管理服务大升级。2021年3月26日，杭州亚运会全部比赛场馆基本竣工。综合训练馆"玉琮"、体育馆"银河幻影"、全国第三大体育场馆"大莲花"、网球中心"小莲花"陆续亮相，成为浙江省的地标性建筑
海南	"十三五"期间，海南省人均体育场地面积为3.75平方米，"15分钟健身圈"在城市社区的覆盖率达到94.65%，还新建了多座体育地标性建筑。2018年，海口五源河文体中心体育场建成，至此拥有了首个可以举办国际A级赛事的体育场。同年，海口市国家帆船基地公共码头和华彩·杰鹏游艇会建成并开港开业，其中国家帆船基地公共码头是亚洲规模最大的。坐落在海口观澜湖的中国首家巴萨世界主题馆、中国首家"NBA互动体验馆"相继开馆，引来国足热身赛、全国帆船冠军赛、海帆赛等国际国内赛事。全省9个体育训练基地被国家体育总局统一命名为国家体育训练南方基地，有效推动了体教融合、体研融合的产业发展。海口在"十三五"期间共投入1400万元专项资金支持体育基础设施建设，新安装健身器材250处，体育设施1342件，新建32个社会足球场
山西	2021年1月31日，国内首座全透明气膜体育馆在太原建成，即将向公众开放。这座全透明气膜体育馆总面积为665平方米，外观通体透明，白天以自然光作为照明，夜晚抬头便可见深邃夜空。截至2018年底，山西省人均体育场地面积为1.83平方米，相比2013年增长了41.86%，提前两年完成了"十三五"规划的目标。成立于2020年4月的山西省重点国企华舰将重新改造山西省全民健身中心和体育博物馆，打造华舰国际文体中心、华舰缤购体育综合体、阳曲体育城
江苏	自2022年北京冬奥会申办成功以来，江苏省积极响应国家体育总局"北冰南展西扩东进"的号召，冰雪场地全省遍地开花。截至2021年2月，全省13个地级市中12个都建有冰雪场馆。全省已规划建成冰雪场馆42个，其中冰场21个、雪场21个

---

① 《国务院办公厅印发〈体育强国建设纲要〉》，中国政府网，2019年9月2日，http://www.gov.cn/xinwen/2019－09/02/content_5426540.htm。

省市	体育场馆建设情况
四川	2021年2月,四川省东安湖体育公园"一场三馆"以完整的建筑形态矗立以待,顺利完工,并于5月4~9日顺利举办了"相约幸福成都"2021年全国体操锦标赛暨东京奥运会选拔赛、第十四届全运会体操资格赛。2025年,东安新城将建成集文化体育、科技创新、国际商务、总部经济于一体,以湖为心、城湖交融的新城,担当成都建设世界赛事名城的重要载体
重庆	2020年4月,龙兴专业足球场进场施工,用地面积约为20.2万平方米,总建筑面积约为17万平方米,可容纳约6万人观赛,是重庆市第一座超大型专业足球场,预计2022年底交付使用。目前,建成农体工程104个、设区健身点200个、乡镇健身广场10个、"两江四岸"智慧健身长廊10条,全市体育系统69个大型体育场馆全部实现免费或低收费开放,"15分钟健身圈"在城市社区覆盖率达94.74%
天津	截至2021年2月,全市共新建和改造77个全运会竞赛场馆。引入社会资金共同建设轮滑场5个,运动休闲基地、休闲圈、户外营地灯休闲场地设施13处。截至2020年8月,全市已建成291个社会足球场地。"十三五"期间,全市新建和改造街道社区全民健身中心77个,社区笼式足球场等多功能运动场地330余个,城乡社区健身园4100余处,健身器材56000余件,登山步道55条,健身步道和自行车骑行道200余条。"十三五"期间,通过改造现有旧体育场馆,先后建成了天津滑冰馆、天津冰壶馆。2019年12月,天津奥体中心滑冰馆投入使用。蓟州体育训练中心被改建为国家冬季运动专项训练基地,竣工后可满足短道速滑、速度滑冰、冰球、花样滑冰、冰壶等全部冰上运动项目的训练需求

资料来源:根据中国经济网、搜狐网、人民网等多家媒体的新闻报道整理得出。

2020年突如其来的新冠肺炎疫情,不仅威胁人民群众的生命健康,还给社会经济的各个方面按下了暂停键。在此期间,体育场馆扮演了极其重要的角色。疫情发生初期,武汉各大医院"一床难求"。武汉6家体育场馆在几十个小时内改建成"方舱医院",提供近4000张床位,成为扭转战疫局面的关键举措。在疫情防控常态化时期,"一码二地三检测"推进公共体育场馆有序恢复开放,持续深化体育资源释放,引导百姓在严格落实防疫要求的前提下适度健身、放松心态、增强免疫力。为防止新冠肺炎疫情再次广泛传播和蔓延,2021年全国各地倡导就地过年,体育场馆则是以"不打烊"的方式为全国市民提供春节度假的好去处,如成都市体育局、成都市体育总会联合开放77家体育场馆。

2. 体育邮票等藏品的发展

体育邮票等藏品是体育物质文化的重要载体。

（1）体育邮票。体育邮票不仅记载了历史，也挥洒着艺术，是中国体育物质文化的重要内容。

从 1952 年发行的第一套特 4《广播体操》特种邮票到 2020 年 11 月 7 日发行的《北京 2022 年冬奥会——冰上运动》纪念邮票（见表 2）的 68 年间，我国共发行了体育类纪念、特种、个性化专用邮票 106 套 395 枚，其中纪念、特种邮票 98 套 387 枚，个性化专用邮票 8 套 8 枚，其中选题有体育运动图案的邮票 24 枚。体育邮票选题除奥运会、亚运会、全运会等大型运动会外，还涉及包括运动场、会徽、吉祥物在内的田径、乒乓球、羽毛球、体操、篮球、足球、排球、网球、跳水、帆船、帆板、赛艇、举重、射击、射箭、击剑、自行车、滑冰、滑雪、花样滑冰等 20 多个奥运会比赛项目，以及包括古代体育与民间传统体育在内的武术、捶丸、垒球、棒球、围棋、登山、拔河、航空体育、舞龙、舞狮、风筝等 10 多个非奥运会比赛项目。

表 2　2017~2020 年中国发行的体育邮票

时间	名称	类型	数量
2020 年 11 月 7 日	《北京 2022 年冬奥会——冰上运动》	纪念邮票	1 套 5 枚
2020 年 1 月 16 日	《北京 2022 年冬奥会吉祥物和冬残奥会吉祥物》	纪念邮票	1 套 2 枚
2019 年 7 月 10 日	《第七届世界军人运动会》	纪念邮票	1 套 4 枚
2019 年 3 月 31 日	《马拉松》	特种邮票	1 套 2 枚
2018 年 11 月 16 日	《北京 2022 年冬奥会——雪上运动》	纪念邮票	1 套 4 枚
2017 年 12 月 31 日	《北京 2022 年冬奥会会徽和冬残奥会会徽》	纪念邮票	1 套 2 枚
2017 年 8 月 27 日	《中华人民共和国第十三届运动会》	纪念邮票	1 套 2 枚、小全张 1 枚

资料来源：中国邮政网站，http：//www.chinapost.com.cn/html1/category/201267/6873 - 1.htm。

（2）其他体育藏品。体育藏品是沉淀体育文化的优质载体。截至 2017 年，全国共有各类体育博物馆 107 家，涵盖综合性博物馆、武术博物馆、冬奥博物馆等专项体育博物馆，如中国体育博物馆、陕西体育博物馆、苏州体育博物馆等。

中国体育博物馆于 1990 年 9 月开馆，占地 7100 平方米，展出面积为 510 平方米，藏有古今体育文物超 4700 件，珍贵体育文物图片超 5000 幅，包括中国古代、中国近代、中华人民共和国体育成就等 5 部分。

陕西体育博物馆于 2011 年 12 月 24 日开馆，是全国第一家省级通史性体育博物馆，隶属陕西省体育局，占地面积 1148 平方米，陈列布展 1987 平方米，馆内藏品 1939 件。其中 1 层是基本陈列厅，主要布展陕西古代、近代、当代体育；2 层是体育精品展厅，主要布展陕西体育明星像，以及陕西运动员所获得的重要赛事奖牌等，此外 2 层还设有集影视播放和学术报告交流于一体的多功能厅；3 层是多功能体育互动体验区，布设了 26 个古代体育、现代体育、体育科普体验项目。

苏州体育博物馆位于苏州市运河体育公园内，展厅面积约 1000 平方米，分为前厅、吴地文化与苏州体育、近代苏州体育、当代苏州体育、走向世界的苏州体育、袁伟民与中国女排、苏州体育名人堂等 7 个展厅。此外，苏州体育数字博物馆接连上线，初期便建设 8 个展馆，分别为序言厅、体育名人馆、非遗馆、体育图片新闻馆、童谣体育游戏馆、民间体育项目馆、体育书画碑刻艺术长廊馆、馆藏珍品欣赏馆。

除了各大博物馆的展览外，中华民族传统体育文化展、体育书画展、体育雕塑展、体育文物展等一系列与文博系统资源互动的展览，从艺术、历史的角度展示了体育文化，唤起了一系列社会公众的集体记忆，在增进文化认同方面发挥了积极作用。从 2008 年开始举办的中国体育文化博览会、中国体育旅游博览会也在一定程度上展现了中国体育物质文化现状，促进了体育产业、体育旅游等多个方面的发展。其中 2020 中国体育文化博览会、中国体育旅游博览会受到疫情影响，采用了线上模式，以"健康中国 体育力量"为主题，会期 3 天，设置展览展示、高峰论坛、配套活动、商务对接四大主题板块，展现我国体育文化、体育旅游发展的丰硕成果，网上总观看量达到 1062 万人次。此外，相关部门还陆续举办了体育事业发展成就展、体育标识展览等活动（见表 3）。

表3　中国相关展览活动的情况

名称	年份	主办部门	概况
发展体育运动　增强人民体质　奋力建设体育强国——体育事业发展成就展	2012	国家体育总局、中华全国体育总会、中国奥委会和北京市人民政府	展览面积为2000多平方米,精选了近1300张珍贵的历史图片,是近年来举行的规模最大的室外图片展,展现了中国体育事业的发展成就
新中国体育标识征集与展示活动	2013	国家体育总局宣传司与中国体育新闻工作者协会	通过展示中国不同时期的体育标识,回顾和展现了新中国成立以来体育事业的发展历程,吸引了媒体和大众对体育的关注,唤起了社会公众的集体记忆
助力申冬奥,喜迎世乒赛——中国体育收藏品展示交流活动	2015	中国体育集邮与收藏协会	吸引了著名书画家、中国奥运冠军和世界体坛明星的参与,拓展了体育的社会影响力
"运动健康,乐享新春"2018首届中国体育庙会	2018	国家体育总局、海南省人民政府	本届庙会吸引了国内5家卫视同时播出,凤凰卫视在欧洲频道和美洲频道向120多个国家播出,影响广泛,获得一致好评。庙会期间主会场游客超11万人次,分会场游客合计突破20万人次。中国体育庙会首次将体育和旅游、科技、文化、教育、娱乐进行融合,是一场集运动竞技、民族体育表演、娱乐健身、购物体验于一体的全民体育盛会

资料来源：根据国家体育总局网站的信息整理得出。

3. 体育旅游基地的发展

国家体育总局发布的《关于推动运动休闲特色小镇建设工作的通知》提出，为了更好地为基层经济社会事业、全民健身与健康事业等的发展服务，引导推动运动休闲特色小镇实现可持续发展。2017年8月10日，国家体育总局公布了首批96个运动休闲特色小镇试点名单（见表4）。

表4　首批运动休闲特色小镇试点名单

省区市	小镇名称
北京	延庆区旧县镇运动休闲特色小镇、门头沟区王平镇运动休闲特色小镇、海淀区苏家坨镇运动休闲特色小镇、门头沟区清水镇运动休闲特色小镇、顺义区张镇运动休闲特色小镇、房山区张坊镇生态运动休闲特色小镇
天津	蓟州区下营镇运动休闲特色小镇

省区市	小镇名称
河北	廊坊市安次区北田曼城国际小镇、张家口市蔚县运动休闲特色小镇、张家口市阳原县井儿沟运动休闲特色小镇、承德市宽城满族自治县都山运动休闲特色小镇、承德市丰宁满族自治县运动休闲特色小镇、保定市高碑店市中新健康城·京南体育小镇
山西	运城市芮城县陌南圣天湖运动休闲特色小镇、大同市南郊区御河运动休闲特色小镇、晋中市榆社县云竹镇运动休闲特色小镇
内蒙古	赤峰市宁城县黑里河水上运动休闲特色小镇、呼和浩特市新城区保合少镇水磨运动休闲小镇
辽宁	营口市鲅鱼圈区红旗镇何家沟体育运动特色小镇、丹东市凤城市大梨树定向运动特色体育小镇、大连市瓦房店市将军石运动休闲特色小镇
吉林	延边州安图县明月镇九龙社区运动休闲特色小镇、梅河口市进化镇中医药健康旅游特色小镇
黑龙江	齐齐哈尔市碾子山区运动休闲特色小镇
上海	崇明区陈家镇体育旅游特色小镇、奉贤区海湾镇运动休闲特色小镇、青浦区金泽帆船运动休闲特色小镇、崇明区绿华镇国际马拉松特色小镇
江苏	扬州市仪征市枣林湾运动休闲特色小镇、徐州市贾汪区大泉街道体育健康小镇、苏州市太仓市天镜湖电竞小镇、南通市通州区开沙岛旅游度假区运动休闲特色小镇
浙江	衢州市柯城区森林运动小镇、杭州市淳安县石林港湾运动小镇、金华市经开区苏孟乡汽车运动休闲特色小镇
安徽	六安市金安区悠然南山运动休闲特色小镇、池州市青阳县九华山运动休闲特色小镇、六安市金寨县天堂寨大象传统运动养生小镇
福建	泉州市安溪县龙门运动休闲特色小镇、南平市建瓯市小松镇运动休闲特色小镇、漳州市长泰县林墩乐动谷体育特色小镇
江西	上饶市婺源县珍珠山乡运动休闲特色小镇、九江市庐山西海射击温泉康养运动休闲小镇、赣州市大余县丫山运动休闲特色小镇
山东	临沂市费县许家崖航空运动小镇、烟台市龙口市南山运动休闲小镇、潍坊市安丘市国际运动休闲小镇、日照奥林匹克水上运动小镇、青岛市即墨市温泉田横运动休闲特色小镇
河南	信阳市鸡公山管理区户外运动休闲小镇、郑州市新郑龙西体育小镇、驻马店市确山县老乐山北泉运动休闲特色小镇
湖北	荆门市漳河新区爱飞客航空运动休闲特色小镇、宜昌市兴山县高岚户外运动休闲特色小镇、孝感市孝昌县小悟乡运动休闲特色小镇、孝感市大悟县新城镇运动休闲特色小镇、荆州市松滋市洈水运动休闲小镇、荆门市京山县网球特色小镇
湖南	益阳市东部新区鱼形湖体育小镇、长沙市望城区千龙湖国际休闲体育小镇、长沙市浏阳市沙市镇湖湘第一休闲体育小镇、常德市安乡县体育运动休闲特色小镇、郴州市北湖区小埠运动休闲特色小镇
广东	汕尾市陆河县新田镇联安村运动休闲特色小镇、佛山市高明区东洲鹿鸣体育特色小镇、湛江市坡头区南三镇运动休闲特色小镇、梅州市五华县横陂镇运动休闲特色小镇、中山市国际棒球小镇

续表

省区市	小镇名称
广西	河池市南丹县歌娅思谷运动休闲特色小镇、防城港市防城区"皇帝岭－欢乐海"滨海体育小镇、南宁市马山县古零镇攀岩特色体育小镇、北海市银海区海上新丝路体育小镇
海南	海口市观澜湖体育健康特色小镇、三亚市潜水及水上运动特色小镇
重庆	彭水苗族土家族自治县－万足水上运动休闲特色小镇、渝北区际华园体育温泉小镇、南川区太平场镇运动休闲特色小镇、万盛经开区凉风"梦乡村"关坝垂钓运动休闲特色小镇
四川	达州市渠县龙潭乡賨人谷运动休闲特色小镇、广元市朝天区曾家镇运动休闲特色小镇、德阳市罗江县白马关运动休闲特色小镇、内江市市中区永安镇尚腾新村运动休闲特色小镇
贵州	遵义市正安县中观镇户外体育运动休闲特色小镇、黔西南州贞丰县三岔河运动休闲特色小镇
云南	迪庆州香格里拉市建塘体育休闲小镇、红河州弥勒市可邑运动休闲特色小镇、曲靖市马龙县旧县高原运动休闲特色小镇、昆明市安宁市温泉国际网球小镇
西藏	林芝市巴宜区鲁朗运动休闲特色小镇
陕西	宝鸡市金台区运动休闲特色小镇、商洛市柞水县营盘运动休闲特色小镇、渭南市大荔县沙苑运动休闲特色小镇
甘肃	兰州市皋兰县什川镇运动休闲特色小镇
青海	海南藏族自治州共和县龙羊峡运动休闲特色小镇
宁夏	银川市西夏区苏峪口滑雪场小镇
新疆	乌鲁木齐市乌鲁木齐县水西沟镇体育运动休闲小镇

资料来源：前瞻产业研究院网站。

4.体育文化建设和传播平台的发展

（1）体育文化研究基地。2013年底，国家体育总局宣传司综合处更名为体育文化处，中国的体育文化研究开始真正获得实质性的突破。"十二五"期间，国家体育总局体育文化发展中心与国内高校和地方单位等共同建立体育文化研究基地18个；目前，全国的体育文化研究基地共60余个，初步形成了各专业、各学科的高级专家学者300多人的科研队伍，在一定程度上推动、促进了体育文化研究的深入，发表和出版了一大批关于体育文化的高水平论文和著作。此外，在近几年的国家社科基金中也设立了大量与体育文化相关的课题，助推中国体育文化研究。2018～2020年，一共有90项体育文化的项目立项，各年分别为30项、32项和28项，其中重点项目6项、一般项目71项、青年项目13项（见表5）。

表5 2018～2020年国家社科基金体育文化的相关课题立项

项目名称	年份	项目类型
习近平总书记体育思想研究	2018	重点项目
中国竞技运动项目文化建设研究	2018	重点项目
苏区体育精神研究	2018	一般项目
习近平体育战略思想研究	2018	一般项目
知识考古与话语重构:中国传统武术哲学思想的再研究	2018	一般项目
武陵山片区优秀传统体育文献采辑及影像志研究	2018	一般项目
中国传统养生运动的文化特质与健身理论体系建构研究	2018	一般项目
"一带一路"倡议下宁夏与阿拉伯国家体育文化交流研究	2018	一般项目
"一带一路"进程中的我国体育文化建设研究	2018	一般项目
边疆军垦体育文化的挖掘、传承与创新研究	2018	一般项目
基于田野考察的西北村落民间体育文化生态的统摄研究	2018	一般项目
青海省蒙藏传统体育文化交互发展及变迁研究	2018	一般项目
乡村振兴战略理念下藏族工布响箭文化的可持续发展研究	2018	一般项目
中国特色竞技体育文化研究	2018	一般项目
"一带一路"背景下"大香格里拉"藏族传统体育文化传播与提升策略研究	2018	一般项目
"一带一路"背景下体育文化国际传播研究	2018	一般项目
中原汉画像石体育文化的社会学研究	2018	一般项目
我国"一带一路"沿线特色体育文化与生态旅游融合品牌创新研究	2018	一般项目
西南多民族聚居区体育文化的创造性转化路径与乡村振兴战略研究	2018	一般项目
武陵山片区民俗体育传承与旅游产业的耦合机制研究	2018	一般项目
新疆少数民族体育非物质文化遗产口述历史研究	2018	一般项目
技术哲学视阈下中国武术"术道融合"问题研究	2018	一般项目
近代武术发展若干历史问题及其对当代传承的启示研究	2018	一般项目
少数民族节事中体育存在形态及其创新发展研究	2018	一般项目
中华武术国家级非物质文化遗产项目传承体系研究	2018	一般项目
中国传统武术"即象即身"的哲学认识论研究	2018	青年项目
民族传统体育参与式发展的文化人类学研究	2018	青年项目
唐代娱乐文化研究	2018	青年项目
民族体育赛事与国家认同建构研究	2018	青年项目
差序格局视阈下民族传统体育生存状态差序等级及影响机制研究	2018	青年项目
苗疆传统体育文献采辑与整理研究	2019	重点项目
中国体育重大事件数字化影像口述史采集、整理与研究暨资料库建设(1949～2019)	2019	重点项目

续表

项目名称	年份	项目类型
当代中国体育思想研究	2019	重点项目
新型国际关系视角下新中国 70 年中外体育思想比较研究	2019	一般项目
中国武术科学话语体系构建及跨文化传播研究	2019	一般项目
基于文化自信的中国体育学术期刊本土化与国际化协同研究	2019	一般项目
草原丝绸之路背景下"那达慕"文化传播及融合发展研究	2019	一般项目
我国体育竞赛与文化表演互动融合模式及实践研究	2019	一般项目
我国乡村体育文化发展评价与振兴战略实施研究	2019	一般项目
西南地区少数民族节庆体育文化空间发展研究	2019	一般项目
长三角地区体育公园文化生态系统构建研究	2019	一般项目
大运河流域体育文化产业创新发展研究	2019	一般项目
乡村振兴战略下体育特色小镇建设与民族传统体育发展的耦合研究	2019	一般项目
殷墟甲骨文体育刻辞整理与研究	2019	一般项目
中国少数民族武术史料收集、整理及数据库建设	2019	一般项目
"海上丝绸之路"古代体育文化研究	2019	一般项目
中国传统体育文化在朝鲜半岛的传播与嬗变研究	2019	一般项目
汉画像石（砖）体育图像研究及当代启示研究	2019	一般项目
中华优秀传统武术拳种的传承发展体系研究	2019	一般项目
传统体育养生创造性转化的实践机制研究	2019	一般项目
三晋民俗体育传承形态与文化资源开发研究	2019	一般项目
文化创新视域下我国民俗体育的空间格局演化与重构研究	2019	一般项目
湘鄂渝黔边区体育非物质文化遗产传承与保护的跟踪评估研究	2019	一般项目
新时代少数民族体育文化服务跨境民族国家认同研究	2019	一般项目
城乡融合中乡村武术文化生态变迁与治理研究	2019	一般项目
中国武术竞技思想研究	2019	一般项目
中国武术文化产业发展的顶层设计与创新路径研究	2019	一般项目
我国少数民族传统体育的文化地理学研究	2019	一般项目
西北地区少数民族体育文化及其口述史数据库建设研究	2019	青年项目
中英体育文化遗产保护与发展比较研究	2019	青年项目
乡愁记忆视域下民族民间体育在乡村振兴战略中的作用与传承路径研究	2019	青年项目
中国武术嵌入国家形象话语体系的机制研究	2019	青年项目
粤港澳青少年体育交流增强中华文化认同的机制研究	2020	重点项目
"那达慕"国际化融合发展与"草原丝路"体育文化交流研究	2020	一般项目

项目名称	年份	项目类型
"丝绸之路"民族传统体育文化强起来走出去典型案例与创新路径研究	2020	一般项目
河姆渡身体文化记忆研究	2020	一般项目
欧洲足球球迷文化的本土转向、激进极化与中国之治研究	2020	一般项目
耦合视角下民族民间体育赛事与文化旅游产业融合发展研究	2020	一般项目
香港青年中华体育文化认同的驱动机制与路径研究	2020	一般项目
乡村传统体育文化生存空间变迁与重构研究	2020	一般项目
少林武术在日本跨文化形态生成的实证研究	2020	一般项目
中国武术全史	2020	一般项目
"一带一路"倡议下我国武术文化交流与传播研究	2020	一般项目
明清武术思想历史嬗变研究	2020	一般项目
新时代中华传统武术文化再生产研究	2020	一般项目
藏彝走廊原始体育文化遗存整理与研究	2020	一般项目
藏族弓箭文化象征符号与培育中华民族共同体意识研究	2020	一般项目
长三角一体化背景下的江南船拳与乡愁研究	2020	一般项目
滇黔桂少数民族龙舟史料搜集、整理与研究	2020	一般项目
苗疆走廊民族传统体育的活态传承与现代化发展模式研究	2020	一般项目
民族传统体育与文化旅游产业融合模式及效应评价研究	2020	一般项目
民族体育非物质文化遗产近现代文献整理与数字化保护研究	2020	一般项目
我国东北地区少数民族传统冰雪运动项目挖掘、整理与传承研究	2020	一般项目
我国西南跨境民族地区濒危传统体育文化变迁与可持续发展研究	2020	一般项目
武陵山片区民俗体育发展与健康村镇建设的联动机制和政策研究	2020	一般项目
中华民族传统体育在东盟的变迁与文化认同研究	2020	一般项目
民族传统体育铸牢中华民族共同体意识的理论逻辑与实证研究	2020	青年项目
新疆濒危民族传统体育口述史料数字化保护研究	2020	青年项目
中华竞渡文化源流的历史谱系研究	2020	青年项目
明代书院武艺文献整理与研究	2020	青年项目

资料来源：根据全国哲学社会科学工作办公室网站整理得出。

（2）体育传播平台。2012 年以来，伴随腾讯体育频道、苏宁体育频道、花椒直播、PPTV 直播等新媒体的加入，PGC、UGC、OGC 等内容生产方式的更新和融媒体的普及，体育赛事从借助电视转播到电视转播与移动直播并存，传播方式得到拓展。在电视直播平台上，由国家体育总局和内蒙古自治区共建的足球频道于 2018 年 3 月 29 日正式上星，成为中国首个专业宣传足球改革与发展事业的国家级数字电视频道。除此之外，融合体育新闻报道更加注重通过多种科技手段呈现体育运动精彩细节。这首先缘于体育运动本身的特性，需要细节来展现运动的精彩瞬间；其次，在5G信息技术的复制增能下，自媒体成为体育新闻的重要形式；再次，在全媒体时代，体育新闻娱乐化趋势更加明显，这是因为体育节目的激烈程度和比赛结果的悬念易于制造娱乐话题；最后，体育垂直领域新闻资讯交互性更强，用户参与度高、黏性强。

这一传播主体的分类不局限于体育新闻的传播，也是体育文化传播的载体，主要包括如下几类。电视媒体依然是体育传播的"霸主"。人们长期的观看习惯及电视媒体自身的不断发展与完善，使电视媒体在与新媒体的角逐中"霸主"地位依然难以被撼动。[1] 广播媒体在体育传播时依然拥有时空相对固定的受众。通讯社和平面媒体日益凸显其体育传播"信源"地位与深度报道特色。网络成为体育文化重要的传播渠道和互动平台。自媒体与移动媒体成为新技术条件下的体育传播新平台。当前，微博、微信、抖音、快手、B站等自媒体已经成为网络传播最活跃的主体和新兴舆论场。特别是在5G技术迅速发展的背景下，体育文化传播的平台逐渐扩散。

（3）体育出版物。新技术对出版行业的影响日益明显，各家出版单位都在积极探索出版社发展的转型升级之路，尝试建立"＋体育""＋互联网"的融合出版模式，新媒体技术在传统纸质体育出版物中广泛应用，AR（增强现实技术）、二维码链接的应用早已屡见不鲜，体育在线教育平台正在起步。另外，民营资本进入体育图书出版领域，并通过成立体育文化公司，与出版单位合作开发选题，由之前主要侧重于大中小学公共体育课教材，向冰雪、马拉松、奥林匹克教育等领域拓展。

5. 体育文化遗产保护的发展

体育非物质文化遗产是体育文化的重要组成，近年来在国家文化发展战略下，体育非物质文化遗产得到了有效的保护、传承和推广，推动了中国体

---

[1] 张江南：《从伦敦奥运看奥林匹克电视传播功能的张力》，《新闻爱好者》2012年第21期，第55～56页。

育文化走向世界。

在社会各界的关注和推动下，我国体育非物质文化遗产保护工作取得较大的进展，形成了建立体育非物质文化遗产博物馆、数字博物馆、生态保护区和传习所等传承方式及与发展体育旅游等活态传承相结合的方式。据不完全统计，2007~2017年，全国已批准形成了17个文化生态保护实验区，其中包括各民族的体育非物质文化遗产项目，这对体育非物质文化遗产的保护起到了重要的作用。截至2020年，我国一共有124项体育非物质文化遗产项目，分别在2006年（18项）、2008年（52项）、2011年（31项）、2014年（23项）入选（见表6）。

表6 中国体育非物质文化遗产项目

序号	名称	公布年份	类型	申报地区或单位	保护单位
1	吴桥杂技	2006	新增项目	河北省吴桥县	吴桥县杂技团
2	聊城杂技	2006	新增项目	山东省聊城市	聊城市杂技团
3	天桥中幡	2006	新增项目	北京市	北京付氏天桥宝三民俗文化艺术团
4	中幡(安头屯中幡)	2008	扩展项目	河北省香河县	河北省香河县文化馆
5	中幡(正定高照)	2008	扩展项目	河北省正定县	正定县文化馆
6	中幡(建瓯挑幡)	2008	扩展项目	福建省建瓯市	建瓯市文化馆
7	抖空竹	2006	新增项目	北京市宣武区	北京市西城区广内空竹文化艺术团
8	维吾尔族达瓦孜	2006	新增项目	新疆维吾尔自治区	新疆艺术剧院杂技团
9	宁德霍童线狮	2006	新增项目	福建省宁德市	宁德市蕉城区文化馆
10	线狮(九狮图)	2008	扩展项目	浙江省永康市	永康市民间艺术表演协会
11	线狮(九狮图)	2008	扩展项目	浙江省仙居县	仙居县非物质文化遗产保护中心
12	线狮(草塔抖狮子)	2014	扩展项目	浙江省诸暨市	诸暨市文化馆
13	少林功夫	2006	新增项目	河南省登封市	中国嵩山少林寺
14	武当武术	2006	新增项目	湖北省十堰市	十堰市群众艺术馆
15	回族重刀武术	2006	新增项目	天津市	天津市红桥区文化馆
16	沧州武术	2006	新增项目	河北省沧州市	沧州市武术协会
17	沧州武术(劈挂拳)	2008	扩展项目	河北省沧州市	沧州市武术协会
18	沧州武术(燕青拳)	2008	扩展项目	河北省沧州市	沧州市武术协会

续表

序号	名称	公布年份	类型	申报地区或单位	保护单位
19	沧州武术(孟村八极拳)	2008	扩展项目	河北省沧州市	孟村县开门八极拳研究会
20	沧州武术(六合拳)	2011	扩展项目	河北省泊头市	泊头六合拳研究会
21	太极拳(杨氏太极拳)	2006	新增项目	河北省永年县	邯郸市永年区文化馆
22	太极拳(陈氏太极拳)	2006	新增项目	河南省焦作市	焦作市文化馆(焦作市非物质文化遗产保护中心)
23	太极拳(武氏太极拳)	2008	扩展项目	河北省永年县	邯郸市永年区文化馆
24	太极拳(吴氏太极拳)	2014	扩展项目	北京市大兴区	北京大兴鸣生亮武学研究会
25	太极拳(李氏太极拳)	2014	扩展项目	天津市武清区	天津市武清区文化馆
26	太极拳(王其和太极拳)	2014	扩展项目	河北省任县	河北省王其和太极拳协会
27	太极拳(和氏太极拳)	2014	扩展项目	河南省温县	温县和式太极拳学会
28	邢台梅花拳	2006	新增项目	河北省邢台市	广宗县文化馆,国家非物质文化遗产梅花拳平乡县后马庄保护传承协会
29	梅花拳	2011	扩展项目	河北省威县	威县文化馆(威县美术馆)
30	沙河藤牌阵	2006	新增项目	河北省沙河市	邢台经济开发区沙河城镇十里铺村村民委员会
31	朝鲜族跳板、秋千	2006	新增项目	吉林省延边朝鲜族自治州	延吉市青少年业余体育运动学校
32	达斡尔族传统曲棍球竞技	2006	新增项目	内蒙古自治区莫力达瓦达斡尔族自治旗	莫力达瓦达斡尔族自治旗文化馆
33	蒙古族搏克	2006	新增项目	内蒙古自治区	内蒙古自治区体育总会
34	蒙古族搏克	2014	扩展项目	内蒙古自治区东乌珠穆沁旗	东乌珠穆沁旗文化馆
35	蒙古族搏克	2014	扩展项目	新疆维吾尔自治区乌苏市	乌苏市文化馆
36	蹴鞠	2006	新增项目	山东省淄博市	淄博市临淄区文化馆
37	围棋	2008	新增项目	中国棋院	中国围棋协会
38	围棋	2008	新增项目	北京棋院	北京棋院(北京桥牌院、北京市棋牌运动管理中心)
39	象棋	2008	新增项目	中国棋院	国家体育总局棋牌运动管理中心(中国棋院)
40	象棋	2008	新增项目	北京棋院	北京棋院(北京桥牌院、北京市棋牌运动管理中心)

序号	名称	公布年份	类型	申报地区或单位	保护单位
41	蒙古族象棋	2008	新增项目	内蒙古自治区阿拉善盟	阿拉善左旗文化馆
42	天桥摔跤	2008	新增项目	北京市宣武区	北京付氏天桥宝三民俗文化艺术团
43	摔跤（朝鲜族摔跤）	2011	扩展项目	吉林省延吉市	延吉市青少年业余体育运动学校
44	摔跤（彝族摔跤）	2011	扩展项目	云南省石林彝族自治县	石林彝族自治县文化馆
45	摔跤（维吾尔族且力西）	2011	扩展项目	新疆维吾尔自治区岳普湖县	岳普湖县文化馆
46	沙力搏尔式摔跤	2008	新增项目	内蒙古自治区阿拉善左旗	阿拉善左旗文化馆
47	峨眉武术	2008	新增项目	四川省峨眉山市	峨眉山市体育总会
48	红拳	2008	新增项目	陕西省	陕西红拳文化研究会
49	八卦掌	2008	新增项目	河北省廊坊市	文安县文柱武校
50	八卦掌	2011	扩展项目	北京市西城区	北京市武术运动协会
51	八卦掌	2011	扩展项目	河北省固安县	固安县文化馆
52	形意拳	2008	新增项目	河北省深州市	深州形意拳协会
53	形意拳	2011	扩展项目	山西省太谷县	晋中市太谷形意拳协会
54	鹰爪翻子拳	2008	新增项目	河北省雄县	保定市鹰爪翻子拳文化研究会
55	八极拳（月山八极拳）	2008	新增项目	河南省博爱县	博爱县八极文武学校
56	心意拳	2008	新增项目	山西省晋中市	晋中市心意（形意）拳协会
57	心意拳	2011	扩展项目	山西省祁县	祁县戴氏心意拳协会
58	心意六合拳	2008	新增项目	河南省漯河市	漯河市心意六和拳研究会
59	心意六合拳	2008	新增项目	河南省周口市	周口市心意六合拳协会
60	五祖拳	2008	新增项目	福建省泉州市	泉州市武术协会
61	查拳	2008	新增项目	山东省冠县	冠县文化馆
62	螳螂拳	2008	新增项目	山东省莱阳市	莱阳市文化馆
63	螳螂拳	2011	扩展项目	山东省栖霞市	栖霞市文化馆
64	螳螂拳	2011	扩展项目	山东省青岛市崂山区	青岛市崂山区非物质文化遗产保护协会
65	螳螂拳	2014	扩展项目	山东省青岛市市南区	青岛鸳鸯螳螂拳俱乐部

续表

序号	名称	公布年份	类型	申报地区或单位	保护单位
66	苌家拳	2008	新增项目	河南省荥阳市	荥阳苌家拳研究会
67	岳家拳	2008	新增项目	湖北省武穴市	武穴市岳飞文武学校
68	岳家拳	2014	扩展项目	湖北省黄梅县	黄梅县文化馆
69	蔡李佛拳	2008	新增项目	广东省江门市新会区	新会蔡李佛始祖拳会
70	马球（塔吉克族马球）	2008	新增项目	新疆维吾尔自治区塔什库尔干塔吉克自治县	新疆塔什库尔干塔吉克自治县文化馆
71	满族珍珠球	2008	新增项目	吉林省吉林市	吉林市艺术研究所（吉林市非物质文化遗产保护研究中心）
72	满族二贵摔跤	2008	新增项目	河北省隆化县	河北省隆化县文化馆
73	鄂温克抢枢	2008	新增项目	内蒙古自治区鄂温克族自治旗	鄂温克族自治旗文化馆
74	挠羊赛	2008	新增项目	山西省忻州市	忻州市摔跤俱乐部
75	传统箭术（南山射箭）	2008	新增项目	青海省海东市乐都县	海东市乐都区文化馆
76	赛马会（当吉仁赛马会）	2008	新增项目	西藏自治区拉萨市	当雄县文化和旅游局（文物局）
77	赛马会（玉树赛马会）	2008	新增项目	青海省玉树藏族自治州	玉树藏族自治州文化馆
78	赛马会（哈萨克族赛马）	2014	扩展项目	新疆维吾尔自治区富蕴县	富蕴县文化馆
79	叼羊（维吾尔族叼羊）	2008	新增项目	新疆维吾尔自治区巴楚县	巴楚县文化馆
80	土族轮子秋	2008	新增项目	青海省互助土族自治县	互助土族自治县文化馆
81	左各庄杆会	2008	新增项目	河北省文安县	河北省文安县文化馆
82	戏法（赵世魁戏法）	2008	新增项目	黑龙江省杂技团	黑龙江省杂技团有限公司
83	戏法	2011	扩展项目	天津市和平区	天津市杂技团
84	建湖杂技	2008	新增项目	江苏省建湖县	江苏省杂技团(盐城市杂技团、江苏杂技培训中心)
85	东北庄杂技	2008	新增项目	河南省濮阳市	濮阳市华龙区东北庄杂技艺术学校
86	宁津杂技	2008	新增项目	山东省宁津县	宁津县艺术学校
87	马戏（埇桥马戏）	2008	新增项目	安徽省宿州市埇桥区	宿州市埇桥区马戏协会

序号	名称	公布年份	类型	申报地区或单位	保护单位
88	风火流星	2008	新增项目	山西省太原市	太原市晋源区风火流星艺术研究会
89	翻九楼	2008	新增项目	浙江省杭州市	杭州市萧山区浦阳镇民间文化研究协会
90	翻九楼	2008	新增项目	浙江省东阳市	东阳市非物质文化遗产保护中心
91	调吊	2008	新增项目	浙江省绍兴市	绍兴市金寿昌调吊传习所
92	苏桥飞叉会	2008	新增项目	河北省文安县	河北省文安县文化馆
93	拦手门	2011	新增项目	天津市河东区	天津市河东区文化馆
94	通背缠拳	2011	新增项目	山西省洪洞县	洪洞县通背缠拳协会
95	地术拳	2011	新增项目	福建省精武保安培训学校	福建省地术拳协会
96	佛汉拳	2011	新增项目	山东省东明县	东明县佛汉拳协会
97	孙膑拳	2011	新增项目	山东省青岛市市北区	青岛市武术文艺协会
98	孙膑拳	2011	新增项目	山东省安丘市	安丘市青云山武术馆
99	肘捶	2011	新增项目	山东省临清市	临清市肘捶研究会
100	十八般武艺	2011	新增项目	浙江省杭州市余杭区	杭州市余杭区文化馆
101	华佗五禽戏	2011	新增项目	安徽省亳州市	亳州市华佗五禽戏协会
102	撂石锁	2011	新增项目	河南省开封市	开封市文化馆
103	赛龙舟	2011	新增项目	湖南省沅陵县	沅陵县文化馆
104	赛龙舟	2011	新增项目	广东省东莞市	东莞市万江区文化服务中心
105	赛龙舟	2011	新增项目	贵州省铜仁市	铜仁市碧江区体育事业发展中心
106	赛龙舟	2011	新增项目	贵州省镇远县	镇远县非物质文化遗产保护中心
107	迎罗汉	2011	新增项目	浙江省缙云县	缙云县非物质文化遗产保护中心
108	掼牛	2011	新增项目	浙江省嘉兴市南湖区	嘉兴市海华武术馆
109	高杆船技	2011	新增项目	浙江省桐乡市	桐乡市文化馆(桐乡市金仲华纪念馆、桐乡市非物质文化遗产保护中心)
110	花健	2011	新增项目	山东省青州市	青州市非物质文化遗产保护中心
111	口技	2011	新增项目	北京市西城区	北京自然之声文化发展有限公司

续表

序号	名称	公布年份	类型	申报地区或单位	保护单位
112	布鲁	2014	新增项目	内蒙古自治区库伦旗	库伦旗非物质文化遗产保护中心
113	蒙古族驼球	2014	新增项目	内蒙古自治区乌拉特后旗	乌拉特后旗文化馆
114	通背拳	2014	新增项目	北京市西城区	北京市武术运动协会
115	戳脚	2014	新增项目	河北省衡水市桃城区	衡水市燕杰文化武术学校
116	精武武术	2014	新增项目	上海市虹口区	上海精武体育总会
117	绵拳	2014	新增项目	上海市杨浦区	上海杨浦区江浦社区文化活动中心
118	咏春拳	2014	新增项目	福建省福州市	福建传统咏春拳（海峡）文化发展中心
119	井冈山全堂狮灯	2014	新增项目	江西省井冈山市	井冈山市文化馆
120	徐家拳	2014	新增项目	山东省新泰市	新泰市泰山徐家拳研究院
121	梅山武术	2014	新增项目	湖南省新化县	新化县梅山传统武术协会
122	武汉杂技	2014	新增项目	湖北省武汉市	武汉杂技艺术有限责任公司
123	幻术（傅氏幻术）	2014	新增项目	北京市朝阳区	傅氏云机（北京）文化有限公司
124	幻术（周化一魔术）	2014	新增项目	陕西省	陕西省杂技艺术团有限公司

资料来源：中国非物质文化遗产网，http：//www.ihchina.cn/project.html#target1。

二　中国体育文化发展过程中存在的问题

面临体育新发展阶段的新要求，体育文化依然存在如下亟须关注和解决的问题。

（一）体育文化发展未能支撑国家战略

体育强国理当在全球视域拥有更强的文化影响力和国际话语权，这体现了道路自信、理论自信、制度自信和文化自信。中国体育逐步打破依赖性、被动性和从属性，深度参与和引领国际体育事务，将推动"中国特色"和

"世界意义"真正融合，使全面强国的身姿清晰呈现，但体育作为展示国家文化软实力的平台不够宽。首先，体育展示民族文化力和向心力的后劲不足。其次，体育促进国际对话、交流的版图不全。

除了在战略高度方面体育文化的发展难以支撑体育强国、文化强国等国家战略外，在物质文化、制度文化和精神文化等方面也有所欠缺。

（二）体育精神文化的发展局限

1. 中华体育精神内涵挖掘不够，激励作用有待增强

1996 年在亚特兰大奥运会后《中国体育报》连续发表了 6 篇评论员文章，指明了中华体育精神的组成内容，即包含"祖国至上、敬业奉献、科学求实、遵纪守法、团结友爱、艰苦奋斗"等六个方面。其后不久，时任国家体委主任的伍绍祖将中华体育精神概括为"为国争光、无私奉献、团结友爱、科学求实、遵纪守法、顽强拼搏"。不仅如此，不同时期的国家领导人也对中华体育精神做出了指示，比如江泽民在会见第二十七届奥运会中国体育代表团时指出："中华体育精神是我国社会主义精神文明的重要组成部分，是中华民族的宝贵精神财富。全国各个行业、各条战线的同志们都要大力发扬振兴中华、为国争光的爱国主义精神，大力发扬顽强拼搏、争创一流的革命英雄主义精神，勇于创新，力攀高峰，同心同德地把建设有中国特色社会主义的伟大事业不断推向前进。"[1] 此外，习近平会见全国体育先进单位和先进个人代表时强调，广大体育工作者在长期实践中总结出的以"为国争光、无私奉献、科学求实、遵纪守法、团结协作、顽强拼搏"为主要内容的中华体育精神来之不易，弥足珍贵，要继承创新、发扬光大。[2] 2019 年 6 月 18 日，习近平总书记在给北京体育大学 2016 级研究生冠军班的回信中强调"新时代的中国，更需要使命在肩、奋斗有我的精神。希望你

---

① 《在会见第二十七届奥运会中国体育代表团时的讲话》，中国政府网，2000 年 10 月 3 日，http：//www.gov.cn/gongbao/content/2000/content_ 60491. htm。

② 邱志方：《中国共产党的伟大精神——献给中国共产党成立 95 周年》，吉林人民出版社，2016，第 229 页。

们继续带头拼、加油干，为建设体育强国多作贡献，为社会传递更多正能量"①。

虽然在改革开放40年的历程中，中华体育精神的内涵不断丰富，也不断激励着运动健儿和社会大众超越自我、勇于拼搏，成为中华民族伟大复兴和国家繁荣富强的内驱力，但是竞技体育在金牌与金钱面前的异化现象也不容忽视，兴奋剂的滥用、假球黑哨、破坏规则、贪污贿赂的现象时有发生。提升体育文化的传播力，进一步挖掘新时代中华体育精神的内涵，将这笔宝贵财富传承并发扬光大，比以往任何时刻都迫切。新时代弘扬体育精神，需要更多元的内涵、更接地气的表达。

自新中国成立以来，体育健儿在国际上的优异表现激发着人民的民族自信和爱国情怀，成为拼搏奋斗的不竭动力，但体育精神的激励作用有所弱化。新生代的年轻人很难想象当年为庆祝女排夺冠万人空巷的场景。

2. 运动项目文化发展不协调

首先，运动项目文化的发展不协调。自2015年以来，在《冰雪运动发展规划（2016—2025年）》和《群众冬季运动推广普及计划（2016—2020年）》等国家文件的支持下，全国各地陆续开展形式多样的冰雪运动文化活动，弘扬冰雪文化，为2022年北京冬奥会营造良好的文化氛围。"三大球"项目中，相较于足球和篮球，排球文化的发展较好。

其次，运动项目文化的载体不协调。当前各运动项目文化的传播主要依靠的是体育展览和体育影视作品，理论著作、传记作品、体育美术和音乐等形式的文化产品较少。

最后，运动项目文化的建设和传播不协调。当前关于运动项目文化的挖掘和建设较少，大多比较关注运动项目文化的传播。没有建设、挖掘和培养的传播，运动项目文化很容易成为无源之水，最终走向枯竭。

---

① 《总局冬运中心专题学习习近平总书记给北体大研究生冠军班的回信》，中国青年网，2019年9月21日，http：//news. youth. cn/tylm/201906/t20190621_ 12076507. htm。

3. 体育艺术的发展内驱力不足

缺乏贴近生活、触动灵魂的体育精神文化产品。当前，我国体育影视创作的内容类似，多以比赛作为噱头，并未深入涉及社会文化历史主题，难以反映人心和社会现实。体育电影虽然络绎不绝，但真正像谢晋的《女篮5号》和《沙鸥》这样具有代表性的中国体育电影甚是缺乏，更多的是披着体育外衣但缺少精神内涵的电影。在《我心飞扬》电影的周边采访中，导演乌尔善说："中国体育有太多好题材可拍，中国女排、姚明、刘翔等等，但在中国，体育电影找投资又是特别难的一件事。"① 我们需要更多属于中国人自己的《足球小将》《摔跤吧！爸爸》这样的优秀作品。

（三）体育物质文化的发展局限

体育物质文化的发展局限主要表现在体育场馆、器材、法规制度、体育藏品等多个方面。

1. 体育场馆和器材配置不均衡

教育系统、事业单位、城镇、东部地区，以及篮球、乒乓球、跑步三大运动项目拥有相对较多的体育场馆设施。相比之下，三大运动以外的项目以及乡村、中西部地区的体育场馆建设仍有待进一步发展。由此可见，中国体育场馆总体呈快速发展的态势，但在系统、单位、项目、区域、城乡之间的发展存在不均衡状况。

2. 体育博物馆藏品陈列问题凸显

体育藏品同样也是体育物质文化的重要内容。然而，当前的体育博物馆存在三个不平衡的问题。首先，体育博物馆存在"民族"和"世界"的矛盾，到底是展示我们本国体育事业的发展成就，还是在世界奥林匹克事业中彰显我国的风采，一不小心就会陷入西方体育世界的窠臼之中。其次，体育博物馆面临"古代"和"现代"的矛盾，比如中国体育博物馆仅有的9000

---

① 《国产体育题材电影遇冷，〈我是马布里〉票房不佳》，虎扑网，2017 年 8 月 16 日，http：//lite. hupu. com/s？u = cba/news/2192513&type = 1&entrance = 26。

余件藏品中，以现代体育实物为主，古代部分仅有 400 余件，进而导致藏品的种类和比例失衡。最后，体育博物馆还遭遇了"线上"和"线下"的矛盾。2020 年突如其来的新冠肺炎疫情进一步加速各种线上活动的开展，体育博物馆的展览方式相对而言过于传统和陈旧，可以"搭乘"在线技术的快车，及时更新和完善在线展览的设计。

3. 体育文化建设和传播平台局限

目前，国家体育总局在全国共建有体育文化研究基地 100 余所。从管理体制来看，国家体育总局体育文化发展中心大多是指导而非领导，因此在一定程度上造成了各体育文化研究基地的规划管理缺失，甚至在发展过程中面临"管理体系断层"的问题。①

体育图书出版中存在如下几个方面的不平衡。首先，项目类别不平衡。其中运动项目类的图书出版量最大，在 2017 年的体育出版物中文体活动类有 21909 种、体育理论类有 7695 种、武术及民族形式体育类有 6355 种。其次，出版平台较为单一。体育图书的出版平台大多集中在人民体育出版社和北京体育大学出版社，较少由综合性的出版社出版体育领域的图书。再次，国际图书需求和供给不匹配。在好莱坞影视作品和武术影视明星的宣传带动下，中国武术成为中国符号之一，与传统武术相关的图书在全世界积累了大量的受众，但是国内的出版社力量薄弱，在短时间内难以出版一定规模的体育外文书籍，影响了中国图书的进一步海外传播和拓展。最后，体育出版图书的选题比较单一，经常出现重复选题，尚未充分挖掘体育资源的潜力并将其转化为出版资源。②

4. 体育文化遗产保护不够

保护与传承意识不强、参与度不高。在一些地区存在当地群众对体育非物质文化遗产保护与传承意识不强、参与度不高；传承人老龄化，传习人群

---

① 吴俊洲、杜红伟、马骏、王永安：《体育文化研究基地服务西部基层体育文化发展与建设研究》，《山东体育科技》2017 年第 2 期，第 85~89 页。

② 李雪贝、万晓红：《"一带一路"倡议下中国体育图书出版国际交流与合作的提升路径》，《科技与出版》2019 年第 4 期，第 97~101 页。

流失；代际传承萎缩，传承路径过窄。一些少数民族非遗体育项目由于生产方式和生活方式的改变而与时代精神不符，当地少数民族青少年受全球化的影响对本民族传统体育文化的认同感较低，更趋向于接触和学习现代体育文化，造成当地少数民族学习和参与体育非物质文化遗产项目的人数越来越少，一些少数民族体育非遗项目传播范围逐渐缩小，甚至出现代际结构失衡和断裂的现象。①

三　促进中国体育文化发展的对策建议

（一）高度重视体育文化的战略地位

坚持"四个意识"和"五个战略"，紧紧围绕迈向体育强国的建设目标，从国内、国际两个大局把握体育文化的新使命。对内高度重视体育文化战略，丰富中国特色社会主义文化，在增进文化认同中坚定文化自信；大力传播中华体育精神，推进多元价值观的广泛接受，使体育是一种生活方式成为社会的共识；坚持对人文体育、绿色体育的宣传；坚持"全社会参与、全球化合作、全人群共享"的体育发展理念，促进体育文化工作跨界跨领域的进一步合作。对外提升体育国际传播能力，加强中国传统体育的对外传播，讲好中国体育故事，使中国体育文化在世界范围内获得广泛认同。② 体育文化工作者要进一步学习党中央关于社会主义文化大繁荣的要求与部署，进一步加强政治意识，明确文化发展的方针、原则与体育发展重大国家战略相结合，深刻思考在强体育、大体育和全媒体环境下体育文化发展的意识、方向、策略与手段。争取从 2020 年到 2035 年新时代中华体育精神在全社会达成共识，体育文化建设达成共享互赢的局面，为 2035 年全面建成体育强国、文化强国添砖加瓦。

①　闫艺、李雪军：《"一带一路"背景下少数民族体育非物质文化遗产保护与传承机制研究——以新疆地区为例》，《西安体育学院学报》2021 年第 1 期，第 96～104 页。
②　国家体育总局：《迈向体育强国之路》，人民体育出版社，2019，第 181 页。

（二）不断创新中国体育精神文化发展平台和文化产品

深耕运动项目文化，提高大众的认知度。一是联合相关部门和协会搭建各运动项目文化研究平台，深入挖掘各运动项目文化内核，积极探索国家队文化、联赛文化、俱乐部文化、球迷文化等不同样态各运动项目文化建设的方式和内容。二是鼓励相关协会分别组建运动项目文化促进委员会，由其负责各项目文化建设组织、协调和业务指导。三是建议成立各运动项目文化产业中心，深入调研新发展阶段青少年、中年、老年人各运动项目文化产品需求，打造更接地气的各运动项目文化产品，联合中宣部启动各运动项目优秀影视作品计划，丰富各运动项目文化产品供给。四是联合中宣部打造各运动项目文化宣传体系，全方位、多样态宣传各运动项目，使各运动项目广为人知、深入人心。

其中，尤其要大力开发体育文化产品。建议国家体育总局借鉴德国夺冠纪录片《球队》（Die Mannschaft）等成功经验，开发一批民众喜闻乐见的体育文化产品，提升民族自信心和认同感。进一步拓宽体育电影的创作主题，对体育精神进行深入的理解辨析和创造性的艺术表现，透过体育运动本身说文化、艺术、哲理；创作的体育电影要均衡地把握影片的娱乐性和思想性，在给视觉和听觉带来审美享受的同时，达到塑造人格、教化人心的目的；体育电影要真实反映比赛场景，展现体育运动的专业水准，充分展现动与静、力与美的运动美学。

（三）因地制宜地发展体育物质文化

1. 建设彰显特色的体育场馆

全民健身热潮的兴起以及"健康中国"战略的实施对体育场馆有了新的需求，对体育场馆建设尤其是服务提出了更高的要求。国家政策也鼓励机关、学校等企事业单位的体育场馆设施向社会开放。在未来的体育场馆建设或者修缮的过程中需要考虑如下几个特色。

彰显地方特色：现代城市建筑越来越呈现趋同的现象，地标性建筑常常显示出一个地域的特色，而近年来很多城市的体育场馆便扮演着地标性建筑的角色。因此，未来在体育场馆的建设或修缮的过程中要突出和彰显各地的特色以及城市发展理念，泰国的竹子体育馆便是一个典型案例。位于清迈的零碳体育馆在首届 Dezeen 建筑设计大赛中获得了年度公共文化建筑奖，建筑师将天然材料——竹子融入设计之中，创造了一个独特的体育馆，主要作为篮球、排球、羽毛球和足球的场地，充分融入当地的自然环境之中。

彰显项目特色：除了综合性的场馆外，当前越来越多的服务于特定项目的场馆的进入人们的视野。特定项目的场馆的建设和修缮更应该突出服务项目的特色，不仅能够增添场馆的项目文化，还能够形成特定项目的历史博物馆甚至是历史本身。2018 年 EFFEKT 建筑事务所利用丹麦 Viborg 的一家废弃风车工厂建成了一个提供滑板场地的青年活动中心。整个场馆被包裹在半透明的聚碳酸酯表皮之下，加上"废工厂"的名号以及随处可见的涂鸦，这里成了街头文化的圣地。

彰显科技特色：随着数字技术的发展，体育场馆的数字化和智能化是不可逆的重要发展趋势。未来体育场馆的建设和修缮要充分地运用科技元素，打造现代化高科技的体育场馆。

彰显文化底蕴：每个国家都有其特定的历史文化背景，因此体育场馆在建设过程中还要具备一定的文化底蕴和人文情怀，在科技中加入人文的温度，将科技和人文结合起来。

2. 创新中国体育博物馆的运营模式

首先，鼓励各种社会力量、市场力量创办体育博物馆，形成各种类型的特色鲜明的体育博物馆。其次，加强科技支持，运用 5G、3D、AR、VR 等先进技术，增加群众的互动体验，提升展览的层次性和丰富性。再次，形成线上、线下同时展览的新形式，开拓线上多种形式的主题体育展览。最后，充分利用抖音、快手、B 站等广受年轻人喜欢的短视频平台，以短视频的方式推广和传播体育展品。

3. 培育多元化体旅融合参与的市场体系

第一，健全体旅融合发展的产权司法保护制度。实施统一的体旅市场准入负面清单制度，放宽准入限制；健全公平竞争审查机制，加强反垄断和反不正当竞争的监督。第二，完善体旅融合发展的要素配置方式。不断深化体育特色小镇的土地、体旅人才、各类资本、体旅融合发展的核心技术和相关数据的市场化改革，不断健全各类要素市场的运行机制，完善交易规则和服务体系。"体育＋旅游＋科技"可以进一步丰富产品供给，5G 的广泛应用将为体育与旅游的融合发展注入活力。[①] 第三，培育体育与旅游融合发展的龙头企业，发挥其市场引领作用。

4. 充分发挥体育文化研究基地的作用

不断加强国家体育总局体育文化发展中心对各地方高校体育文化研究基地的领导，各体育文化研究基地在学校的协同管理下，加强自身的组织建设，深入开展体育文化研究，深入挖掘各个项目的文化研究，特别是"三大球"文化研究，深入挖掘"三大球"文化内核，积极探索国家队文化、联赛文化、俱乐部文化、球迷文化等不同样态"三大球"文化建设方式和内容。不断强化各高校体育文化研究基地为地方体育文化研究和发展服务的功能。[②]

5. 构建体育非物质文化遗产保护的联动机构

构建以政府联动机构为主的保护与传承组织机构。成立联合保护和传承的协作机构、共同保护与开发的运作机构、联合研究机构。采用以共建文化生态保护区和数据库为主的保护手段、以民间文化活动和学校教育传承为主的传承方式，建立文化生态保护区、文化生态博物馆、少数民族非遗数据库。提倡在少数民族聚居区开展民间文化活动、在学校体育教学中开展民族体育非遗活动。实施以整体保护性利用和适度开发资源为主的布

---

① 蒋依依、张月、杨占东、王者、洪鹏飞、王宁：《全生命周期视角下体育与旅游融合发展研究》，《北京体育大学学报》2020 年第 12 期，第 46~57、70 页。

② 吴俊洲、杜红伟、马骏、王永安：《体育文化研究基地服务西部基层体育文化发展与建设研究》，《山东体育科技》2017 年第 2 期，第 85~89 页。

局规划。坚持保护性利用和适度开发，取得经济效益和社会效益；加强民间文化与政府活动之间的联动；整合体育与旅游文化资源，打造民族文化旅游品牌。①

参考文献

苏肖晴：《当代中国体育集邮研究》，福建人民出版社，2017。

白晋湘：《从传统到现代——对中国民族民间体育文化发展的思考》，《体育科学》2018 年第 7 期。

崔乐泉、林春：《基于"文化自信"论中华传统体育文化的传承与发展》，《北京体育大学学报》2018 年第 8 期。

任海：《聚焦生活，重塑体育文化》，《体育科学》2019 年第 4 期。

---

① 闫艺、李雪军：《"一带一路"背景下少数民族体育非物质文化遗产保护与传承机制研究——以新疆地区为例》，《西安体育学院学报》2021 年第 1 期，第 96 ~ 104 页。

专题篇
Topic Reports

B.6
北京冬奥会筹办进程研究

高　鹏　姚元生　张倩玉*

摘　要：　北京冬奥会是我国重要历史节点的重大标志性活动，做好北京冬奥会筹办工作意义重大。本报告主要分为北京冬奥会筹办开展的主要工作、取得的总体成绩和未来动向三部分。筹办工作包括继续出台冰雪运动促进政策、稳步开展冰雪主题系列活动、陆续完成冬奥会场馆建设、积极推进配套工程建设、努力推动中外冰雪文化交流、精心筹备冬奥会测试赛和开拓冬奥会媒体与转播新路径。经过前期的精心准备，北京冬奥会筹办进程中已取得冰雪运动普及深入推进、冬奥会赛事活动广泛开展、奥林匹克精神广泛弘扬、生态环境持续改善、冬奥会人才库初步建立等成绩。

---

* 高鹏，教育学博士，北京体育大学教育学院副教授，研究方向为体育教育基本理论、体育教师教育；姚元生，北京体育大学硕士研究生，研究方向为体育教育基本理论；张倩玉，北京体育大学硕士研究生，研究方向为体育教育基本理论。

北京冬奥会筹办进程中的工作将不断提升全民冰雪运动发展水平，全面提升赛事保障能力，深入贯彻绿色、共享、开放、廉洁的办奥理念，持续推动京津冀协同发展。

关键词： 北京冬奥会　办奥理念　冰雪运动

北京冬奥会是我国重要历史节点的重大标志性活动，是展现国家形象、促进国家发展、振奋民族精神的重要契机。办好北京冬奥会，同实现"两个一百年"奋斗目标高度契合。北京冬奥会自 2015 年 7 月 31 日成功申办以来，各项筹办工作都在稳步推进。本报告通过对北京冬奥会筹办进程中开展的主要工作和取得的总体成绩进行梳理与归纳，分析筹办工作的未来发展动向，从而为高质量筹办北京冬奥会奠定坚实的基础。

一　北京冬奥会筹办开展的主要工作

北京冬奥会筹办工作始终坚持以习近平新时代中国特色社会主义思想为指引，各项筹办工作以满足人民群众美好生活期待为出发点。北京冬奥会筹办开展的主要工作包括继续出台冰雪运动促进政策、稳步开展冰雪主题系列活动、陆续完成冬奥会场馆建设、积极推进配套工程建设、努力推动中外冰雪文化交流、精心筹备冬奥会测试赛和开拓冬奥会媒体与转播新路径等。

（一）继续出台冰雪运动促进政策

国家体育总局、北京冬奥组委等近年来连续发布全民冰雪运动宣传推广的相关政策。2020 年 5 月 15 日，国际奥委会、国际残奥委会和北京冬奥组委同步颁发了《北京 2022 年冬奥会和冬残奥会可持续性计划》，该计划作为指导北京冬奥会可持续性工作的纲领性文件，将贯穿于北京2022年冬奥会和冬残奥会赛事筹办全过程。[①] 2020年11月28日，为实现"三亿人参与冰雪运动"的目标，文化和旅游部办公厅、北京冬奥组委秘书行政部和国家体育总局办公厅联合发布了《关于开展全国冰雪旅游宣传推广活动的通知》。[②] 各地也陆续出台相关政策。2020年3月27日，河北省通过了《河北省全民健身条例》，这是河北省第一次为普及冰雪运动立法，旨在大力推广群众冰雪运动。2020年6月28日，陕西省体育局、陕西省教育厅、陕西省财政厅联合印发了《关于大力发展冰雪运动的实施意见》，其中提出发展冰雪运动的三大目标和4个方面的实施意见等。2020年8月19日，广东省发布了《广东省体育强省建设实施纲要》，其中提出要全力落实国家冰雪运动战略，提高冰球等项目职业化发展水平。2020年11月30日，北京市体育局印发了《北京市贯彻落实〈体育强国建设纲要〉实施方案》，其中提出要发挥"双奥城市"的优势，进一步推动冰雪运动发展。[③] 到2022年，全市冰雪运动普及水平明显上升，加入冰雪运动的人数达到1000万人。另外，吉林、湖南、河南、辽宁等省份也相继发布了关于发展冰雪运动的实施计划或意见等。中共中央、国务院及国家相关部委颁布了一系列关于冰雪运动方面的政策文件，体现了2022年北京冬奥会的重大事件引领作用，以及全面发展冰雪运动的辐射作用。[④]

[①] 《〈北京2022年冬奥会和冬残奥会可持续性计划〉发布》，中国奥委会官方网站，2020年5月15日，http://www.olympic.cn/news/olympic/2020/0515/324977.html。

[②] 《文化和旅游部办公厅 北京冬奥组委秘书行政部 国家体育总局办公厅关于开展全国冰雪旅游宣传推广活动的通知》，中国政府网，2020年11月28日，http://www.gov.cn/xinwen/2020-11/28/content_5565592.htm。

[③] 《北京市体育局关于印发〈北京市贯彻落实《体育强国建设纲要》实施方案〉的通知》，北京市体育局网站，2020年11月30日，http://tyj.beijing.gov.cn/bjsports/zcfg15/fgwj/dffg/10897411/index.html。

[④] 柳鸣毅、丁煌、但艳芳、孔年欣、盛翰林：《体育强国建设背景下中国冰雪运动公共政策分析》，《上海体育学院学报》2021年第4期，第47~57页。

（二）稳步开展冰雪主题系列活动

举办多样化的冰雪主题活动是提高冰雪运动的普及度和参与度的最有效途径。2020 年 1 月 15 日上午，由北京市文化和旅游局与北京冬奥组委文化活动部主办的"北京冰雪文化旅游节千人滑雪体验活动"在北京市平谷区渔阳滑雪场举办，举办该活动的目的是通过充分借助北京深厚的文化旅游资源，推动冬季群众体育运动蓬勃开展，激发广大游客和首都市民共同参与冰雪运动的热情，共同助力 2022 年北京冬奥会。2020 年 6 月 24 日，安徽省体育局在省体育博物馆举办"冬奥梦　冰雪情——2020 年安徽冰雪文化展"，向民众普及冰雪运动知识，宣传冰雪运动文化，旨在促进安徽省冰雪运动的发展。2020 年 7 月 27 日，"2020 全国大众欢乐冰雪周"如约而至，全国各地广泛地开展了主题各异、形式多样的冰雪运动，"夏日冰雪新热度"持续升温，全国冰雪活动遍地开花。冰雪周启动之际，辽宁、天津、甘肃等七个地方的线下挑战赛也同时进行，各个赛场的热烈氛围堪比国家队比赛现场。2020 年 10 月 1 日至 11 日，国家体育总局推出"国庆冰雪乐——中国冰雪国家集训队队内系列对抗赛"，采用线上与线下混合式举办一系列吸引人们参与的冰雪比赛和活动，引导大众认识冰雪运动。

（三）陆续完成冬奥会场馆建设

习近平总书记高度关注冬奥会场馆建设，特别指出场馆建设对于办好北京冬奥会、冬残奥会来说至关重要。冬奥会场馆的建设和改造要按照奥运会标准，倒排工期，高质量、高标准完成场馆建设；要求坚持贯彻新发展理念，融入中国特色元素，体现中国风格与文化自信。在北京冬奥会临近之际，场馆作为筹办冬奥会最基础的设施，即使在新冠肺炎疫情之下，冬奥会场馆的建设工作仍有序稳定推进，通过建设者们的努力付出，在 2020 年底已全部建设完成北京冬奥会计划投入使用的 12 个竞赛场馆。其中，北京赛区的竞赛场馆有国家速滑馆、首钢滑雪大跳台、首都体育馆、国家游泳中心、国家体育馆和五棵松体育馆等6个；延庆赛区的竞赛场馆有国家雪车雪橇中心和国家高山滑雪中心等2个；张家口赛区的竞赛场馆有国家越野滑雪中心、国家跳台滑雪中心、国家冬季两项中心和云顶滑雪公园等4个。此外，还有一个特殊的非竞赛场馆——国家体育场（鸟巢），北京冬奥会和冬残奥会的开闭幕式将在此举行。

（四）积极推进配套工程建设

1. 全力做好冬奥会交通基础设施保障

全力做好交通基础设施保障是推进北京冬奥会顺利举办的重要工作之一。北京冬奥会场馆分布在3个赛区，分别是北京赛区、延庆赛区和张家口赛区。为打造"轨道上的京津冀"，实现冬奥会赛区交通基础设施相连相通，北京作为筹办冬奥会的中心城市，承担着交通基础设施保障的重要责任。京张高铁建成通车，北京与张家口两城市之间总时长缩短为一小时以内；京礼高速竣工投入使用，打通了北京至张家口崇礼赛区的快速通道。同时，北京还加快推动了昌赤路、松闫路、G110（京银路）、京藏高速辅路以及京礼高速阪泉服务区等一批服务冬奥会项目的建设。同时，河北省的8个冬奥会交通基础设施项目也全部完成建设，分别是崇礼城区至长城岭公路、崇礼城区至万龙公路、崇礼城区至太子城公路、太子城至古杨树至棋盘梁公路、万龙至转枝莲公路、太子城至云顶公路、张家口南综合客运枢纽北广场和宁远机场改扩建工程。

2. 建立完善的仓储设施管理体系

建立完善的仓储设施管理体系是北京冬奥会筹办过程中的重要环节。仓储设施主要是用于仓储的库场建筑物，为北京冬奥会筹办所需的物资提供储存条件。2020年6月23日，北京冬奥组委宣告空港宏远成为北京冬奥会官方仓储设施独家供应商。空港宏远承诺将持续提升服务能力，始终奉行"冬奥凝聚梦想，宏远链接世界"的理念，加快推进国际货物分拨中心的全面建设，为北京冬奥会提供完善的仓储设施以及相关配套服务。

（五）努力推动中外冰雪文化交流

冬奥会为我国本土冰雪文化与世界冰雪文化的碰撞与交流提供了绝佳平台，我国自筹办北京冬奥会以来，已经进行了广泛且深入的国际交流和对话。2019年12月初至2020年1月底，纽约花旗球场举办了大规模彩灯盛会"天下华灯"嘉年华，整个园区共设有6个主题景观区域，120组制作精美的彩灯，单元灯数量达30万个，同时有5个巨型帐篷用来举办各种室内活动，包括当代艺术展、非遗展示、文创产品展等。2020年除夕，"'中国和'主题艺术展暨'吉祥物送祝福　点亮2022'"新春系列活动在瑞士启幕，国际奥委会主席巴赫，国际奥委会副主席、北京冬奥组委副主席于再清，奥林匹克博物馆馆长安吉丽塔等出席活动。北京冬奥组委向巴赫主席赠送了"冰墩墩"和"雪容融"，这也是2022年北京冬奥会和冬残奥会吉祥物首次亮相瑞士，向世界送上了富有冬奥会气息的新春祝福。同时，借助冬奥会的契机大力传播冰雪文化，不仅给公众提供了更广阔的体育视野，也将会激起强烈的民族自豪感，从而形成全民运动热潮，提升人文素养。①

（六）精心筹备冬奥会测试赛

举办北京冬奥会和冬残奥会系列测试赛是对标举办一届"精彩、非凡、卓越"的冬奥盛会的重要练兵。2020年突袭而至的疫情打乱了测试赛筹办节奏，但北京和张家口仍然开展了大量工作，如张家口市成立了张家口赛区测试赛组委会办公室，统筹推进系列测试赛核心工作。进入2021年以来，相关测试赛陆续举办。2021年2月16~26日，张家口和延庆赛区的3个竞赛场馆率先举办了雪上项目和滑行项目的20项测试。之后，4月1~10日，北京又举办了"相约北京"冬季体育系列测试活动，朝阳区国家游泳中心、

---

① 张磊、谢军：《2022北京冬奥会背景下冰雪文化传播策略研究》，《西安体育学院学报》2021年第1期，第55~62页。

国家体育馆和国家速滑馆，海淀区首都体育馆、五棵松体育馆5个冬奥会竞赛场馆共举行了7项冰上测试活动。

（七）开拓冬奥会媒体与转播新路径

1. 召开北京冬奥会和冬残奥会世界媒体大会

世界媒体大会是北京冬奥会在筹办过程中唯一一次直接面向全世界新闻媒体介绍冬奥会筹办工作进展情况的会议，对于北京冬奥组委媒体运行赛前工作而言具有里程碑意义，为全球媒体工作者了解北京冬奥会筹办工作进程提供了重要平台。2020年10月19日，2022年北京冬奥会和冬残奥会世界媒体大会如期举行。本次会议旨在让采访北京冬奥会的记者了解赛事期间的工作和生活条件，从而便于其为各自机构制订预算、采访和人员计划。因受疫情防控影响，该会议采取线上视频会议的方式召开。参会人员有来自国际奥委会、国际残奥委会、国际单项体育联合会、各国（地区）奥委会和残奥委会及全球媒体代表的400余人。在会议上，北京冬奥组委工作人员向参会人员介绍了关于场馆设施建设、新闻运行、新闻宣传、交通、注册、住宿、技术、安保等15个业务领域的相关筹备工作。[①]

2. 召开北京冬奥会和冬残奥会国内媒体大会

媒体作为传播信息的重要媒介，在北京冬奥会筹办进程中起着不可估量的作用。2020年12月17日，2022年北京冬奥会和冬残奥会国内媒体大会顺利召开。本次会议是北京冬奥组委在10月举办2022年北京冬奥会和冬残奥会世界媒体大会之后，向国内媒体进行的一次说明会，会议详细介绍了北京冬奥会和冬残奥会的媒体运行工作进展。北京冬奥会主媒体中心建设进展顺利，将于2021年7月前完工并交付使用，各场馆媒体中心的摄影位置、混合区、媒体看台等已经按照媒体工作需求全部确定，各项工作正在有序推进。

---

① 《2022年北京冬奥会和冬残奥会世界媒体大会在线举行》，新华网，2020年10月20日，http：//www.bj.xinhuanet.com/2020-10/20/c_1126632400.htm。

3. 举行北京冬奥会世界转播商大会

世界转播商大会为北京冬奥组委和转播商之间提供了重要的交流沟通平台。2020年2月24日，受新冠肺炎疫情影响，把原定在北京召开的2020年世界转播商大会安排在马德里进行，北京冬奥组委通过视频会议的方式参加会议。会议参与人员有来自国际奥委会、奥林匹克转播服务公司（OBS）及世界各地转播商等共172人。在会议上，北京冬奥组委相关部门向转播商代表介绍并交流了相关业务领域，OBS有关部门负责人则针对北京冬奥会转播有关服务内容进行了介绍。2021年2月2日，顺利召开了北京冬奥会和冬残奥会2021年世界转播商大会。本次会议就赛时转播服务与大家交换意见，进一步完善各项计划和措施，努力提供全面、高效、便捷的服务保障。①

二 北京冬奥会筹办进程中取得的总体成绩

北京冬奥会筹办工作正在以高标准、高质量持续推进，习近平总书记在北京2022年冬奥会和冬残奥会筹办工作汇报会上，对各项筹办工作取得的进展表示充分肯定。北京冬奥会筹办进程取得的总体成绩包括冰雪运动普及深入推进、冬奥会赛事活动广泛开展、奥林匹克精神广泛弘扬、生态环境持续改善和冬奥会人才库初步建立。

（一）冰雪运动普及深入推进

习近平总书记在对北京冬奥会、冬残奥会筹办工作进行考察时强调："筹办冬奥会是为了让更多的人参加冰雪运动，实现3亿人上冰雪的愿望。"② 在国家政策驱动下，以举办北京冬奥会为契机大力发展冰雪运动，

---

① 《北京冬奥会和冬残奥会2021年世界转播商大会召开》，人民网，2021年2月3日，http://media.people.com.cn/n1/2021/0203/c40606-32020742.html。

② 《推进冰雪运动 奋斗成就梦想》，中国新闻网，2021年2月1日，https://www.chinanews.com/m/ty/2021/02-01/9401261.shtml。

既能实现我国冰雪运动跨越式发展又能提升我国冰雪运动在全球的地位。[①]
北京冬奥会既是一届体育盛会，也是一件惠民工程，以满足人民群众的美好生活期待为出发点和立足点。北京冬奥会致力于全面普及冰雪运动。如今，滑雪、滑冰、冰球、冰壶这些原本陌生的运动项目正在不断走近群众。走上冰雪、参与冰雪运动正在成为民众的热点需求。旱地冰球、轮滑等体育运动已经广泛进入北京的中小学课程中，学生通过冰雪运动课程的学习，不仅可以很好地掌握冬季运动技能，而且在一定程度上激发了他们参与冰雪运动的热情。不断完善冰雪运动基础设施建设，加大力度普及群众冰雪运动。为提前实现张家口全市参与冰雪运动达 500 万人次的目标，张家口市政府先后出台《张家口市冰雪运动推广普及实施方案（2018—2022 年)》《关于加快冰雪运动振兴发展的实施意见（2016—2022 年)》等一系列政策性文件。

（二）冬奥会赛事活动广泛开展

习近平总书记指出："要通过举办北京冬奥会、冬残奥会，推动我国冰雪运动跨越式发展，补缺项、强弱项，逐步解决竞技体育强、群众体育弱和'夏强冬弱'、'冰强雪弱'的问题，推动新时代体育事业高质量发展。"[②] 自获得 2022 年北京冬奥会举办权以来，各项冰雪赛事在全国各地广泛开展。2020 年因疫情虽未举办大型专业赛事，但第七届全国大众冰雪季于年底正式启动，该活动以"激扬中国梦、冰雪酝新篇"为主题，在全国 31 个省区市 184 个地市举办了近 1200 场次全国联动或区域联动的群众性冰雪赛事活动，参与人数近亿人次，是历届全国大众冰雪季参与人数最

---

① 柳鸣毅、丁煌、但艳芳、孔年欣、盛翰林：《体育强国建设背景下中国冰雪运动公共政策分析》，《上海体育学院学报》2021 年第 4 期，第 47～57 页。

② 《习近平在北京河北考察并主持召开北京 2022 年冬奥会和冬残奥会筹办工作汇报会时强调　坚定信心奋发有为精益求精战胜困难　全力做好北京冬奥会冬残奥会筹办工作　韩正出席汇报会》，人民网，2021 年 1 月 20 日，http：//cpc. people. com. cn/n1/2021/0120/c64094－32006581. html。

多的一届。① 2020 年 10 月，北京市举办了涵盖短道速滑、花样滑冰、冰壶、滑雪等项目的青少年冬季项目 U 系列冠军赛，并首次增加了冰壶赛事，仅短道速滑和冰壶两项赛事就吸引了 414 名选手参赛。② 2020 年 10 月中下旬以来，河北省各地、大中小学校第二届冰雪运动会陆续举行，截至 12 月中旬，全省第二届冰雪运动会均启动，已举办各类冰雪赛事活动 4300 余场次。③

（三）奥林匹克精神广泛弘扬

奥林匹克精神倡导"更快、更高、更强"，追求卓越的竞技精神，同时也彰显公平竞争和友谊长存的体育精神，是人类社会发展进步的重要驱动力。提高全民对冬季奥林匹克理念、内涵以及冰雪文化、冰雪运动的认知，对传承和弘扬奥林匹克精神具有重要意义。④ 北京冬奥组委、北京市委宣传部、北京市委讲师团 2017 年联合组建了北京冬奥宣讲团，旨在营造全民共享、全民参与冬奥的良好氛围，进一步传递奥林匹克精神。该团队已在多地进行了超过 220 场主题宣讲，现场观众人数达到近 10 万人。宣讲团成员为了带动更多人关注北京冬奥会，积极为群众讲述冬奥故事、宣传冬奥知识、普及冬奥文化、传播奥运精神。2020 年 9 月 21 日，在距离北京冬奥会开幕式还有 500 天之时，北京冬奥宣讲团面向北京冬奥会赞助企业、官方合作伙伴、社区、学校等启动了为期一个月的系列宣讲活动，组织巡回宣讲近20 场。

---

① 《第七届全国大众冰雪季即将启动》，国家体育总局网站，2020 年 12 月 24 日，http://www.sport.gov.cn/n317/n344/c974130/content.html。
② 《冰壶、短道速滑冠军赛掀起北京市青少年体育赛事高潮》，北京市体育局网站，2020 年 10 月 20 日，http://www.sport.gov.cn/n14471/n14472/n14509/c966627/content.html。
③ 《河北省已举办冰雪赛事活动 4300 余场次》，人民网，2020 年 12 月 18 日，http://he.people.com.cn/n2/2020/1218/c192235－34481091.html。
④ 邹吉玲、章碧玉、许磊、李军、王国杰：《我国高校冬季奥林匹克教育的价值与实施路径》，《体育文化导刊》2019 年第 5 期，第 58～63 页。

（四）生态环境持续改善

在京津冀一体化的新形势下，2022年北京冬奥会对北京和张家口的空气和环境质量提出了更高的要求，这为京津冀地区治理大气污染提供了契机。在落实国家"大气十条""规定动作"的基础上，相继出台《北京市2013—2017年清洁空气行动计划》《京津冀大气污染防治强化措施（2016—2017年）》等纲领性文件，从能源结构、产业结构、交通运输结构优化提升等方面统筹推进大气污染防治工作。预计到2022年，北京将保障赛前、赛中、赛后的空气质量都符合世界卫生组织标准。

（五）冬奥会人才库初步建立

2018年，北京冬奥组委会同国家体育总局、中国残联、北京市政府、河北省政府联合发布《北京2022年冬奥会和冬残奥会人才行动计划》，该计划涵盖国际专家、外籍人才、受薪人员、国内技术官员、赛时实习生等11支人才队伍的建设。在具体工作中，北京冬奥组委已陆续建立了特聘专家制度、外籍专业人才团队式引进和短期使用机制，并组织了多批次的国内技术官员、赛事保障人员培训班。截至2020年7月，已先后举办国内技术官员培训班22个，培养2800人次，培训医疗、餐饮、住宿等赛事保障人员累计1700人次。此外，北京冬奥组委还积极调动社会力量和高校力量组建冬奥人才队伍，面向社会组建北京冬奥组委滑雪战队，培养了一大批民间滑雪高手和冰上运动翘楚。同时，与30多所京冀地区高校建立了人才培养合作机制，开始分批次、分类型培养选拔北京冬奥会志愿者。

三 北京冬奥会筹办进程的未来动向

北京冬奥会各项筹办工作已经进入了关键时期，筹办进程将继续深入贯彻习近平总书记的重要指示批示精神，不断提升全民冰雪运动发展水平，全面提升赛事保障能力，深入贯彻绿色、共享、开放、廉洁的办奥理念，持续

推动京津冀协同发展，共同把北京冬奥会办成一届精彩、非凡、卓越的
盛会。

（一）不断提升全民冰雪运动发展水平

习近平总书记高度重视我国冰雪运动的发展，对办好北京冬奥会作出重
要指示，强调："要坚持绿色办奥，提升全社会环保意识，加强环境治理和
污染防控，把绿色发展理念贯穿筹办工作始终。坚持共享办奥，积极调动社
会力量参与办奥，提高城市管理水平和社会文明程度，加快冰雪运动发展和
普及，使广大人民群众受益。坚持开放办奥，借鉴北京奥运会和其他国家办
赛经验，弘扬奥林匹克精神，加强中外体育交流，推动东西文明交融，展示
中国良好形象。坚持廉洁办奥，严格预算管理，控制办奥成本，强化过程监
督，让冬奥会像冰雪一样纯洁干净。要加强组织领导，统筹推进各项工作，
确保把北京冬奥会办成一届精彩、非凡、卓越的奥运盛会。"① 为继续提高
冰雪运动的普及程度，切实实现"三亿人上冰雪"的目标，北京冬奥会的
筹办可重点做好以下四方面的工作。第一，更加广泛地开展群众冰雪健身活
动，积极打造特色冰雪活动，创新和丰富冰雪运动、冰雪活动的形式和内
容，广泛开展群众性冰雪运动。尤其在疫情防控常态化背景下，想要广泛地
掀起全民冰雪运动快速发展的热潮，需要进一步创新冰雪运动推广与普及的
途径。第二，大力推动冰雪运动进校园、进公园、进商业场所等，广泛开展
青少年冰雪活动，扩大青少年冰雪运动的活动范围，推动青少年冰雪运动的
普及、冰雪运动技能的提高。同时，还需要加强冰雪运动后备人才的培养，
并依托冰雪运动协会和俱乐部，建立起年龄有衔接、项目多样化、训练合理
化的人才队伍。第三，加快冰雪体育产业发展，扩大冰雪运动产品和服务供
给。大力建设室内冰雪体育运动场馆，将冰雪运动器材纳入学校体育器材设
施配备标准中。牢牢把握北京申冬奥成功这一历史契机，推动冰雪体育运动

---

① 《习近平对办好北京冬奥会作出重要指示》，新华网，2015 年 11 月 24 日，http：//
www.xinhuanet.com/politics/2015 - 11/24/c_ 1117249109.htm。

走向全中国，使冰雪体育项目在国内广泛普及。第四，积极引导社会各界起到推动冰雪文化传承和发展的作用，鼓励其参与冰雪运动项目的开发和国际交流活动。各级体育行业协会还应该发挥关键性社会组织作用，引导冰雪体育组织品牌化建设。

（二）全面提升赛事保障能力

自申冬奥成功以来，北京冬奥会各项筹办工作都在有序稳定推进。进入决胜冲刺阶段，北京冬奥会筹办工作要更加注重全面提升赛事保障能力。根据《2022 年北京冬奥会参赛实施纲要》，按照"大冬奥、大服务、大保障"的要求，结合工作实际，《2022 年北京冬奥会参赛服务保障工作计划》（"同心圆"计划）正式出台，并以国家体育总局办公厅名义向全国体育系统印发。第一，在经费保障方面，应该坚持"大财务"原则，紧紧围绕参赛经费需求，加强与相关方面的沟通，争取可以得到更多的政策支撑，确保经费到位。第二，在加强运动员和教练员的权益保障方面，要突出运动员和教练员的主体地位，提升运动员和教练员的待遇水平，大幅度提高国家队训练津贴及国际比赛奖金标准，设立冰雪项目跨界跨项跨季选拔人员训练补助。科研人员要融入训练全过程，有效提高科学化训练的应用能力，提供扎实有效的科技保障。第三，制定严格的疫情防控措施，确保各项筹办工作能够顺利推进。竞赛场馆增配必要的疫情检测和应急处置设施，全面提升服务保障工作。第四，要努力提升冬奥会气象保障能力。在高山滑雪比赛中，气候条件影响着运动员的人身安全和比赛成绩，比如风速和能见度对运动员的技术发挥有着很大的影响。气象变化在很大程度上决定着北京冬奥会赛事能否成功举办，天气的走向将核心赛区与交通、道路、医疗救援等外围服务保障工作紧密相连。所以未来要加强做好内外联动，用精密的观测、精准的预报、精细的服务来确保气象保障能力提升。

（三）深入贯彻绿色、共享、开放、廉洁的办奥理念

习近平总书记强调，"认真贯彻新发展理念，把绿色办奥、共享办奥、

开放办奥、廉洁办奥贯穿筹办工作全过程，全力做好各项筹办工作"。绿色办奥，就是要坚持生态优先、资源节约、环境友好，为北京冬奥会、冬残奥会打下美丽中国底色。共享办奥，就是要坚持共同参与、共同享有，使冬奥会产生良好的社会效应。开放办奥，就是要坚持面向世界、面向未来、面向现代化，使冬奥会成为对外开放的助推器。廉洁办奥，就是要勤俭节约、杜绝腐败、提高效率，坚持对兴奋剂问题"零容忍"，把冬奥会办得像冰雪一样纯洁无瑕。① 第一，减少固定设施的投入，按需搭建临时比赛功能区。例如，北京市建筑设计研究院在对北京冬奥会标志性场馆——首都体育馆进行改造设计上做出全面提升。第二，坚持廉洁办奥理念，强化过程监督工作。为达到"让冬奥会像冰雪一样纯洁无瑕"的要求，筹办北京冬奥会的相关部门要加强对冬奥会筹办经费进行监督，严格施行冬奥会监督检查工作，抓实抓细反兴奋剂工作，全力保证北京冬奥会的"公平""公正""公开"。第三，深入践行开放办奥理念，广泛开展对外交流合作。国家体育总局和北京冬奥组委作为筹办北京冬奥会工作的重要部门，要不断加强与国际体育组织、冰雪运动先进国家和地区的合作交流，坚持特聘和引进外国专家参与北京冬奥会筹办工作。总而言之，大力推进生态文明建设，在冬奥会筹办工作中深入贯彻创新、协调、绿色、开放、共享的发展理念，建立健全绿色低碳循环发展的经济体系，展现北京冬奥会独特的社会发展风貌。②

（四）持续推动京津冀协同发展

《中共北京市委关于制定北京市国民经济和社会发展第十四个五年规划和二〇三五年远景目标的建议》强调，要紧紧抓住疏解非首都功能这个"牛鼻子"，进一步推动京津冀协同发展。北京冬奥会采取共建共享模式，把握北京冬奥会的辐射带动作用，让更多地区与更多行业获得更好的发展机

---

① 《冬奥效应，奏响新发展理念的乐章》，新华网，2021年2月8日，http://www.xinhuanet.com/2021-02/08/c_1127078237.htm。
② 倪莉：《北京-张家口冬奥会的奥运效应对我国冰雪运动发展的推动效力分析》，《广州体育学院学报》2020年第6期，第8~11、15页。

会。习近平总书记指出，要把筹办冬奥会作为推动京津冀协同发展的着力点，推动交通、环境、产业、公共服务等领域协同发展取得更多成果。第一，在交通方面，通过努力推进京津冀交通运输基础设施建设，缩短地区之间的距离。京张高铁正式通行，不仅推进了北京冬奥会项目建设，而且造福了周边地区人民群众。第二，在环境方面，为了打造和留住一个长久的"冬奥蓝"，京津冀相继立法，明确实行地区联动，联防联控合力治理污染。在未来的京津冀环境治理中，要加强完善京津冀跨地区联防联控治理模式，还要构建京津冀区域生态补偿机制，还可以更多地鼓励公众参与区域生态环境治理。第三，在产业方面，进一步梳理京津冀产业发展现状，加强统筹协调，携手打造产业链条，推动产业园区共建，促进区域产业优化布局，搭建产业交流合作平台。第四，在公共服务方面，推动京津冀冰雪旅游公共服务协同发展，率先突破京津冀冰雪旅游景区建设、冰雪旅游生态环境保护、冰雪旅游资源系统循环利用等重要领域，建立以轴串点、以点带面创新协同发展的模式，注重发挥人才优势，科学制定发展规划。[①]

参考文献

《体育总局召开座谈会学习贯彻习近平总书记考察北京冬奥会和冬残奥会筹办工作时重要指示精神》，人民网，2019 年 2 月 3 日，http://sports. people. com. cn/n1/2019/0203/c14820 - 30611485. html。

《贯彻新发展理念——"四个办奥"理念与"冬奥＋"高质量发展》，人民论坛网，2020 年 12 月 18 日，http://www. rmlt. com. cn/2020/1218/602308. shtml。

《进一步坚定办好北京冬奥的信心和决心》，人民论坛网，2020 年 12 月 18 日，http://www. rmlt. com. cn/2020/1218/602305. shtml。

程文广、刘兴：《需求导向的我国大众冰雪健身供给侧治理路径研究》，《体育科学》2016 年第 4 期。

---

① 林志刚、李杉杉、吴玲敏：《2022 年北京冬奥会推动京津冀冰雪旅游公共服务协同发展策略研究》，《中国体育科技》，2020 年 8 月 6 日，https://doi. org/10. 16470/j. csst. 2019074。

B.7
体教融合进程研究

高 鹏 宋佳敏 林 娜*

摘 要： 《关于深化体教融合 促进青少年健康发展的意见》、《深化新时代教育评价改革总体方案》以及《关于全面加强和改进新时代学校体育工作的意见》等文件的出台为新时期更好地开展体教融合工作指明了方向。本报告回顾了体教融合政策的制定、出台的背景、阶段成果以及典型案例，并对体教融合的现实困境与未来发展进行了审视。总体来看，尽管取得了一系列成绩，但当前体教融合政策的实施仍存在一些亟待解决的问题，如体育和教育的理念偏差、学校体育教育工作的现实阻碍以及部门间未形成管理合力等。更新体育教育理念、加强学校体育工作、整合体教部门资源形成教育合力将是未来做好体教融合工作的关键举措。

关键词： 体教融合 体育教育 竞技体育 学校体育

虽然我国早已施行体教结合政策以改善体教分离问题，并取得了一定成效，但是不可否认，当前仍旧需要进一步研究和探索。2020 年 8 月，国家体育总局和教育部联合出台《关于深化体教融合 促进青少年健康发展的

---

* 高鹏，教育学博士，北京体育大学教育学院副教授，研究方向为体育教育基本理论、体育教师教育；宋佳敏，北京体育大学硕士研究生，研究方向为体育教育基本理论；林娜，北京体育大学硕士研究生，研究方向为体育教育基本理论。

意见》，意图从理念高度出发，强调体育和教育两部门要深度融合，并强调教育在竞技体育人才培养中的基底作用，促进我国从体育大国向体育强国迈进。同时《深化新时代教育评价改革总体方案》以及《关于全面加强和改进新时代学校体育工作的意见》等文件的出台也大大促进了体教融合的深化发展。

因此，总结 2020 年体教融合典型案例、审视实施困境、展望未来发展等是体教融合进一步发展的需要。只有全面了解政策颁布以来国内的进展状况以及实施困境，并在此基础上对未来发展进行展望，才能够确保体教融合政策落得实、走得远、扎得深。

一 体教融合工作的实施与推进

当前我国体教融合政策日趋完备，试点工作持续推进，中国特色的本土经验与体育发展道路正在形成。自《关于深化体教融合 促进青少年健康发展的意见》颁布以来，全国各地积极响应国家政策号召，在已有基础上探索具有地方特色的体教融合之路。

（一）体教融合整体发展概况

近年来随着国家政策以及相关学术研究的重视，竞技体育人才培养回归教育系统早已成为我国教育及体育事业发展的理想选择。[①] 尤其是随着《关于深化体教融合 促进青少年健康发展的意见》、《深化新时代教育评价改革总体方案》以及《关于全面加强和改进新时代学校体育工作的意见》等文件的出台，各地区在原有体教融合发展的基础上进行进一步的探索，形成了具有中国特色的体育强国建设经验和成果。

1. 体教融合政策制定渐趋完善，逐步形成中国特色的体育强国之路

《关于深化体教融合 促进青少年健康发展的意见》（简称《意见》）

---

① 吴建喜、池建：《论我国竞技体育发展方式转变中体教结合向体教融合的嬗变》，《北京体育大学学报》2014 年第 4 期，第 88 ~ 93 页。

等政策文件的出台是体教结合政策的延续和深化，同时也是新时代致力于竞技人才培养回归教育系统、体教资源深度融合、多元平台促进个体全面发展的现实要求。[1] 在人才培养方面，虽然以往的体教结合已经开始注重竞技体育人才培养问题，为不同年龄阶段的体育人才提供各种教育机会和平台，但由于体育和教育两系统各自利益不同，体教结合难以达到理想的效果。此次《意见》等政策文件的出台则从思想观念层面出发，强调体育人才培养过程中以个体全面和谐发展为宗旨，坚持育人第一的原则，以教育对象全体化为前提。在资源方面，强调体育系统中人才、设备等资源与教育系统中教学、文化等资源的深度融合，以促进资源高效利用，进而为人才的全面发展提供有利的环境和平台。在赛事举办和参与方面，打破以往体育系统和教育系统参赛规格限制，搭建公平参赛平台，进一步为体教融合扫除障碍。

2. 体教融合各地试点工作持续推进，逐步形成有特色的地方经验

各地区在已有发展基础上积极响应政策号召，进行体教融合探索。如河北省以冬奥会为契机，设立河北师范大学为"全国滑冰体教融合示范单位"，并和中国滑冰协会将在冰雪项目培训、科研、人才选拔、学科建设、运动员学历提升等方面进行合作，共同探索创建我国滑冰普及和后备人才选拔、培养长效工作机制。[2] 上海市学校体育课致力于"小学兴趣化、初中多样化、高中专项化、大学个性化"的发展方向，通过扶持和壮大上海市青少年体育协会、引导青少年体育俱乐部规范化发展、搭建平台吸引青少年参与冬夏令营和周末营等活动，推进上海市青少年体育社会组织特色发展。[3] 云南省中考体育改革将体育中考成绩从过去的 50 分上升为 100 分，体育课上升为与语文、数学、英语同等重要的教学科目，学生体质健康监测结果与

---

① 刘海元、展恩燕：《对贯彻落实〈关于深化体教融合 促进青少年健康发展的意见〉的思考》，《体育学刊》2020 年第 6 期，第 1～11 页。

② 《全国首家滑冰体教融合示范单位落户河北师大》，中国教育新闻网，2020 年 8 月 10 日，http://m.jyb.cn/rmtzcg/xwy/wzxw/202008/t20200810_350492_wap.html。

③ 《上海：聚焦"新增量"发挥青少年体育社会组织"新动能"》，《中国体育报》2020 年 5 月 19 日，第 7 版。

体育考试分数挂钩，同时搭建多元发展平台，打破参赛资格局限，鼓励学生参加体育竞赛并将成绩纳入体育考试成绩。① 广西体育运动学校赴上海体育学院附属竞技体育学校、杨浦区少体校开展学习交流会，向先进地区体校学习，进一步指导学校的备战工作及学校的发展。② 江苏徐州体育运动学校以"五个一"工程为导向，逐步形成"五位一体"的管理体系，先后与中小学、大学等多家单位签订合作协议和人才输送协议，构建体教融合新模式。③ 除此之外，全国各地都在积极响应国家体教融合政策的号召，积极探索适合本地区发展的体教融合之路。

（二）体教融合发展的典型案例

1. 领军先锋：基础雄厚的北京模式

由于独特的地理、文化、政治等优势，北京市依托先进的教育理念、丰富的教育与体育资源，在体教融合方面已经取得相应的成就，走出了一条"政府主导、科研引领、试点先行、社会联动"的体教融合发展之路。北京市积极响应政策要求，优化体教融合促进青少年健康发展的工作部署：各区体育局主要领导带队先后赴朝阳、丰台等区开展专题调研；分管局领导带队赴市教委就加强学校体育、深化体教融合等工作进行对接；同时采用问卷调查的形式，征求各区体育局关于体教融合的意见及建议。

（1）体育传统项目学校遍布。当前，北京市各区中小学以及部分职业院校被命名为北京市体育传统项目学校的共 225 所，包括篮球、足球、排球、乒乓球、游泳等。④ 体育传统项目学校的成立能够极大地推动体教融合

---

① 《云南：中考体育改革破题起势　体教融合破冰开局》，《中国体育报》2020 年 5 月 19 日，第 7 版。

② 《探索体教融合新思路　向先进地区体校学习——广西体育运动学校赴上海体育学院附属竞技体育学校、杨浦区少体校学习取经》，国家体育总局网站，2020 年 11 月 10 日，http：//www. sport. gov. cn/n321/n10514/c969142/content. html。

③ 《江苏徐州：强化体教融合　推动青少年体育人才培养迈上新起点》，《中国体育报》2020 年 5 月 19 日，第 7 版。

④ 《北京市体育传统项目学校名单》，北京市教育委员会网站，2019 年 5 月 13 日，http：//jw. beijing. gov. cn/tmc/ty_ 15698/jjtyhbrcpy/201905/t20190513_ 1166547. html。

深化发展：通过创造浓郁的体育氛围，充分调动学生体育锻炼的积极性和能动性；通过从教学到参赛一体化的培养模式，为竞技体育输送具有潜力的人才。

（2）青少年体育赛事活动持续推进。自《关于深化体教融合 促进青少年健康发展的意见》颁布以来，北京市就青少年体育赛事活动的比赛规则以及赛事活动绩效评估实施办法与市教委展开积极探讨。同时积极推动各体育社团举办吸引青少年参与的柔道、篮球、棋类等网络赛事活动。

（3）体育教育师资培训稳步开展。通过体育部门和教育部门的合作扩大体育教育的师资队伍、提升体育教育师资教学质量是北京市体教融合战略的一大重点。如北京石景山区教育委员会与中国滑冰协会签署合作框架协议，为该地区的滑冰教育工作者提供学习和培训的机会[1]；北京市社会体育管理中心与北京体育大学、北京市冰球运动协会、北京市滑雪协会等单位合作，举办多期冰雪项目一级社会体育指导员培训班。

（4）高校高水平运动队建设逐步推进。依托首都高校进行高水平体育人才培养是北京体教融合中的重要一环。清华大学在高水平运动队的培养中坚持走"精兵路线"，不因运动员身份就降低文化课要求。除此之外，北京其他高校如北京体育大学、中国人民大学、北京师范大学、北京理工大学等都在高水平运动队建设中取得了不错的成绩。

2. 先进示范：独树一帜的上海经验

上海市作为体教融合的先行者，已经积累了具有地方特色的成熟发展经验。在政策方面，2016年上海市体教结合大会出台了《上海市体教结合促进计划（2016—2020年）》，致力于实现"资源共享、责任共担、人才共育、特色共建、多元共治"的体育发展之路；在文化教育方面，与市教委联合进行优质学校托管体校改革，提升体校的文化教育水平；在人才培养方面，坚持育人优先原则，无论是体校还是专业队都要接受

---

① 《中国滑冰协会与北京石景山区教委签署合作框架协议》，人民网，2020年10月19日，http://sports.people.com.cn/n1/2020/1019/c383226-31897607.html。

满足其终身发展需求的文化教育，甚至对在国家队接受训练的学生也要进行"送教上门"服务；在体育宣传与推广方面，通过政府采纳社会培训，同时进行"点菜式"体育配送，充分利用体育资源进行社区普及推广活动。

2020 年，随着《关于深化体教融合　促进青少年健康发展的意见》政策文件的出台，上海市在原有发展的基础上进行进一步的探索。

（1）致力于青少年社会组织体系的特色发展。通过政府引导和政策扶持，搭建各种青少年体育活动平台，为青少年参与社会体育活动提供良好的社会环境和氛围。

（2）继续开展相关教育工作者的培训。如 2020 年上海市体育传统项目学校体育师资培训班由上海市体育局、市教育委员会联合主办，邀请 15 位来自各领域的专家为学员授课，旨在不断提高体育传统项目学校体育教师的教学水平，进一步推动上海市体育传统项目学校的发展。[1]

（3）全市不同区域结合自身的资源和优势进行试点创新。如杨浦区依托体校专业教练和丰富的场地资源，在杨浦少体校白洋淀足球训练部设立"上海体育学院附属中学学生体育活动实践基地"，由双方共同承担青少年的体育发展指导工作，促进体教融合深化发展。[2]

3. 积极响应：冰雪主题的河北战略

由于独特的地缘优势以及政策红利，河北省依托冰雪运动开拓了一条具有战略意义的体教融合发展之路。在近几年冬奥会筹办的过程中，河北省冰雪运动资源相对较为丰富，并积累了一定的体教融合实践发展经验。一方面，积极推进"冰雪运动进校园"。通过体育冠军进校园、开展校园系列讲座、开设相关冰雪课程以及建立冰雪特色学校等方式普及冰雪运动，提升我国基础教育阶段学生的冰雪运动素养。另一方面，依托教育系统选拔、培养

① 《2020 年上海市体育传统项目学校体育师资培训班开班》，上海市体育局网站，2021 年 1 月 12 日，http://tyj.sh.gov.cn/gzdt2/20210112/6781789b7bf54d898fcacf229cd654ec.html。
② 《［杨浦］体教融合创新试点，"学生体育活动实践基地"挂牌》，上海市体育局网站，2020 年 5 月 18 日，http://tyj.sh.gov.cn/gqfc/20200518/c4fe154b4697b482f8ef29d64aaa24292.html。

具有潜力的冰雪运动人才，为冰雪竞技事业的发展提供人才资源。

2020 年，随着《关于深化体教融合　促进青少年健康发展的意见》的出台，河北省各地区纷纷响应政策号召，对体教融合进行探索。

（1）积极推进"冰雪运动进校园"。张家口市采用"课堂教学 + 户外实践"的方式，进行冰雪普及与推广，并于 2020 年 6 月 24 日正式召开体教融合试点新闻发布会，开启体教融合试点工作。河北师范大学和中国滑冰协会合作，在河北师范大学建立"全国滑冰体教融合示范单位"，实施"河北省三千万人上冰雪·千校手拉手上冰计划"。①

（2）建立冰雪运动学校。张家口市以"学校有特色、教师有专长、学生有特长"为目标，目前已经拥有市级冰雪运动特色学校 90 所，全国青少年校园冰雪特色学校、北京 2022 年冬奥会和冬残奥会奥林匹克教育示范学校共 113 所。②

（3）建立健全冰雪人才培养体系。2020 年，张家口市体育局与桥东区政府签订了《体教融合发展战略合作协议》，共同挖掘和培养优秀竞技体育后备人才。河北体育学院在《冰雪人才培养三年行动计划（2019－2021）》的基础上，于 2020 年 7 月出台《全国冰雪人才培养"排头兵"建设工作方案》，对各重点工作进行新的部署和规划。

（4）注重场地设备建设及资源利用。截至 2020 年 12 月，河北省共建设滑冰馆 200 座，冰面总面积达到 14.5 万平方米③；实施农村中小学配备轮滑鞋行动计划，投入 2000 万元，为全省 168 个县（市、区）1602 所农村学校采购 7 万双可调试轮滑鞋④。

① 《全国首家滑冰体教融合示范单位落户河北师范大学》，河北新闻网，2020 年 8 月 9 日，http：//edu. hebnews. cn/2020－08/09/content_ 8045500. htm。

② 《张家口已拥有市级冰雪运动特色学校 90 所》，河北新闻网，2020 年 12 月 22 日，http：//zjk. hebnews. cn/2020－12/22/content_ 8270752. htm。

③ 《冬奥会倒计时 400 天　河北献"如意"成绩单!》，搜狐网，2020 年 12 月 31 日，https：//www. sohu. com/na/441773096_ 828946。

④ 《河北省大力推动冰雪运动发展》，中国日报网，2020 年 12 月 2 日，http：//cn. chinadaily. com. cn/a/202012/02/WS5fc74ad0a3101e7ce9732f00. html。

（5）加强师资培训。为了将冰雪项目列入课外体育活动，河北省采用理论讲解、陆地训练和冰上教学实践相结合的方式，对中小学体育教师进行滑冰、滑雪、轮滑等项目的培训。

（6）举办冰雪主题赛事活动。河北省积极举办冰雪赛事活动，推动冰雪运动普及化发展。如2020年11月29日，河北省辛集市首届中小学生冰雪运动会在信德中学开幕，现场设有冬奥知识展区、项目体验区和比赛区，共有来自该市教育系统各辖区学校约600名师生参加。①

4. 因地制宜：勇于革新的云南风范

作为体教融合示范省份，云南省前期已经进行了一系列改革和突破，积累了相应的地方经验。云南省体教融合工作主要围绕以下几方面展开：合并地方体育和教育管理部门，促进体教深度融合；依托独特的地域和气候特点，积极推行足球运动；实施学校体育课程改革，提高体育成绩占比。2020年，在省委和市委的重视下，体教融合试点工作被列入云南省全面深化体育改革的工作要点，并致力于探索更加人性化、生态化、特色化的体育之路。

（1）沟通体育与教育，深化体教融合。在管理体制上，2019年云南省已经将教育部门和体育部门进行合并，成立州（市）、县（区、市）教育体育局，2020年在此基础上继续进行体教融合探索。在赛事举办上，自2020年起整合省青少年体育运动会和省中学生运动会，将之合并为省青少年（学生）运动会。在赛事设置上，坚持育人第一的原则，如玉溪市举办的青少年学生比赛，综合考虑赛事举办时间、参赛者年龄差异等因素，最大化缓解学习与比赛的矛盾。②

（2）实施学校体育课程改革，强调学校体育重要性。2020年12月3日，云南省教育厅向社会发布《云南省初中学生体育音乐美术考试方案》，

---

① 《激扬青春 炫动冰雪！河北辛集市首届中小学生冰雪运动会开幕》，河北新闻网，2020年11月29日，http://hebei. hebnews. cn/2020 – 11/29/content_ 8233410. htm。

② 《玉溪市举办青少年学生体育比赛》，云南省体育局网站，2020年11月27日，http://tyj. yn. gov. cn/news_ show. aspx? id = 28955。

明确体育从 50 分提高到 100 分。[①] 本次改革在理念上旨在坚持"健康第一"的原则,开齐开足体育课,引导学生积极参与体育教学活动。在内容方面,体育考试由基础体能、专项技能、体质健康三部分组成,兼顾公平性与差异性;在管理方面,由县(区、市)教育体育局统一组织,以学校为单位具体实施,州(市)教育体育局负责指导、协调和督查。

(3)推广足球运动。2018 年 5 月 15 日,云南省被确定为"全国青少年校园足球改革试验区"。近年来云南省在青少年校园足球的普及、师资、场地、竞赛、升学、运动风险防范等方面探索出了一定经验,取得了扎实成效。在足球普及方面,采用发达地区和落后地区兼顾、本地投资与外地帮扶相结合的方式,推动足球进校园;在足球场地建设方面,大力兴建足球场和各种训练基地;在竞赛方面,形成了立体化、网格化的青少年校园足球竞赛体系,实现普及性和提高性比赛全覆盖;在师资培训方面,2016 年云南省教育厅在昆明学院成立"云南省青少年校园足球文化教育培训基地",每年安排专项资金 100 万元对相关人员进行专项培训。

二 体教融合工作推进的现存问题

体教融合政策自出台之后便得到积极推进,试点工作有序开展,但依然存在一些现实问题有待解决。体育和教育的理念偏差、学校体育教育工作的现实阻碍、部门间未形成管理合力等成了体教融合继续推进的巨大难题。

(一)体育和教育的理念偏差

1. 体教认识层面的分离

这体现在体育和教育二者的目的割裂上:教育着眼于升学率,对学生体

---

① 《云南省教育厅召开初中学生体育音乐美术考试方案新闻发布会》,云南省教育厅网站,2020 年 12 月 3 日,http://jyt.yn.gov.cn/web/38d5f8d6af024bd0abe28cc484b18af0/249bab6144104ee096dc378ce903f9d7.html。

质以及学校体育工作的重视程度不足；体育则重视竞技成绩和排名，忽视个体身心的全面和谐发展。[①] 这种割裂直接导致实施环节的体教分离，主要表现为管理方面教育部门和体育部门的分离、培养环节竞技运动和普通学校的分离、个体成长过程中运动训练和文化课学习的分离等。这严重阻碍了体教融合战略的实施进程。

2. 体育育人价值的忽视

体育作为教育的重要组成部分，在个体生理、心理以及社会性发展等方面都有着非常大的促进作用。然而中国教育长期存在的"重文轻体"观念使青少年将大量时间用于文化课的学习，体育课则成为可有可无的尴尬角色。相关专家不断对此观念进行纠正，如季浏指出："在传统观念里，进行体育训练会影响学习成绩。这是偏见。"[②] 国外大量研究也已经证实体育锻炼有助于提高学习成绩，但认为体育锻炼会挤压学生学习时间、导致学生成绩下降的偏见仍旧存在。由此可见，如何正确认识体育的育人价值，并在具体教育教学实践环节充分发挥体育促进人身心和谐发展、为竞技体育选拔输送人才的作用是体教融合战略必须面对的现实挑战。

（二）学校体育教育工作的现实阻碍

1. 体育课程的设置不合理

学校体育是提高青少年健康素质的关键环节[③]，是健康教育工作的重要组成部分[④]。但体育在教育领域被弱化、被忽视是不争的事实，在应试教育

---

① 钟秉枢：《问题与展望：体教融合促进青少年健康发展》，《上海体育学院学报》2020 年第 10 期，第 5 ~ 12 页。

② 《深化体教融合的路该怎么走》，中华人民共和国教育部网站，2020 年 9 月 29 日，http：// www. moe. gov. cn/jyb_ xwfb/s5147/202009/t20200929_ 492333. html。

③ 闫士展：《新冠疫情背景下体育在线教学的理论审视、现实反思与实践进路——"疫情下的学校体育"云访谈述评》，《体育与科学》2020 年第 3 期，第 9 ~ 16 页。

④ 余慧娟：《2020 中国基础教育研究前沿与热点》，《人民教育》2021 年第 2 期，第 26 ~ 36 页。

体系中，文化课全部压倒了体育课。① 体育课的课时量过少、体育课被其他活动取代的现象屡见不鲜。除此之外，在课程设计上，体育课本身教学内容的单一、枯燥、机械化使其成了学生的负担，导致学生排斥体育课。2020年4月，习近平总书记在陕西省平利县老县镇中心小学考察调研时说："现在的孩子普遍眼镜化，这是我的隐忧。还有身体的健康程度，由于体育锻炼少，有所下降。"② 不合理的体育课程设置，使得青少年健康锻炼不到位、不充分，青少年体质状况连续多年下降、肥胖率快速上升、近视率逐年提高，给"健康第一"理念的推动和青少年体育后备人才的培养带来了巨大的挑战。

2. 体育师资队伍的建设困境

受"体育课非主课"等思想的影响，当前体育师资队伍建设存在两大问题，即体育教师数量缺失与能力缺失。在开齐开足体育课的要求下，体育课的课时量增加对体育教师数量提出新要求，学校体育教师结构性缺编。在"学会、勤练、常赛"的要求下，作为体育课堂主导的体育教师缺乏相应的教学能力，不能满足高素质、专业化体育教师队伍建设的需要。同时，师资培养体制机制存在壁垒、招考制度僵化等影响因素，使得优秀运动员退役转型受阻，优质体育人力资源流失现象严重。③ 在《关于深化体教融合　促进青少年健康发展的意见》中虽提出"畅通优秀退役运动员、教练员进入学校兼任、担任体育教师的渠道，探索先入职后培训"，但这涉及教师资格证考试、教练员岗位是否占教师编制等问题，需要在体教融合的过程中进一步深入研究和探索。④

---

① 吴驲、思聪：《论"身体第一性"——重读毛泽东〈体育之研究〉》，《体育与科学》2021年第1期，第12~17页。

② 《习近平：孩子们要文明精神　野蛮体魄》，中国新闻网，2020年4月22日，http://www.chinanews.com/shipin/2020/04-22/news854428.shtml。

③ 柳鸣毅、丁煌：《我国体教融合的顶层设计、政策指引与推进路径》，《上海体育学院学报》2020年第10期，第13~27页。

④ 《教育部解读深化体教融合意见：体、教"复位"、面向人人》，中国教育在线，2020年9月22日，https://news.eol.cn/yaowen/202009/t20200922_2014797.shtml。

（三）部门间未形成管理合力

1. 竞赛体系的重合设置

在过去"体教结合"模式下，体育系统和教育系统都秉持政府掌权的垂直管理体制，单纯考虑体育和教育两大部门的协同合作，导致了治理的碎片化和协同不畅等问题。[①] 由于竞赛门类多、数量大，在赛事设置上出现了明显的重合。比如，国家体育总局主办的全国青年运动会和教育部主办的全国学生运动会，参加青年运动会的孩子，可能无缘参加学生运动会；参加学生运动会的孩子，很难进入青年运动会。在青少年赛事的设置上，项目多、学段层次多，体育部门和教育部门各自有一些青少年的体育赛事，但是缺乏衔接。如何通过体教部门的合作，优化赛事设置，最大化发挥赛事的导向、激励和评价作用是体教融合过程中至关重要的一环。但赛制的设计、参赛组别的调整、赛事的合并等问题需要不断明确并细化，这对于体教融合战略来说是个亟待解决的难题。

2. 运动人才流动不畅

金牌体育使体育远离学生，应试教育使学生远离体育，这是体育与教育面临的一个严重的问题。首先，体育部门管理下的专业体校和教育部门管理下的普通学校在人才培养上存在巨大的差异，体育系统中的专业运动人才培养缺乏文化课教学，使得运动人才退役后因难以满足社会要求而缺乏职业保障；其次，在高校层面，我国高校高水平运动队建设存在较为严重的学训矛盾，过于重视竞赛成绩而忽视文化课学习的现象仍旧普遍存在。整个竞技环境的"金牌"导向使得竞技人才培养生态失衡，在利益权衡下的高校高水平运动队依然以运动训练、参加竞赛为主。从当下人才培养现状来看，培养出来的高水平运动队同样难以获得真正意义上的高质量发展。

[①] 欧阳井凤、邢金明、岳晓波：《"体教融合"的新生境构成、组织形态与体制设计研究》，《沈阳体育学院学报》2021年第2期，第37~43页。

三 体教融合工作推进的未来展望

从体教结合到体教融合，几十年的发展之路一直艰难曲折。《关于深化体教融合 促进青少年健康发展的意见》文件的出台，给新时代体教融合的发展提供了新方向、注入了新活力。在未来体教融合的发展中，要着力解决现存问题，形成新理念、实施新变革、汇聚新合力。这将为体教融合提供巨大的推动力。

（一）新理念：全方位多领域的深度融合

1. 体教部门发展思维的创新变革

体教融合强调以育人为准则和宗旨。当谈及体教融合的内涵时，李建明指出，"体教融合不光只是把体育和教育两个部门的资源进行简单的相加，主要是一种理念变革，这种理念是要达到以文化人、以体育人的目的"①。体教融合不是两系统资源共享，而是涉及全方位、多层次的系统融合，需要两系统充分发挥主观能动性。就教育系统而言，应该积极促进校园体育文化建设，调动学生的积极性和能动性，由被动参与者变为主动参与者，使参与体育活动、学习专业体育技能成为学生的兴趣和习惯；就体育系统而言，体育部门要改变片面追求竞技成绩、忽视青少年竞技体育后备人才文化学习的认知偏差，坚定以培养和谐发展的高水平竞技体育人才为出发点和落脚点，发挥教育的基底和价值引领作用，着力打破学训矛盾的怪圈，形成文化课学习与专业运动训练相互促进的良性生态循环系统。

2. 营造家庭、学校、社区一体化的生态环境

苏州大学原校长助理王家宏说道："学校、家庭、社会三位一体的融

---

① 《国务院新闻办就深化体教融合促进青少年健康发展政策有关情况举行新闻发布会》，中国政府网，2020 年 9 月 22 日，http：//www.gov.cn/xinwen/2020－09/22/content_ 5545931.htm。

合，是今后推进体教融合的一个创新点。"① 学校教育是体育教育的基础，是体育教育的中坚力量，家庭和社会在学生的体育锻炼中也起着非常大的作用。如何充分调动家庭以及社会的积极性，营造积极参与体育运动的氛围，形成家庭、学校、社会一体化的生态环境，是体教融合实施过程中需要着重建设的系统工程。

（二）新变革：聚焦学校体育整改

1. 教学内容、方式和评价机制变革

全国多地陆续开展学校体育教学改革。2021 年 1 月 18 日，北京市发布了《关于全面加强和改进新时代学校体育工作的行动方案》，该文件中指明要开齐开足体育课，增加学生的体育锻炼时间，着力构建具有北京特色的体育与健康课程体系。② 此次文件的出台不仅对北京市新时代体育课程体系的建设做出了要求，还为全国中小学体育工作的改革提供了很好的借鉴和发展思路。

作为体教融合的基础，学校体育工作应切实得到加强。首先，优化体育课堂教学内容，坚持基本运动技能教学、专项运动技能教学与经常化的竞赛相结合。教会学生基本运动技能，如跑跳等内容，能够有效提升学生的自我锻炼能力，提升身体的灵活性、平衡性、柔韧性；教会学生专项运动技能，如篮球、足球等球类项目，能够让学生在群体活动中相互合作，激发运动兴趣，提高团队协作能力；设置经常化的竞赛，能够强化运动技能的教学。其次，创新体育教学方法。基于网络工具日益普及以及数字媒体教育技术的逐步完善，体育教学也迎来新的发展机遇。短视频等平台能够有效打破时空局限，使学生根据自身需求进行个

---

① 《深化体教融合的路该怎么走》，中华人民共和国教育部网站，2020 年 9 月 29 日，http://www.moe.gov.cn/jyb_ xwfb/s5147/202009/t20200929_ 492333.html。

② 《中共北京市委办公厅 北京市人民政府办公厅印发〈关于全面加强和改进新时代学校体育工作的行动方案〉的通知》，北京市人民政府网站，2021 年 1 月 20 日，http://www.beijing.gov.cn/zhengce/zhengcefagui/202101/t20210120_ 2227054.html。

性化的教学视频选择，帮助学生掌握基本的运动技能。此次新冠肺炎疫情为我们拓展基本运动技能教学空间提供了新思路。青少年在家中通过网络视频教学进行体育锻炼，不仅增强了自身体质，还动员了全家共同学习体育与健康知识，在体育生活化的过程中，最终实现生活体育化。[1]最后，建立健全过程性考核评价机制。王立伟表示，"体育进中考、进高考，让体育锻炼、身体素质成为对孩子全面发展综合评价的一部分"[2]。在学生的综合素质评价体系当中，应该寻求将动态过程性评价纳入体育中考、高考的升学考试评价机制。比如，完善学生的体质健康档案，客观记录学生的日常体育参与情况与体质健康监测结果[3]，每年都对学生的体质健康进行监测，将不同年份的数据进行对比，依据提升或者降低的幅度来进行记分，通过长期的检测鼓励学生进行主动的自我锻炼，以推动体教融合的发展。

2. 师资队伍建设

在体教融合过程中，充足的高水平体育师资是必要条件，应着力建设高素质专业体育教师队伍。在教师教育中，加强体育教师的专项训练，提高体育教师的专项教学能力，推动"让每位学生掌握 1 至 2 项运动技能"目标的实现。除此之外，体育教师是当下学校体育师资的主要力量，教练员将是未来学校体育教学的新兴力量。《关于深化体教融合 促进青少年健康发展的意见》文件里提出了体育师资队伍的建设要求：首先，为优秀退役运动员进入学校打通通道；其次，在学校里设置教练员岗位。教练员与体育教师有着功能上的不同，体育教师注重的是基础的、全面的体育教育，教练员更加注重专业运动技能的传授和培养，二者的结合可以使各自的专长发挥到最大，以推动体教融合的发展。为了使二者更好地结合，要对现有的体育师资

---

① 《王登峰撰文探析新时代体教融合的目标与学校体育的改革方向》，人民网，2020 年 9 月 21 日，http://sports.people.cn/n1/2020/0921/c382934 - 31869356.html。

② 《为体育和教育工作打开新局面——国家体育总局青少司长王立伟谈〈关于深化体教融合 促进青少年健康发展的意见〉》，中国政府网，2020 年 9 月 21 日，http://www.gov.cn/zhengce/2020 - 09/21/content_ 5545421.htm。

③ 季浏、尹小俭、吴慧攀、杨小芳、刘媛：《"体教融合"背景下我国儿童青少年体质健康评价标准的探索性研究》，《体育科学》2021 年第 3 期，第 42 ~ 54 页。

聘用模式进行改革，教育系统可以聘用体育系统的优质教练员、裁判员参与学校体育课教学和课外体育活动，提升学校体育的师资水平，实现体育系统的教练员资源的合理流动与资源共享。优秀退役运动员作为专业的运动人才，可以发挥专业优势，为青少年提供专业的体育指导，可将之转化成学校体育教练员后备力量。为此要打通退役运动员进校园的通道，实现体育师资的有效融合。

（三）新合力：部门管理协同化

1. 完善青少年体育赛事体系

要深化体教融合，就必须改变体育只是进行一些简单的跑跑跳跳训练的观念，体育竞赛不只是运动员的专利，也应该融入青少年的日常生活中。体育竞赛具有丰富的育人价值：可以提升学生参与体育锻炼的积极性，使他们养成运动习惯，体验奥林匹克精神，潜移默化地达到体育育人的作用。因此，体教融合战略的实施需要进一步完善青少年体育赛事体系，最大化挖掘其潜在的育人价值。

完善青少年体育赛事体系，要扩大校内和校际比赛的覆盖面和提升参与度。这要求体育竞赛改变当前"运动会是少数精英的舞台"的局限，着力保障所有的青少年都可以参与到适合自己的体育比赛中，要让所有的青少年在参与的过程中"享受乐趣、增强体质、健全人格、锤炼意志"，发挥学校体育在提高体育竞技水平中的基础性作用。[①]

2. 竞赛一体化设计

打破赛事壁垒，需要体育部门和教育部门协调配合，进行竞赛一体化设计。[②] 体教融合则要求今后的赛事改革能够面向全体青少年。

竞赛一体化设计要强调资源整合的理念，统筹建立同时包含体育部门和教

---

① 王登峰：《新时代体教融合的目标与学校体育的改革方向》，《上海体育学院学报》2020年第10期，第1～4、12页。

② 钟秉枢：《体教融合背景下青少年体育赛事体系完善的路径研究》，《体育学研究》2020年第5期，第13～20页。

育部门的青少年赛事体系。① 在《关于深化体教融合 促进青少年健康发展的意见》文件中，明确提出由教育部门和体育部门共同对青少年赛事进行一体化设计与推进，大中小各个年龄段的竞赛均要通过教育部门和体育部门共同组织实施。国家体育总局青少司司长王立伟表示："赛事体系是龙头，赛事体系融合的关键是破除壁垒，让青少年学生能够按需参加，不再出现参加一个体系的比赛就不被允许参加另一个体系的比赛这种情况。以后，体育赛事由教育、体育两部门共同组织，统一注册，两部门将现有赛事进行整合，全国青年运动会和全国学生运动会合并，两家共同完善评价奖励机制。"② 由此可见，只有一体化的竞赛设计才能充分利用资源，调动青少年的参与积极性。

3. 建设高校高水平运动队

高校高水平运动队在体教融合中起到融合和牵引的作用。明确高校高水平运动队的定位是高校高水平运动队建设的首要任务。高校高水平运动队是国家未来培养优秀竞技运动员的重要平台，也是优秀运动员的归宿。高校高水平运动队致力于培养高素质的竞技体育人才，他们既具有高水平的体育专项技能，又具有一定的文化学识与涵养，而且这两方面能够相互促进，最终形成身心全面和谐发展的、符合国家建设需要的高素质体育人才。

学训矛盾是高校高水平运动队必须着力解决的问题。进入高校高水平运动队的竞技体育人才同样也是在校学生，既要付出一定的时间和精力参加专业训练，又要完成高校专业学习任务的要求，这就涉及学训问题。体育和教育部门要共同制定高校高水平运动员的文化教学相关特色化政策，例如延长学制、个性化授课等，使运动员能更好地兼顾文化教育、运动训练与竞赛。③

---

① 许弘：《体教融合——新时代教育改革的要求与使命》，《天津体育学院学报》2021年第3期，第287~292页。

② 《为体育和教育工作打开新局面——国家体育总局青少司司长王立伟谈〈关于深化体教融合 促进青少年健康发展的意见〉》，中国政府网，2020年9月21日，http://www.gov.cn/zhengce/2020-09/21/content_ 5545421. htm。

③ 柳鸣毅、丁煌：《我国体教融合的顶层设计、政策指引与推进路径》，《上海体育学院学报》2020年第10期，第13~27页。

参考文献

程文广：《我国体育教育价值诉求实现障碍的破解机制及路径研究》，《北京体育大学学报》2019 年第 1 期。

柳鸣毅、孔年欣、龚海培、胡雅静：《体教融合目标新指向：青少年健康促进与体育后备人才培养》，《体育科学》2020 年第 10 期。

王登峰：《体教融合的历史背景与现实意义》，《体育科学》2020 年第 10 期。

王家宏、董宏：《体育回归教育：体教融合的现实选择与必然归宿》，《北京体育大学学报》2021 年第 1 期。

汪晓赞、杨燕国、孔琳、仲佳镕、禹华森、郝艳丽：《历史演进与政策嬗变：从"增强体质"到"体教融合"——中国儿童青少年体育健康促进政策演进的特征分析》，《中国体育科技》2020 年第 10 期。

B.8
体医融合进程研究

时　婧*

摘　要：　体医融合能发挥体育在体质增强、免疫力提高、疾病防治等
方面的作用，进而推动卫生健康治理体系整体效能和全民健
康水平的提升。《"健康中国2030"规划纲要》提出要广泛开
展全民健身运动，加强体医融合和非医疗健康干预，将体医
融合提升到战略高度。作为新兴领域，体医融合在政策制
定、技术研发、人才培养和服务模式等方面还处在试点探索
阶段。本报告通过文献梳理、调查研究和实证分析可知，近
年来随着全社会健康意识的觉醒，尤其是2020年以来由新冠
肺炎疫情引发的公共卫生健康危机，体医融合探索进程逐步
加快，行业成熟度稳步提升。未来应在完善体制机制、推动
供需平衡、提高体医融合程度等方面重点发力，满足广大人
民群众日益增长的健康需求，助力健康中国的建设。

关键词：　体医融合　运动处方　健康中国

全民健康水平是衡量一个国家综合国力的重要标志。体育是全方位、全周
期保障人民健康的重要手段。体医融合能够充分发挥体育在增强体质、提高免

* 时婧，历史学博士，北京体育大学中国武术学院讲师，研究方向为体医融合政策、中国武术
史。本报告在撰写过程中得到国家体育总局运动医学研究所财务后勤处处长李璟圆，国家体
育总局运动医学研究所运动医务监督研究中心副主任、运动处方门诊副主任医师梁辰的支持
与帮助，特此感谢。

疫力、防治疾病等方面的作用，助力健康中国的建设。近年来，随着人民健康意识的提升，体医融合发展进程逐步加快，2020 年，突袭而至的新冠肺炎疫情进一步提高了体育与医学的交叉融合程度。总结已有探索成果，明确未来发展方向，对于推动体医融合建设、建立运动促进健康的新模式具有重要的意义。

一　体医融合的主要内容和发展背景

何为体医融合？综合相关学者的研究结果，体医融合主要指体育与医学的交叉融合，以人的健康发展为目标，着重发挥体育在疾病预防、治疗和康复中的作用，降低医疗成本，提高健康水平。它包含运动医学、保健体育、康复医学、医学营养、健康评估、运动处方等众多领域。[①] 其融合过程主要分两个方面。一是思想、理念和技术融合[②]，整合医疗与体育研发资源，在交叉领域开展技术研发和人才培养。例如，体育与医学互济，共同开展针对不同人群、不同环境、不同身体状况的运动处方库研发。二是服务体系融合，整合体育与医疗服务资源，普及科学健身知识，提供运动健康服务。例如，医生根据患者身体和体质监测状况，开具运动处方，体育工作者根据医生的处方指导其运动技术，二者配合完成服务的全过程。

从我国目前各年龄段健康水平来看，青少年、老年、职业人群体质状况均不甚乐观。青少年体魄不够"野蛮"、"手无缚鸡之力"的现象突出，尤其表现为近视、肥胖。《中国健康城市建设研究报告（2018）》指出，在中国 75% 的 60岁以上老年人处于带病生存状态。[③] 本次疫情的危重症人群中也以老年人居多。职业人群"亚健康"问题也不容忽视。根据 2017 年 12 月 ~2018 年 10月从华东、华北、东北、中南、西南和西北 6 个地区抽取 17339 例城镇居民

---

① 赵仙丽、李之俊、吴志坤：《构建城市社区"体医结合"体育公共服务的创新模式》，《体育科研》2011 年第 4 期，第 58 ~63 页。

② 廖远朋、王煜、胡毓诗、孙君志、何本祥：《体医结合：建设"健康中国"的重要途径》，《成都体育学院学报》2017 年第 1 期，第 5 ~7 页。

③ 王鸿春、盛继洪主编《中国健康城市建设研究报告（2018）》，社会科学文献出版社，2018。

进行的问卷调查，我国 6 个省市城镇居民总体亚健康检出率为 68.06%，其中生理亚健康检出率为 67.47%，心理亚健康检出率为 65.96%。[①] 不同人群的健康问题多与身体活动关系密切相关，不同年龄段、不同身体状况，运动方式、强度和运动量均有差异，如何通过科学运动达到最好的疾病防治和健康促进效果，需要体医融合来共同推动。

从疾病预防、治疗和康复角度而言，运动对于衰老、近视、慢性病等都有预防效果。例如，大部分慢性病是生活方式性疾病，除饮食不均衡外，缺乏体育锻炼是核心原因。适当的体育运动可对疾病康复发挥积极作用。研究人员通过对肌肉骨骼、泌尿、呼吸、心脑血管、代谢等系统的 26 种疾病的运动干预证实，体育运动有积极效果。[②] 近年来，我国患慢性病的人数呈井喷式增长。《中国居民营养与慢性病状况报告（2020 年）》显示：2019 年我国因慢性病而导致的死亡人数占总死亡人数的 88.5%，其中心脑血管病、癌症、慢性呼吸系统疾病死亡人数所占的比例为 80.7%。[③] 慢性病防控工作面临巨大的挑战，体医融合势在必行。

2007 年，美国医学会和运动医学会联合提出"运动是良医"的理念，许多国家已经将运动锻炼作为疾病预防和治疗医学领域中的常规内容。《"健康中国 2030"规划纲要》提出要广泛开展全民健身运动，加强体医融合和非医疗健康干预，将体医融合提升到战略高度。由此体医融合作为新兴领域，逐步兴起和发展起来。2020 年，突袭而至的新冠肺炎疫情让人们认识到体育健身不仅能满足个人身体健康需要，也是应对公共卫生挑战的重要保障，体医融合因此得到了越来越多的关注。

① 薛允莲、许军、刘贵浩、黄晨、冯叶芳、许梦瑶、蒋丽洁、王晓辉、谢娟、陈孝谋：《基于亚健康评定量表（SHMS V1.0）的我国城镇居民亚健康状况评价研究》，《中国全科医学》2021 年第 7 期，第 834～841 页。

② Luan, X., Tian, X., Zhang, H., Huang, R., Li, N., Chen, P., Wang, R., "Exercise as a Prescription for Patients with Various Diseases", *Journal of Sport & Health Science* 8 (2019): 422 - 441.

③ 《〈中国居民营养与慢性病状况报告（2020 年）〉发布会》，国务院新闻办公室网站，2020 年 12 月 3 日，http://www.scio.gov.cn/xwfbh/xwbfbh/wqfbh/42311/44583/index.htm。

二 我国体医融合建设进程

体医融合建设是一个涉及多部门、多学科、多组织的综合性事业。首先，国家要做好顶层设计，出台相关指导性方略，并建立各部门间的合作机制；其次，卫生、体育、教育、文化、住建等部门协同配合，制定合作细则，推动方针政策落地；再次，体育与医学领域开展学科融合、协同研究和教育培训，进行技术研发和人才培养；最后，政府、医院、体育组织、基层社区、企业和不同被服务人群需共同协作、相互配合，来完成体医融合服务实践。作为新兴领域，体医融合在政策制定、技术研发、人才培养和服务模式等各方面都处在试点探索阶段，但随着近年来全社会健康意识的觉醒，尤其是 2020 年以来由疫情引发的公共卫生健康危机，体医融合探索的进程加快，行业成熟度稳步提升。

（一）国家层面体医融合政策方针

各类慢性病和运动缺乏综合征发病率急剧上升，带来医疗成本大幅上涨，人口健康素质下降。为了保障人民的健康，2016 年习近平总书记在党的十八届五中全会中明确提出，"没有全民健康，就没有全面小康。要把人民健康放在优先发展的战略地位"；2017 年在党的十九大报告中正式提出要实施"健康中国"战略，"完善国民健康政策，为人民群众提供全方位全周期健康服务"。针对相关内容，国务院和各部委也印发了一系列政策文件（见表 1）。

表 1 国家层面体医融合政策的发展进程

时间	部门	政策文件	主要内容
2013 年 10 月	国务院	《关于促进健康服务业发展的若干意见》	支持发展多样化健康服务，规范并加快培养护士、健身教练、康复治疗师、社会体育指导员等从业人员
2014 年 10 月	国务院	《关于加快发展体育产业促进体育消费的若干意见》	加强体育运动指导，推广运动处方，发挥体育锻炼在疾病防治以及健康促进等方面的积极作用

续表

时间	部门	政策文件	主要内容
2016 年 6 月	国务院	《全民健身计划（2016—2020 年)》	制订并实施运动促进健康科技行动计划,推广"运动是良医"等理念
2016 年 10 月	中共中央、国务院	《"健康中国 2030"规划纲要》	加强体医融合与非医疗健康干预,推动形成体医结合的疾病管理与健康服务模式
2017 年 4 月	国家卫生计生委等	《全民健康生活方式行动方案(2017—2025 年)》	开展个性化健康干预,促进体医融合,在有条件的机构开设运动指导门诊,提供运动健康服务
2017 年 1 月	国务院	《中国防治慢性病中长期规划(2017—2025 年)》	促进体医融合,在有条件的机构开设运动指导门诊,提供运动健康服务
2019 年 7 月	国务院	《关于实施健康中国行动的意见》	推动形成体医结合的疾病管理和健康服务模式
2019 年 7 月	国务院	《健康中国行动（2019—2030 年)》	推动形成"体医结合"的疾病管理与健康服务模式。构建运动伤病预防、治疗与急救体系。鼓励引导社会体育指导人员在健身场所等地方为群众提供科学健身指导服务
2019 年 8 月	国家发展改革委等	《促进健康产业高质量发展行动纲要（2019—2022 年)》	建立、完善和应用运动处方库。支持社会力量举办一大批以科学健身为核心的体医结合健康管理机构,围绕慢性病预防、运动康复、健康促进等目标,推广体医结合服务。推广太极拳、八段锦等传统运动,丰富和发展体医结合服务
2019 年 9 月	国务院	《体育强国建设纲要》	大力推动全民健身与全民健康深度融合
2019 年 9 月	国务院	《关于促进全民健身和体育消费推动体育产业高质量发展的意见》	将体育产业发展核心指标纳入全国卫生城市评选体系。鼓励医院培养和引进运动康复师,开展运动促进健康指导。完善国民体质监测指标体系,将相关指标纳入居民健康体检推荐范围。加强针对老年群体的非医疗健康干预,普及健身知识,组织开展健身活动
2020 年 10 月	国务院	《关于加强全民健身场地设施建设发展群众体育的意见》	统筹体育和公共卫生、应急避难（险)设施建设

资料来源：根据中国政府网、国家卫健委网站发布文件整理所得。

根据以上政策文件可知，早在 2013 年、2014 年国家就已经提出了体医融合的理念，从 2016 年国家开始从政策层面推动全民健身与全民健康深度融合，并将其纳入相关政策规划中。2019 年以来体医融合政策进一步细化，提出了更加具体、有针对性的实施举措，且明确了相关负责部门，尤其是国务院发布的《关于促进全民健身和体育消费推动体育产业高质量发展的意见》，明确提出鼓励医院培养和引进运动康复师，开展运动促进健康指导，体医融合进程迈入新阶段。但是受行业成熟度、体制机制制约等多重因素影响，体医融合实施的具体法律法规、实施细则和配套政策还没有出台，这对体医融合的推广产生限制性影响。

（二）体医融合学科建设和人才培养进程

1. 学科融合进展迅速

从目前学科发展来说，体育与医学的交叉学科有运动医学、运动康复等学科。运动医学是研究与体育运动有关的医学问题；运动康复又被称为体育疗法，指的是采用体育或功能练习的方法达到疾病预防、治疗和康复的手段。体医融合理念在我国兴起之前，这些学科已经存在，主要以服务竞技体育为目标，解决体育领域中的医学问题，如过度运动或运动方法不当引起的伤病问题等，对医学中体力活动不足导致的慢性病问题、如何通过运动促进健康、全民科学健身、全民运动防护等探索不足。[①] 近年来由于慢性病的井喷式暴发，亚健康问题突出，推广全民健身带来的运动损伤问题日益严重等，全民健身与全民健康融合的需求日益突出，2020 年以来新冠肺炎疫情给公共卫生体系带来了严峻挑战，这些对相关学科的发展提出了更加迫切的要求。

面对新需求，如何推进体医融合学科的深入发展，重在协调体育与医学两学科的思想理念和认知差异。体育和卫生领域都研究人体本身，但体育在

---

① 胡毓诗、廖远朋、孙君志、丁海丽、李顺昌：《新冠肺炎疫情对运动医学学科的影响和启示》，《成都体育学院学报》2020 年第 4 期，第 16～19、29 页。

身体疾病、运动风险方面认知有限，卫生领域对运动的种类、强度、技术等掌握不足，双方价值观念、知识认知、技术流程等都存在差异，难以有效开展对话，这也是运动防护、运动康复等体医交叉学科发展缓慢的重要原因。如何解决这一难题，推动两个学科深度融合，促进技术进步和研究的深入发展，培养高质量体医融合人才，近年来我国相关领域在学科建设机制上进行了积极的探索，主要形成以下五种融合发展模式。

（1）国家设立课题推动相关研究。20世纪以来，科技部在"十五"至"十四五"期间的国家科技支撑计划都对体医融合类研究进行资助和支持。其中，2008年"十一五"国家科技支撑计划重点项目"全民健身关键技术研究与信息系统开发"由国家体育总局科教司组织实施，这是我国全民健身研究领域中层次最高、经费投入最大、参与单位最多的科研项目。该项目围绕体质测量与评价、运动风险评估、日常活动、体力活动和体育锻炼能量消耗、科学健身指导和健身效果评价、全民健身信息系统开发等关键技术开展相关研究，取得了一批突破性的创新成果，提出预测运动过程中心电和血压异常的评估指标和方法，创新了步行、跑步等7种体力活动能量消耗评价技术与标准等，建立了有针对性的健身指导方案理论和方法体系，实现了全民健身关键技术与信息体系的标准化。在该项目研究基础上国家体育总局相关单位进行了成果转化，例如总结慢性病患者运动的风险和效果，开设"慢性病运动处方"专科门诊，每年就诊患者逾千例；组织"体医结合推动科学健身指导示范园区的标准化建设"的人员培训等，每年举办5~6场，参与学员近千人；开发"慢性病运动处方"软件、"运动处方与健康管理"微信服务平台，出版相关书籍；等等。

（2）大学、研究所与医院、企业合作开展研究实践。这类探索相对较早，一方面是通过联合研究实践推动科学技术的进步；另一方面是推动科学技术在实践中发生效用，促进科研成果转化。以国家体育总局体育科学研究所为代表，其在2017年与北京大学第三医院、中国中医科学院广安门医院、首都医科大学附属北京安定医院、首都医科大学附属北京儿童医院、中国疾病预防控制中心等合作，开展了诸如糖尿病、肾病、抑郁症、儿童哮喘、孕妇的运动指导研究和实践探索，取得了显著的效果，表明体医融合在疾病防治和患者康复中能够发挥积极作用。2019 年，北京大学第一医院内分泌科及体医融合研究院与北京康糖医疗科技有限公司共同建立运动处方数据库，使患者能直观地学习康复动作、医生能够简单便捷地开出安全的运动处方。

（3）在各类体育、医学院校和研究所内增设体医融合专业，成立体医融合研究中心。例如，2016 年国家体育总局运动医学研究所成立运动医学与健康促进中心；2017 年重庆医科大学成立体育医学学院，招收本科生和硕士研究生；2017 年国家体育总局体育科学研究所成立体医融合促进与创新研究中心；2020 年北京体育大学增设康复物理治疗本科专业；等等。体育和医学院校相关专业在招生时注重吸收有对方背景的学生，在课程体系建设中充分考虑医学和运动科学知识的均衡发展，以此来打破体育与医学间的知识壁垒。

（4）在体育组织和医疗组织下增设体医融合分会，以新型研究组织促进相关学科的发展。例如，2015 年中国体育科学学会运动医学分会成立运动促进健康专委会；2019 年中国女医师协会成立体医专委会；2020 年糖尿病专家、东南大学中大医院副院长孙子林教授牵头成立体医融合糖尿病运动康复联盟；2020 年陕西省体育科学学会下西安体育学院牵头成立体医融合专委会；2021 年中华预防医学会批准成立体育运动与健康分会；等等。这些研究组织的成立代表着体医融合学术共同体得到了体育界和医学界的认可，有助于建立体医联合工作机制，推动协同研究的发展。

（5）会集体育和医学领域专家，建立新型大学或研究机构。2020 年中华运动康复教育学院成立，该学院由中华医学会主管、中华医学电子音像出版社主办，是中华医学会下开展运动康复和运动处方标准制定、培训认证与科普教育的核心平台。它会集全国医疗和体育界数百位运动康复相关健康专家，与美国运动医学会运动处方培训和德国 MTT 运动康复师职业技能培训两大国际权威认证培训开展合作。如疫情背景下新组建的中国应急管理大学和成立的中华运动康复教育学院，标志着体医融合作为独立学科，其地位取得了较大的提升，未来将在我国体医融合进程中发挥重要作用。

体医融合学科作为交叉学科，在发展过程中如何针对不同的健康问题厘清体育与医学之间的关系和各自承担的责任，建立恰当的融合路径、融合标准、融合规范，在融合的基础上形成自身学科的独立属性，需要体育与医学学科在融合研究和实践中不断探索。以上模式的建立为该问题的解决提供了平台和路径。

2. 人才培养进程加快

体医融合人才培养目前主要包含两类：一是通过高等院校学历教育体系培养人才；二是针对在职的医师、康复治疗师、健康管理师、健身教练等进行体医融合技能培训。面对广泛的市场需求，人才培养相对滞后是体医融合发展的重要瓶颈。近年来针对该问题，政府、大学、研究所、医院、体育组织等纷纷发力，人才培养进程显著加快。

目前高等院校培养体医融合人才的相关专业有运动医学、运动康复、运动人体科学等。关于运动医学专业，成都体育学院是我国唯一一家培养运动医学本科人才并可以授予医学学位的高校，运动医学系由著名中医骨伤科专家、武术家郑怀贤教授创立。其他院校的运动医学专业以招收研究生为主。截至 2014 年底具有运动医学硕士学位授予权的单位有 31 所，具有博士学位授予权的单位有 6 所。2014 年全国计划招收运动医学硕士研究生 68 名、博士研究生 12 名。① 根据 2020 年高校硕士招生简章，运动医学专业代表性院校中复旦大学招生 7 名，北京大学招生 5 名，四川大学、厦门大学、中南大学分别招收 1 名，可见全国运动医学招生并没有大幅度提升。相较而言，运动康复专业硕士招生数量提升较快。2015 年 5 月相关调查统计显示，全国已有 42 所本科院校开设该专业②；而《2020 年版中国运动康复产业白皮书》显示，国内目前已有 128 所高校设有运动康复专业，增长 2 倍以上。根据 2016~2020 年对全国体育院校运动康复专业硕士招生总数统计（见图 1），

① 陈楚杰、潘华山、赖秋媛、荆纯祥、焦润艺：《我国运动医学人才培养现状与发展研究》，《西北医学教育》2015 年第 4 期，第 596~598 页。
② 王定宣、陈巧玉、彭博：《中国运动康复专业人才需求与培养现状调查》，《成都体育学院学报》2016 年第 2 期，第 103~109 页。

2016～2020 年招生总数从 105 名攀升至 905 名，增长了 7.6 倍。这与我国近年来运动康复事业发展迅速有直接的关联。

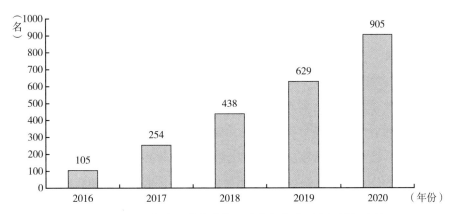

图 1　2016～2020 年全国体育院校运动康复专业硕士累计招生情况

资料来源：根据 2016～2020 年全国体育院校运动康复专业硕士招生简章统计所得。

对在职的医师、康复治疗师、健康管理师、健身教练等进行体医融合技能培训，有助于体医融合技术迅速由理论转化为实践，这是满足当前社会需求、加快体医融合进程的另一种重要方式。目前培训主要有以下两种模式。

（1）第三方机构开展人才培训和认证。第一种是中外体医融合协会合作开展培训。2018 年中国体育科学学会运动医学分会（CASM）与全球权威运动医学组织美国运动医学学会（ACSM）达成战略合作，将为学员提供中文版理论及实践培训，向通过认证考试的学员颁发由 CASM 和 ACSM 联合认证的证书。2020 年 12 月培训工作已经启动，培训内容包括慢性病患者、亚健康人群、青少年健康和健身评估，运动处方的开具和实施，运动风险咨询，健康管理和行为改变等。第二种是由协会主办，政府、大学、研究机构等社会力量综合参与。2018 年以来由国家体育总局体育科学研究所、中国体育科学学会主办，由上海市体育局、上海市卫生健康委员会、上海体育学院、上海体育科研所承办，由香港赛马会资助的运动处方师培训在北京、南京、成都、广州、深圳、厦门、上海等全国多个城市开办，培训人员包括家庭医生、全科医生、社区医生和体育社会指导员、体育康复技师等，两年培

训了运动处方专门人才702人，其中594人获得中国体育科学学会颁发的"运动处方师"证书。

（2）以政府为主导，政校联合开展人才培训。这是目前各地实施较为广泛的人才培训模式。仅2019～2020年就有江苏、浙江、山西、河北、广西、深圳、青岛、宁波、合肥等省、市体育局和卫健委联合组织相关业务培训班，邀请相关高校和研究所专家对医疗卫生机构人员、社区医生、社会体育指导员、体育科研工作者等开展运动处方的理论和技术培训。2020年山西省体育局局长会议提出，要用3年时间，实现全省1398个乡镇（街道）社会体育指导员（健康生活方式指导员）全覆盖。① 2021年江苏省提出要依托江苏5家医院试点运动促进健康中心，培养400名以上运动处方师。②

以政府为主导的政校合作人才培养模式在推广初期能够发挥强有力的引导作用和带动效应，但随着市场规模的扩大、人才需求数量的增大，相较而言第三方认证机构开展的培训和认证更容易实现人才培养和认证的常态化、标准化，在此过程中政府也需要发挥监管作用，以此来促进相关行业的健康发展。

（三）体医融合服务模式探索进程

学科发展和人才储备是体医融合发展的基础，如何让理念真正落地，让体医技术真正转化为实际成果、高效发挥作用并在社会范围内可持续推广，需要多重因素的复合作用，既需要物资设备、基础设施等硬件环境的社会覆盖，又需要体制机制、法律政策、经济市场、社会组织、个人意识等软件环

---

① 《后二青时代，山西体育迈向高质量发展之路》，《山西经济日报》2020年4月28日，第3版。
② 《医院开设运动门诊 社区将配有运动处方师 江苏体医融合要放大招》，"江苏新闻"百家号，2021年3月18日，https：//baijiahao.baidu.com/s？id=1694542160472738889&wfr=spider&for=pc。

境的互相推动。[①] 就目前而言，体医融合的实践仍处在试点和探索阶段，各地的硬件环境和软件环境存在差异，形成了不同的服务模式，但是总体成效较为显著，未来有多种类型共同发展、复合推广的趋势。目前试点的服务模式主要有以下几种。

1. 医院健康指导中心模式

目前围绕体医融合的医院健康指导中心模式主要有两种：一是新设立体育医院、运动医学科、运动康复中心、运动处方门诊等，二是综合性医院引入体育参与治疗。

近年来响应国家体医融合的方针政策，各地纷纷设立体育医院、运动医学科、运动康复中心、运动处方门诊等（见表2）。这些医疗服务中心多引进国内外先进体医融合技术和设备，服务内容涉及运动风险评估、运动康复、运动防治慢性病、运动健康干预等多种类型。这些医院既为运动员日常保健、训练监控、运动赛事急救等提供保障，同时也为百姓提供诊疗和康复服务。竞技体育医疗技术代表了运动科学与医疗技术结合的高端水平，与以普通疾病治疗为中心的医院相比，它"在诊疗业务方面以患者的运动需求为核心，既针对主要康复疾病的治疗需求，也兼顾其他影响运动安全性和有效性的情况"[②]，具有自身的特殊优势。体育医院向大众逐步开放后，颇受人民群众的欢迎。例如，常州市体育医院自开放以来，门诊量以每年近30%的幅度增长，从最初的年门诊量为4700余人，到2019年门诊量突破13000余人，累计为超过46.65万人次提供运动损伤诊疗及康复服务，医疗专家队伍也从2016年初的不足20人扩大至80人规模，其中主任医师3人（特约专家）、副主任医师6人。[③]

---

① 冯振伟、韩磊磊：《融合·互惠·共生：体育与医疗卫生共生机制及路径探寻》，《体育科学》2019年第1期，第35~46页。

② 李璟圆、梁辰、高璨、马云：《体医融合的内涵与路径研究——以运动处方门诊为例》，《体育科学》2019年第7期，第23~32页。

③ 《回顾"十三五"常州体育为您送上这样一份答卷》，"中国江苏网"百家号，2020年12月31日，https://baijiahao.baidu.com/s? id = 1687583112547732111&wfr = spider&for = pc。

表2　近年来部分新成立的体育医院、运动医学科、运动康复中心、运动处方门诊

年份	新成立医院、科室等名单	备注
2016	常州市体育医院	江苏省首家体育医院
2017	国家体育总局运动医学研究所体育医院开通运动处方和脊柱健康门诊	
2017	国家体育总局运动医学研究所牵头，会同黑龙江省国民体质监测中心和黑龙江省体育运动创伤康复医院成立运动处方门诊	国家体育总局运动医学研究所与地方体育局首次合作在京外成立运动处方门诊
2018	河南省第三人民医院成立运动医学科	全省首家运动医学科
2018	云南省体育运动创伤专科医院成立运动康复中心	云南省内运动医学界最为全面、最为专业的康复中心
2020	奥体国家队医疗康复中心	以中医运动康复为特色
2021	扬州市体育康复医院	江苏第2家、全国第15家专业性的体育医院
2021	昆医大附一院体医融合中心及运动健康门诊	全国三甲医院中率先设立运动健康门诊的试点单位

资料来源：根据2016～2021年相关报道整理所得。

　　综合性医院在体医融合探索方面多采取专科专病运动康复的形式干预治疗，服务对象主要有肥胖病人群、慢性病患者、心脑血管疾病患者等，在诊疗项目上各具特色。例如，海淀医院的慢病运动康复门诊、阜外医院的心脏康复中心、北大人民医院的心内科门诊等，对患者进行心肺功能测试、运动能力测试、健康评估等，在此基础上制定个性化运动方案，通过运动康复的形式来促进疾病的恢复，同时对运动康复技术进行指导。[①]

　　近年来北京、上海、常州、扬州等地还探索体育医院与综合性医院的医联体合作模式，共享病人信息、分工协作、上下联动、互相学习，有效覆盖患者从诊疗到康复的各个环节，共同推动运动医学与康复医学专科的科研攻关和理论、技术的发展。

[①] 李璟圆、梁辰、高璨、马云：《体医融合的内涵与路径研究——以运动处方门诊为例》，《体育科学》2019年第7期，第23～32页。

2. 政府与市场相结合模式

通过政府购买方式为民众提供大范围的运动检测、体育指导服务，体现政府的公共服务职能。例如，常州市体育局先后实施急慢性运动损伤诊疗、骨关节术后康复、慢病人群运动干预、青少年儿童脊柱关爱等体育惠民工程，累计惠及群众46.65万人次；开展慢病运动干预项目，招募高血脂、Ⅱ型糖尿病、超重肥胖三种慢病志愿者，通过专业体质测定、身体机能评估等方式，为慢病患者提供量身定制的运动方案，并全程进行运动监测和指导服务，累计服务15600余人次；2019～2020年，常州奥体青少年健康促进中心组织专家团队为全市32000多名学生实施了脊柱健康公益筛查。①

3. 社区体质监测中心模式

该模式以政府指导为前提，以社区为场域，突出体医融合服务的日常化，满足人民群众日常科学健身、社区康复的需求。体育指导员、社区医生在社区服务模式中起技术支撑的作用。例如，2019年厦门市体育局会同市卫健委在全省率先实施"体医融合"试点建设，构建"政府部门－医院－社区－科研院所"四位一体的厦门"体医融合"模式。选取筼筜街道社区卫生服务中心、筼筜街道育秀社区作为首批示范点，通过政府主导，街道社区提供场地资源，社区卫生服务中心和高校组建专家团队的合作方式，为100多名慢性病参与者进行为期6个月的运动干预后，慢性病患者健康状况有所改善，效果明显。在此试点的基础上，厦门市体育局、厦门市卫健委发布了《厦门市"体医融合示范社区"试点建设实施指南》，并将"体医融合示范社区"扩容，计划2030年实现全市布局。在该种模式中，市场调节具有滞后性，而政府的引导在其中发挥了领头作用，相关各方在参与的过程中逐渐培养起自觉意识，为下一步市场化、社会化发展奠定基础。

4. 体育俱乐部模式

上海的"尚体乐活空间"是一家解决"老年人去哪儿健身"的运动健

---

① 《常州市深化体医融合　打造运动健康新模式》，江苏省人民政府网，2020年12月8日，http：//www.jiangsu.gov.cn/art/2020/12/8/art_46501_9607903.html。

康企业。老年人身体机能下降，大多患有多种慢性疾病，因此其运动健身需要特殊的防护。尚体乐活空间为老年人专门制定健身指导方案，包括体质测试服务（让老人锻炼更有针对性）、器械练习服务（提供专业适老化健身器材配以康复治疗师现场指导，保证老年人安全锻炼）、健康私教服务（根据不同疾病提供 1 对 1 健康私教运动干预服务，如慢性疼痛等问题）等。杨浦区殷行街道常住人口近 20 万人，老龄化程度达到 43%。通过政府购买服务，殷行健身中心引进了尚体，政府与市场展开深度合作，发挥各自优势。政府提供 1500 平方米作为健身载体，既对接了政府需要提供的服务，也激发了企业的内生动力，跟专业医疗机构合作进行慢性病运动干预。[①] 政企合作提高了公共服务效率，老百姓的获得感和满意度也更高。

三 当前我国体医融合服务需求情况

（一）各类人群及慢性病患者需求强烈

体医融合对于疾病防治和健康促进有着显著的作用，但是不同年龄段、不同疾病、不同职业人群受身体状况、收入状况、时间限制等因素的影响，需求度存在一定的差异性。

2019 年一项对合肥市不同地区、不同年龄段市民体医融合服务需求调查显示：男性、女性需求比例差别不大，平均需求比例为 47.15%（见表3）。从不同年龄段来看，6～13 岁的儿童、14～22 岁的青少年、45～70 岁的中老年需求比例较高，23～44 岁的青年需求比例较低。儿童、青少年和中老年体医融合服务需求与其健康状况较为匹配。青年的体医融合服务需求较低，身体素质相对较好是原因之一，更多与其工作和生活压力大、空余时间少、科学锻炼意识不强等有关。慢性病作为生活方式疾病，除饮食外，体育锻炼是预防和控制该类疾病的主要内容。由表3可知，慢性病防治已成为

---

① 郑言：《打造老年人"乐活"新空间》，《中国体育报》2018 年 10 月 12 日，第 5 版。

广大人民群众体医融合的主要服务需求之一，有慢性病的需求比例高达93.48%，反之仅为28.13%。同时，有体医融合服务需求，但是受经济状况、业余时间等影响，各职业人群体医融合迫切需求度存在差异。离退休人员需求比例最高，达到71.01%；其次是公务员、事业单位人员；企业、个体、其他人群需求比例最低。随着我国经济社会转向高质量发展阶段，人民健康理念的更新和健康消费的升级，体医融合技术和服务的宣传推广、发展完善，体医融合服务需求比例将会进一步提升。

表3　2019年体医融合服务需求对象调查结果

单位：人，%

项目	类别	调查人数	需求人数	比例
性别	男	314	146	46.50
	女	318	152	47.80
年龄	6～13岁（儿童）	69	36	52.17
	14～22岁（青少年）	88	45	51.14
	23～44岁（青年）	217	68	31.34
	45～70岁（中老年）	258	149	57.75
职业	学生	202	80	39.60
	企业、个体、其他	169	56	33.14
	公务员、事业单位人员	92	42	45.65
	离退休	169	120	71.01
慢性病	无	448	126	28.13
	有	184	172	93.48

资料来源：张阳、王志红、张猛、康亚志、吴友良：《健康中国背景下体医融合的服务需求、制约因素及发展思路研究——以合肥市为例》，《沈阳体育学院学报》2020年第1期，第61～67、87页。2018年已有体医融合服务需求调查，结果与之近似，参见王波、董杰、盛磊、朱美义《"体医融合"服务需求及影响因素研究》，《当代体育科技》2018年第10期，第173～175、177页。

（二）体医复合型人才供不应求，体质监测和运动处方受到青睐

在体医融合的服务对象方面，对于居民个体而言，他们接触医生的频率

较高，容易获得；而接触指导其科学运动、避免运动损伤的运动专家的频率较低。当前居民锻炼以自主锻炼为主。《2014年全民健身活动状况调查公报》显示，20岁及以上人群参加体育锻炼时"自己练"和"与朋友、同事一起练习"的比例高达72%。包括青年人群在内，个体或多或少会有一定的疾病，或者存在疾病风险，运动过程中的安全性、有效性及可持续性需要运动专家和医生（体医复合型人才）的共同保障，需要建立起体育与医学对于身体的综合认知，制定科学合理的实践养护模式，因此体医复合型人才的需求更加迫切。

合肥市的调研结果显示（见表4），在服务对象需求度方面体医复合型人才＞运动专家＞医生。

表4　体医融合的具体服务需求

服务维度	服务项目	得分
服务对象	A1 医生	3.32 ± 0.41
	A2 运动专家	3.47 ± 0.46
	A3 体医复合型人才	3.92 ± 0.49
服务内容	B1 医学处方	3.39 ± 0.48
	B2 运动处方	3.85 ± 0.56
	B3 膳食处方	3.15 ± 0.43
	B4 体质监测	3.66 ± 0.54
	B5 健康档案	3.48 ± 0.51
服务模式	C1 体育俱乐部模式	3.32 ± 0.45
	C2 医院健康指导中心模式	3.56 ± 0.51
	C3 社区体质监测中心模式	3.88 ± 0.54
	C4 政府与市场相结合模式	3.15 ± 0.41

资料来源：张阳、王志红、张猛、康亚志、吴友良：《健康中国背景下体医融合的服务需求、制约因素及发展思路研究——以合肥市为例》，《沈阳体育学院学报》2020年第1期，第61～67、87页。

在服务内容方面，合肥市的这项调查设置了医学处方、运动处方、膳食处方、体质监测、健康档案五项内容。结果显示（见表4），这几项关切居民健康的服务内容都具有一定的需求度，需求度差异主要和普及程度相关。由于能够开展运动处方、体质监测、健康档案的机构较少，因此这些服务的需求度较高。而医学处方、膳食处方在疾病防治中都已有广泛的普及与运用，因此它们的需求度较低。可见在未来的健康事业发展中运动处方、体质监测、健康档案等具有较大的推广空间。

就服务模式而言，现有体育俱乐部模式、医院健康指导中心模式、社区体质监测中心模式、政府与市场相结合模式四种。合肥市的调研结果显示（见表4），民众更加倾向于社区体质监测中心模式和医院健康指导中心模式。社区体质监测中心模式是社区医生、社会体育指导员、体质监测中心相结合的服务模式，其优点在于方便、快捷，能有效满足居民日常高质量运动需求。医院健康指导中心模式主要针对的是疾病人群的体医融合治疗康复，其诊疗技术、仪器设备能够满足复杂病情的康复需求。体育俱乐部模式主要应用于中青年人群，对其他人群的覆盖范围较小，因此需求度相对较低。政府与市场相结合模式是政府以购买服务的形式来推广体医融合，该模式存在缺乏监管、成本过高等问题，同时作为试点形式，群众参与意愿有待提升。

四 现阶段我国体医融合发展存在的主要问题

体医融合服务需求调查表明人民群众需求的急迫性和复杂性，背后反映的是我国体医融合发展不足，难以满足群众需求的问题。

（一）制度尚不完善

《"健康中国2030"规划纲要》《体育强国建设纲要》指出了运动促进健康的战略方向，但相关法律法规、实施细则和配套政策并没有跟上。例如，体育政策中健康安全标准不完善，运动场所和体育赛事没有将运动防护设置为准入标准，各类损伤甚至猝死现象时有发生。医疗政策中运动促进健

康的实施路径短缺，运动处方治疗疾病没有被纳入医疗保险，病人运动康复积极性不高。基层公共服务体医融合政策措施欠缺，基层全民健身工作与基层医院缺乏互联互通的对接机制，在运动促进健康方面难以形成合力。体医融合相关产业行业规范缺失，运动康复师缺乏认证和职称评定，导致其进入医院等机构工作存在壁垒，运动康复产业缺乏资质认证和有效监管。这些导致体医融合难落地问题长期存在。

（二）供需还不平衡

从人才缺口来看，《2020年版中国运动康复产业白皮书》显示，2020年中国体育锻炼人数已达4.3亿人，按10%～20%的运动损伤率来估算，运动损伤人数预计可达1亿人，未来运动医学与运动康复的需求潜力都很大，无论是运动医学人才还是运动康复人才都有较大缺口。从体医融合机构数量来看，德国的社区运动康复中心遍布全境，数量众多，美国的社区运动康复中心也可以覆盖80%以上的康复对象，而我国的运动康复机构总共不到200家。从地域分布来看，目前能够针对患者个体诉求提供有针对性的体医融合服务的地区有限，开展深入试点和推广的主要在东部经济发达地区和一、二线城市。其他地区限于财政与经济紧张、认识不足等因素，缺少有效的组织协调和专项经费支持，体医融合人才培养和成果转化均受到限制，其体医融合的探索处在初级阶段，无法有效满足人民群众的健康需求。

（三）融合程度偏低

长期以来两大系统的工作重点、经济资源、人力资源都处于分离状态，能够融合的领域均发展不足，导致体育与医疗卫生领域在公共卫生健康方面缺乏有效合作的环境和条件。在研究方面，美国运动医学学会（ACSM）作为世界体医融合领域的权威组织，得到国家疾控中心的支持，常年广泛吸纳全球各地的临床医生、体质健康专家等进行运动促进健康的研究。而目前我国各类相关体医协同研究协会刚刚起步，联合工作机制没有真正发挥作用，依然以各自独立发展为主。在实践服务中，无论是医院服务模式，还是基层社区服务模式，都需要打破各自原有的工作模式，制定新的合作模式。例如，上海市嘉定区推出社区医生和社会体育指导员发挥不同职责、共同促进居民主动健康的工程，但是在实际操作中体育与医疗系统互动积极性不高，往往需要居委会和街道协调两个系统的业务划分、资金投入和利益分配。如何适应各地区、各社区、各体医融合机构的现实发展状况，满足服务对象对服务内容的诉求，在两个系统间形成合理明确的职责分工，有待进一步探索和明确。

五　推进我国未来体医融合发展的对策建议

（一）完善体医融合政策体系，促进体医融合工作落地

一是在国务院部际联席会议制度的框架下，建立国家体育总局与国家卫健委的经常性会商机制，总结试点成果，出台体医融合领域指导意见，明确中央和地方专责部门负责落实体医融合工作。二是打通体医资源统计渠道，把体医联动平台数量、近视率、肥胖率、慢性病发生率、居民医疗支出等相关指标有序纳入体育部门考评体系。三是多渠道筹措资金，建立包括政府专项投入、福利基金、社会筹资等在内的多种形式互相配合的经费保障机制。四是吸收体医融合领域专家成立智库，出台与群众运动健康密切相关的体育健康政策之前要落实听证制度，并及时向社会公布意见采纳情况，推动决策科学化。同时邀请第三方机构对政策效果进行评估，助力政策完善和实施效果的提升。

（二）加快技术研发和人才培养，推动体医融合事业发展

一是建立大健康监测体系。由政府主导，借鉴美欧国家和地区体质监测的先进经验，将国民体质健康监测体系与体检、心理健康调查、营养调查等模块相结合，建立大健康监测体系。依托人工智能、云计算、5G等新技术，提升信息采集的覆盖率和准确性，通过打造大健康数据管理平台，重点加强对数据的

深度挖掘和多维分析，反映国民体质健康的突出问题，为体医融合解决全民健康问题提供可靠的数据支撑。二是加强体育、医学院校共建和体医交叉学科建设，联合企业、医疗机构和政府共同开展"政产学研"合作，推动运动医学、运动康复等交叉学科深入发展，提升体医融合技术水平，促进科技成果转化应用。加快竞技体育科技成果的转化与推广，为居民的锻炼、损伤预防及康复、营养配餐等提供科学指导。三是加快体医融合复合型人才培养。提高高等院校体医复合型人才培养的数量和质量，完善健身教练、社会体育指导员等职业教育培训体系，加强对体育教师医学知识和医生、护士体育知识的系统辅导，畅通体医融合专业技术人才实地学习和就业渠道。

（三）完善体医融合服务体系，提高体医融合服务质量

一是以地级市为重点，建设一批"科学健身门诊""慢性病运动干预创新中心""体医融合健身示范中心"等示范机构。对医学体检、体质监测、运动健身等多领域融合与服务模式进行进一步探索，明确对接点、着力点和融合点，形成可操作、可复制的标准服务模式。二是重点发展医院和社区体医融合模式，明确各自的优势，针对不同需求发展特色体医融合服务。三是充分利用"互联网＋"技术，开发多样化身体活动干预方式，降低干预成本。四是加强多元主体参与，鼓励各类体育组织开展运动促进健康专项行动，深化与医学组织在科学健身、运动康复等方面的课程研发和活动共建。开展体育健康宣传教育工作，发挥体育明星、医学专家对体医融合的带头示范作用，引导广大人民群众形成主动健康、"运动是良医"、健身是责任的大健康观，提升全民健康素养。

参考文献

鲍明晓主编《体育对接"健康中国"国家战略的理论及相关推进政策研究》，人民教育出版社，2018。

郭建军：《健康中国建设中体育与医疗对接的研究与建议》，《慢性病学杂志》2016年第 10 期。

王世强、吕万刚：《"健康中国"背景下慢性病防治的体医融合服务模式探索》，《中国慢性病预防与控制》2020 年第 10 期。

向红玉、龚正伟：《面向老年人群体的社区"体医结合"路径研究——以上海市四平路社区为例》，载中国体育科学学会主编《第十一届全国体育科学大会论文摘要汇编》，2019。

祝莉、王正珍、朱为模：《健康中国视域中的运动处方库构建》，《体育科学》2020年第 1 期。

B.9
中国体育对外交往发展研究

蔡 娟*

摘　要：　本报告回顾了中国体育对外交往的发展历史，分别从人文交
流、赛事交流、国际体育援助、参与全球体育治理等多个
方面来论述中国体育对外交往所取得的成就。同时，本报告也
讨论了中国体育对外交往中尚存在的问题，如人文交流成效
有限、赛事交流风险层出、国际体育援助的局限性、参与全
球体育治理有限。在此基础上本报告提出，在未来的中国体
育对外交往中需构建综合人文交流机制、全力推动赛事交
流、强化国际体育援助效能、深度参与全球体育治理。

关键词：　体育外交　全球体育治理　国际体育援助

体育一直在我国的对外交往中占据着重要位置。新中国成立初期，苏联
在与我国正式建交后，两国便开启了体育事务的交往，苏联男篮成为访问中
国的第一个海外代表团。美苏冷战开始后，我国奉行反对霸权主义，与第三
世界的亚非拉国家建立外交关系，体育的交往更是成为浓墨重彩的一笔，先
后参与了 1963 年在雅加达和 1966 年在金边举办的新兴力量运动会，甚至打
破了多项世界冠军纪录。20 世纪 60 年代末期，国际局势风云变幻，中美之
间亟须"破冰"。而 1971 年的"乒乓外交"则是融化中美关系"寒冰"的
火花，此后两国关系逐渐走向正常化，也开启了以中国和日本为代表的多个

＊ 蔡娟，教育学博士，北京体育大学教育学院讲师，研究方向为全球体育治理。

国家的友好之旅。1978 年改革开放后，国际奥委会恢复了我国的合法席位，继而我国在国际乒联、国际篮联、国际足联等国际体育组织中的席位也陆续恢复。1984 年，中国代表队更是在洛杉矶奥运会上获得了首枚奥运金牌，这是我国走向奥运金牌的第一步。1990 年，在亚运会上，我国凭借着自身体育魅力，赢得了多国的赞誉。自此以后，登上国际赛事舞台的中国优秀运动员越来越多，他们向世界展示了一个发展中的中国、一个全新的中国，让世界更多地了解中国。

党的十八大以来，我国的体育外交更是迈上了一个新台阶。首先，体育成为"元首外交"的新亮点。国家主席习近平在英国、德国、巴西、阿根廷多国访问时，充分诠释了体育的重要性。其次，体育充分服务国家"一带一路"倡议，广泛与共建"一带一路"国家和地区开展体育交流和互动，逐步实现体育设施互联互通，通过扩大体育用品和服务的供给保障体育贸易畅通，通过促进共建"一带一路"国家和地区教练员、运动员、裁判员、科研人员、体育管理人员不同群体的沟通和交流增进民心相通。最后，我国积极参与全球体育治理，迄今为止共有 287 人在 66 个国际体育组织中担任了 439 个职务，我国上百个单项体育协会加入了国际体育组织，在全球体育事务中扮演了日益重要的角色。[①]

一 中国体育对外交往取得的成就

（一）人文交流的进展

1. 大国交往中的体育人文交流

近年来，大国关系中的体育交流日益频繁，形成了各自的特色。

（1）中俄体育人文交流。2000 年 12 月，在中俄总理定期会晤机制框架

---

① 《新中国体育 70 年》，国家体育总局网站，2019 年 9 月 24 日，http：//www. sport. gov. cn/n10503/c927997/content. html。

内成立了中俄教文卫体合作委员会，在教育、文化、卫生、体育领域开展交流合作；2007年7月，将之更名为中俄人文合作委员会，合作领域扩展到教育、文化、卫生、体育、旅游、媒体、电影、档案和青年等多个领域。根据《〈中俄睦邻友好合作条约〉实施纲要（2005—2008年）》《中俄人文合作行动计划》《中俄青少年世代友好宣言》，中俄体育交流形成了自己的品牌。中俄人文合作委员会体育合作分委会会议自2000年起每年举办一次；中俄青少年运动会自2006年开始举办。此外，"丝绸之路"国际汽车拉力赛、"丝路杯"冰球联赛也是两国着力开展的品牌体育交流活动。

（2）中美体育人文交流。2009年，中美两国最高领导人从战略和全局的高度出发，做出了建立中美人文交流机制的重大决策。2010年，中美双方在北京共同启动中美人文交流高层磋商机制，展开了一系列体育人文交流活动。中美体育研讨会由国家体育总局和美国国务院体育联合办公室共同发起创办，2014~2019年已举办6届。由中国教育部、中国大学生体育协会和美国帕克十二联盟共同主办的中美大学生体育文艺周2012~2019年已连续举办8届；中美大学生女篮友谊赛、女排友谊赛、女足友谊赛，中美篮球训练营等交流活动也是两国教育部门着力开展的品牌体育交流活动。

（3）中英体育人文交流。2011年，中英高级别人文交流机制建立。在此机制内，中英双方签署了《中英奥委会体育合作备忘录》《中英体育协议》《关于青少年足球"明日之星"计划的谅解备忘录》《"通过足球发展体育教育"的谅解备忘录》《"中国校园足球教练员赴英留学项目"谅解备忘录》等一系列合作交流协议。其中，中英大学生体育文艺周由中国教育部国际合作与交流司、中国大学生体育协会、英国文化教育协会主办，2015~2019年已连续举办5届。

（4）中法体育人文交流。2014年，中法高级别人文交流机制建立，交流领域涵盖教育、科技、文化、卫生、媒体、妇女、体育、青年、旅游和地方合作等10个领域。由中国教育部国际合作与交流司、中国大学生体育协会和法国大学生体育联合会联合主办的中法大学生体育文艺周2015~2019年已经连续举办5届，并举办了中法大学生足球挑战赛、全国青少年校园足球法国训练营等活动。

（5）中德体育人文交流。2008 年，国家体育总局与德国内政部签署《中德体育合作意向书》，由双方共同创办，每年一届、轮流主办的中德体育研讨会为两国专家就体育主题进行广泛研讨提供了平台。2017 年，中德高级别人文交流对话机制建立，在教育、文化、媒体、体育、青年等 5 个领域为双方进一步加强人文交流搭建更高层次的平台，双方开展了中德青少年国际营地论坛、中德足球合作成果展、青少年足球精英教练员培训班、中德大学生足球赛、中德中学生足球训练营等形式多样的交流活动。

2. 与其他国家的体育人文交流

与周边国家的体育人文交流。在中印高级别人文交流机制框架内，两国在庆祝 2020 年建交 70 周年活动中共同举办了武术交流活动、中印体育友谊赛，印方在华举办印度传统体育相关活动，中方在华举办中印国际太极瑜伽大会和太极瑜伽交流互鉴研讨会。在中日高级别人文交流磋商机制内，双方确定 2020 年为"中日文化体育交流促进年"，相互支持办好 2020 年东京奥运会和 2022 年北京冬奥会。

在"一带一路"倡议、中非合作论坛、中拉合作论坛、中阿合作论坛、中国—东盟合作机制、金砖国家、上海合作组织等多边合作框架中，体育人文交流日益重要且形式更加丰富。"一带一路"倡议实施以来，各种形式的体育人文交流活动成为有效的载体，实现了从政府间体育交流的单一"平面"，到政府、民间、企业相互合作的"立体"格局的转变。中非双方在携手构建命运共同体，推进"一带一路"合作实施的人文交流行动中提出了实施 50 个文体旅游项目的发展计划。中国—东盟国际汽车拉力赛开创了一条中国与东盟各国友好交流的现代"丝绸之路"，搭建了民心相通的人文之桥。中国—东盟博览会期间，举办了高尔夫国际名人邀请赛、CACXPO"网球之友"联谊活动、中国—东盟大众体育合作发展论坛。另外，在东盟东部增长区中，中国与文莱在文化、卫生、教育、体育、旅游、人力资源培训等领域展开交流合作。①

---

① 钟秉枢、张建会：《"十四五"时期体育人文交流面临的挑战及实现路径》，《体育学研究》2021 年第 2 期，第 1~10 页。

3. 大陆与台湾、澳门、香港的体育人文交流

大陆与台湾的体育人文交流：1997 年两岸奥委会便发起了两岸体育交流座谈会，每年轮流在两岸举办，是两岸体育界最高级别会晤。由于疫情的原因，第二十三届两岸体育交流座谈会 2021 年 3 月 31 日在线上举行，双方就继续维护两岸体育交流与深入合作交换了意见，两岸体育界要增进共识互信，完善交流机制，共享发展机遇，在"奥运模式"基础上推动体育交流合作行稳致远。[①] 国台办发言人表示欢迎中国台北参加北京冬奥会，并会为运动员参赛和训练提供便利以及将为东京奥运会和北京冬奥会的参赛者提供疫苗。此前，还有海峡两岸攀登珠峰、海峡杯帆船赛、厦金海峡横渡等活动，充分联通了海峡两岸民众的心。

内地与澳门的体育人文交流：早在 2004 年国家体育总局副局长于再清便和澳门特别行政区社会文化司司长崔世安签署了双边体育交流与合作协议，在此协议框架之下，内地和澳门在运动员训练、教练员培训、群众体育、运动医学以及兴奋剂检测等多方面进行了交流与合作。疫情下，2020 年 6 月 12 日，正在澳门集训的中国乒乓球队和澳门的青少年乒乓球选手进行了交流，来自澳门乒乓球集训队的 30 多名青少年选手体验了国手们的日常训练，这次活动密切了内地和澳门乒乓球运动员间的交流和互动，激发了澳门运动员的兴趣和热爱。此外，2020 年 10 月，2020 粤港澳大湾区赛车模拟器大奖赛、2020 澳门斯诺克国际大师赛在北京澳门周正式发布。其中赛车模拟器大奖赛是在粤港澳大湾区体育产业协同发展打造的具有创新性品牌赛事，旨在通过以"线上 + 线下"的模式进行办赛，促进人文交流，吸引更多粤港澳大湾区青少年的参与，拉动大湾区青少年在体育方面的互动。[②]

内地与香港的体育人文交流：由于疫情的原因，2020 年内地与香港的体育交流受到了一定的限制。不过在此前，内地与香港之间经常互派交流团，形成了较好的互动氛围。

① 刘昕彤、轧学超：《第二十三届两岸体育交流座谈会举行》，《中国体育报》2021 年 3 月 31 日，第 2 版。
② 冯蕾、轧学超：《北京澳门周助力体育文化交流》，《中国体育报》2020 年 10 月 19 日，第 5 版。

（二）赛事交流的进展

改革开放至 2019 年，我国共获得奥运冠军 237 个、世界冠军 3319 个，共创造和打破世界纪录 1125 次，仅 2001～2017 年就获得世界冠军 1844 个。[①] 我国运动员在国际大赛上充分展示了中国运动健儿高水平的竞技能力、坚强不屈的意志、心胸开阔的精神风貌，更展示了中国的国际竞争力和文化软实力。近年来我国参加的国际大型体育赛事如表 1 所示。

表 1　近年来我国参加的国际大型体育赛事

赛事级别	赛事时间和城市	参赛国家或地区（个）	参赛运动员总数（人）	中国代表团（人）	中国运动员（人）
夏季奥运会	2012 年伦敦	204	10568	621	396
	2016 年里约热内卢	207	11238	711	416
	2020 年东京	206	11656	777	431
冬季奥运会	2010 年温哥华	82	2566	182	91
	2014 年索契	88	2780	139	66
	2018 年平昌	92	2833	181	82
青年奥运会	2010 年新加坡	204	3524	108	70
	2012 年因斯布鲁克	69	1022	—	23
	2014 年南京	203	3579	179	123
	2016 年利勒哈默尔	71	1067	—	—
	2018 年布宜诺斯艾利斯	206	4000	—	82
	2020 年洛桑	79	1872	—	—
亚运会	2010 年广州	45	10156	1454	977
	2014 年仁川	45	9700	1328	897
	2018 年雅加达	45	11620	1278	845
世界夏季大学生运动会	2009 年贝尔格莱德	122	5569	—	438
	2011 年深圳	151	7155	—	505
	2013 年喀山	159	7966	—	290
	2015 年光州	140	7432	—	596
	2017 年台北	145	7639	—	193
	2019 年那不勒斯	120	6000	360	198

[①] 白银龙、舒盛芳：《新中国成立 70 年来中国对世界体育发展的贡献》，《天津体育学院学报》2019 年第 5 期，第 381～387 页。

续表

赛事级别	赛事时间和城市	参赛国家和地区（个）	参赛运动员总数（人）	中国代表团（人）	中国运动员（人）
世界冬季大学生运动会	2009年哈尔滨	44	2366	359	193
	2011年埃尔祖鲁姆	52	2457	—	59
	2013年特伦蒂诺	52	1698	—	96
	2015年格拉纳达	42	1546	—	96
	2017年阿拉木图	57	1620	222	119
	2019年克拉斯诺亚尔斯克	—	—	—	84

资料来源：根据 https：//www.fisu.net/sport - events/fisu - world - university - games/winter - fisu - world - university - games、https：//www.fisu.net/sport - events/fisu - world - university - games/summer - fisu - world - university - games、https：//olympics.com/en/等网站整理而成。

除了在赛事中充分展现中国运动健儿的英勇风采外，承办大型国际体育赛事是中国积极承担国际责任的重要表现。新中国成立以来，中国主动融入国际体育体系，至今已成为举办世界大赛较多的国家（见表2）。根据英国权威体育营销研究机构 SPORTCAL 的统计，发现2007~2018年中国成为全球举办大型国际体育赛事次数最多的国家，并且影响力也最大，中国名副其实地成为国际体育盛会的中心。

表2　我国举办和即将举办的主要大型国际体育赛事

赛事级别	时间	届次	参赛国家或地区（个）	运动员人数（人）	举办城市
亚运会	1990年9月	11	37	6578	北京
亚运会	1996年2月	3	15	453	哈尔滨
世界大运会	2001年8月	21	165	6765	北京
亚运会	2007年1月	6	25	796	长春
奥运会	2008年8月	29	204	11438	北京
世界大运会	2009年2月	24	44	2366	哈尔滨
亚运会	2010年11月	16	45	9704	广州
世界大运会	2011年8月	26	151	7155	深圳

续表

赛事级别	时间	届次	参赛国家或地区（个）	运动员人数（人）	举办城市
亚青会	2013 年 8 月	2	45	2417	南京
青奥会	2014 年 8 月	2	203	3579	南京
世界大运会	2021 年 8 月	31	—	—	成都
冬奥会	2022 年 2 月	24	—	—	北京
亚运会	2022 年 9 月	19	—	—	杭州

资料来源：国家体育总局；白银龙、舒盛芳：《新中国成立 70 年来中国对世界体育发展的贡献》，《天津体育学院学报》2019 年第 5 期，第 381～387 页；https：//www.fisu.net/sport-events/fisu-world-university-games/winter-fisu-world-university-games；https：//www.fisu.net/sport-events/fisu-world-university-games/summer-fisu-world-university-games；https：//olympics.com/en/。

2020 年新冠肺炎疫情席卷全球，为全球体育按下了暂停键。在如此艰难的情况下，我国仍然排除万难参加和承办了部分大型国际赛事。其中，我国组织了 53 名运动员参加了 2020 年 1 月在瑞士洛桑举办的第 3 届冬季青年奥林匹克运动会，与来自 79 个国家和地区的 1872 名运动员展开了赛事交流和互动，在 57 个小项比赛中获得了 3 金、4 银、5 铜的成绩。另外，中国棋手柯洁参加了第 25 届三星杯世界围棋大师赛，以 2∶0 战胜韩国棋手，第四次摘得桂冠。除此之外，2020 年 11 月 8 日中国派代表团参加了东京奥运会体操测试赛，这是由于疫情延期后，东京奥运会举办的首场奥运测试赛，共有来自中国、美国、俄罗斯和日本的 32 名运动员参加。

除了参加比赛外，我国排除万难，于 2020 年 11 月分别在山东威海和河南郑州举办了国际乒联男子、女子世界杯和国际乒联总决赛。这不仅是疫情发生后国内举办的首个有境外选手参与的国际体育盛事，还是世界乒坛停摆 8 个月后重启国际赛事的第一步。

（三）国际体育援助的进展

国际体育援助是国际援助的重要组成部分，是彰显大国担当、促进世界体育发展以及维护世界和平的重要手段，包括对外专业体育人才援助、对外

体育人才培训、对外体育场馆设施援助等多个方面。

首先，对外专业体育人才援助。截至 2007 年，我国共向 123 个国家和地区派遣了 36 个项目的 2547 名运动员。党的十八大以来，我国配合国家援助计划，承接了向缅甸、玻利维亚、汤加、瓦努阿图、牙买加等 50 多个第三世界国家体育技术援助任务，利用体育技术援助任务输出文化软实力和影响力。[①] 2016 年贵州省派出 17 名青年志愿者赴缅甸从事乒乓球、武术等项目的援外服务。

其次，对外体育人才培训。2013 年，我国派出 28 名教练员赴缅甸开展教育活动，负责对当地的学员进行培训，包含武术、射击、游泳等 13 个项目。2017 年在杭州举办了非洲法语国家乒乓球教练与运动员培训班，广州国际乒乓球中心为来自全球各地的 500 多名青少年运动员提供全面指导。

再次，对外体育场馆设施援助。我国自新中国成立以来便有向亚非拉等第三世界国家捐赠体育器材、援建体育场地设施的传统。1965 年，我国向柬埔寨援建了体育馆。[②] 2012～2017 年中国为埃塞俄比亚维修了 11 个地方体育馆。萨马兰奇曾说："中国建设得最好的体育馆不在中国而在非洲。"[③] 我国先后帮扶建设了科特迪瓦国家奥林匹克体育场、马拉维国家体育场、坦桑尼亚国家体育场、莫桑比克国家体育场、科摩罗莫罗尼万人体育场、多哥体育场、萨摩亚游泳馆和阿皮亚公园体育场馆等世界各国的重要体育场馆。

最后，援助筹办体育比赛。2013 年中国政府无偿援助缅甸筹办了第 27 届东南亚运动会；2014～2015 年，我国派出了首都体育学院的专家去刚果共和国策划组织了非洲第 11 届运动会开闭幕式中大型团体操和武术表演，为参赛代表团呈现了别开生面、精彩纷呈的开闭幕式。

我国不同时期援外国家、援外人数、援外项目如图 1 所示。

① 国家体育总局对外联络司：《新中国体育对外工作发展研究》，《体育文化导刊》2019 年第 11 期，第 24～32 页。
② 国家体育总局对外联络司：《新中国体育对外工作发展研究》，《体育文化导刊》2019 年第 11 期，第 24～32 页。
③ 王润斌、张胜军：《中国体育外交：作用、问题与任务》，《公共外交》（季刊）2012 年第 3 期，第 62～68 页。

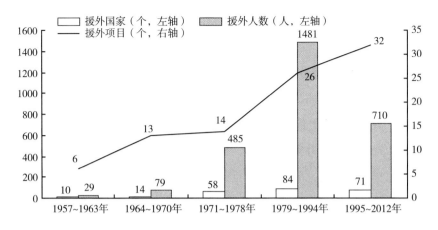

图 1 我国不同时期援外国家、援外人数、援外项目

资料来源：刘京：《我国体育对外援助教练工作的现状与对策研究》，硕士学位论文，北京体育大学，2013。

（四）参与全球体育治理的进展

1. 坚决维护国际体育秩序

1956 年底我国便加入了 100 多个国际体育组织、90 多个亚洲体育组织，截至 2019 年底，我国一共有 320 余人在 66 个国际体育组织中担任了 469 个职务。① 2020 年 11 月，李全海当选为世界帆船联合会主席，这是目前我国人员唯一担任主席的奥运项目单项体育联合会。2020 年 1 月 1 日，杨扬正式担任世界反兴奋剂机构的副主席，积极投身于全球反兴奋剂事业。当前，越来越多的中国人走向了国际体育组织的舞台，成为多个国际体育组织的主席、副主席以及执行委员会委员，这使得我国有了更多的机会参与国际体育事务，在全球体育治理中发出中国声音，为维护世界体育秩序和推动全球体育事业的发展贡献中国力量。

2. 提供全球体育治理的中国方案

党的十八大以来，习近平总书记提出了"一带一路"合作倡议，主动

---

① 国家体育总局内部资料。

发展与共建"一带一路"国家的伙伴关系,将中国与世界更加紧密地结合在一起。"一带一路"倡议提出后,共建"一带一路"国家的体育交流如火如荼,为完善全球体育治理、开辟人类更好的体育发展前景提供了机遇。不仅如此,中国提出的"共商共建共享"理念助力国际体育组织打破长期以来的西方中心主义桎梏,以提升国际体育组织的开放性、包容性和普惠性。"公开、平等、平衡"的中国方案推动国际体育组织治理有序化,提升国际体育组织治理的透明性、民主性、多元性。以开放的中国市场引导国际体育组织健康发展。中国作为世界和平的建设者、全球发展的贡献者、国际秩序的维护者,中国体育作为世界体育的重要部分,应为全球体育事业的发展做出积极贡献。

二 中国体育对外交往存在的问题

(一)人文交流成效有限

1. 体育人文交流顶层战略支撑体系乏力

人文交流项目大多既缺乏整体设计又缺乏有机衔接,导致交流项目分散化、碎片化,甚至一些交流项目形式主义严重,主要表现在如下方面。第一,就机制设置而言,与美国、印度、日本、韩国、澳大利亚等由外交部直接实施体育人文交流战略的国家相比,我国还没有在国家层面设立专门机构对其进行管理,也无法统筹协调各实施主体;第二,就顶层战略设计而言,体育人文交流目标如何有效纳入中国特色大国外交总目标中,还缺少一个国家层面的总体性战略计划;第三,就体育人文交流项目实施效果评估而言,缺乏衡量交流活动效果的科学评估体系,尚未建立相应的评估机制;第四,就体育人文交流理论体系支撑而言,研究成果相对缺乏,制约着科学推进体育人文交流的发展与建设。①

---

① 钟秉枢、张建会:《"十四五"时期体育人文交流面临的挑战及实现路径》,《体育学研究》2021年第2期,第1~10页。

2. 体育人文交流的深度和广度不够

目前，体育在国家人文交流中的重要性越来越高，开展的活动也越来越多，但仍存在如下薄弱环节。第一，在我国与西方大国展开的体育人文交流中，存在西方大国对话输出多、需求少的现象，无形之中就会产生交流不对等和不平衡的问题。第二，在双边和多边人文交流机制中，各体育人文交流机制的内容和形式略有雷同，存在单一化和趋同化的现象。在与不同文明和文化所在国建立体育人文交流时，缺乏有针对性的国别与区域体育研究作为支撑，特色鲜明度还需要进一步提升。第三，在我国政府部门主推的一些双边或多边体育人文交流活动往往连续几届在固定地点举行，且参与单位也限定在固有的目标对象之中，有可能导致体育人文交流活动存在区域失衡、参与不平衡的风险。第四，自"一带一路"倡议实施以来，一批冠以"一带一路"名称的体育赛事在中国一些重点城市火热开战，但这些体育赛事以在中国境内举办居多，参赛队伍以国内运动员为主，共建"一带一路"国家和地区参与度不高，赛事影响力弱，赛事品牌效应低。第五，体育人文交流参与门槛比较低，容易导致其项目实施主体参差不齐，由于价值认知和理念的不同，实施主体间无法形成真正的合力。[1]

（二）赛事交流风险层出

1. 参加国际大赛风格不佳

首先，在一些身体激烈碰撞的运动项目中，可能存在多重因素，运动员做出失控行为，引发赛场争端。无论是在 NBA 的赛场上，还是在 CBA 的赛场上都曾发生过球员甚至延伸到球迷的赛场冲突，更严重的情况可能会引发大型骚乱。如若在大型国际体育赛事中，中国运动员抑或是球迷在赛场上出现类似的情况，则不仅仅是简单的冲突，更可能形成严重的政治问题和外交

---

① 钟秉枢、张建会：《"十四五"时期体育人文交流面临的挑战及实现路径》，《体育学研究》2021 年第 2 期，第 1～10 页。

事件。其次，未能守住干净参赛的底线。2017～2021 年（截至 2021 年 6
月）共查出使用兴奋剂 131 例，其中涉及的项目包括田径、拳击、自行车、
皮划艇、短道速滑等 23 个项目。[1] 此前，在北京奥运会、里约热内卢奥运
会上也爆出中国运动员使用兴奋剂的情况。这非但不能在赛事中彰显运动健
儿的风采，还会有损我国体育大国形象。

2. 承办国际大赛风度有限

早在疫情发生前，国际足联主席因凡蒂诺就"喊话"希望中国承办
2030 年世界杯，疫情发生以来国际体育组织更是希望中国担负起承办更多
大型国际赛事的重担，而 2020 年 10 月 16 日中国足协宣布放弃承办 2022 年
U23 亚洲杯。此外，由于疫情下"东升西降"的格局凸显，西方媒体很可
能将中国举办的国际大型赛事的开闭幕式攻击为文化集权输出，非但不能彰
显中华文化的博大精深和中华民族的文化自信，甚至还会被西方世界的官方
和民众误读。

（三）国际体育援助的局限性

1. 国际体育援助对象的局限性

自《对外援助管理办法（试行）》施行以来，针对发展中国家的援助一
直都是我国国际体育援助的重点。但无可否认，特别是 2020 年初新冠肺炎
疫情肆虐全球以来，大多数国家和地区遭受了前所未有的冲击，很多国家的
运动员受疫情影响不能恢复正常的备战训练，急需得到一定的帮助和支援。
在此情境之中，我们不能仅仅将眼光聚焦于发展中国家，更应该对发达国
家，特别是在新冠肺炎疫情中遭到较大冲击的国家、地区以及国际体育组织
给予支持和帮助，不断增加我国国际体育援助的对象。

2. 国际体育援助主体的单一性

在对外援助的相关政策中强调了国家利益和官方意愿的重要性，非常
强调政府机构宏观调控的权威性。由此，我国国际体育援助的主体比较单

---

[1]　中国反兴奋剂中心网站，https：//www.chinada.cn/channels/infor.html。

一，始终是以政府为主导，忽视了非政府组织、社团组织、企业以及个人的重要作用。而在党的十九届五中全会通过的《中共中央关于制定国民经济和社会发展第十四个五年规划和二〇三五年远景目标的建议》中明确提出要发挥"有效市场"在资源配置中的决定性作用，更好地发挥"有为政府"在宏观经济治理中的作用，推动"有效市场"和"有为政府"的结合。换言之，在国际体育援助的事业中也应该积极调动市场主体和社会力量的积极性，提倡多元主体参与对外体育援助，共同构建人类命运共同体。

3. 国际体育援助缺乏文化内核和引领

首先，从援助的内容来看，体育设施和器材的援助占较大比重。从体育文化的角度来说，设施和器材等属于体育物质文化，是一种显性的文化表现形式。由于我国通常采用无偿赠送、提供低息贷款、与东道主国家共同修建的方式来开展对外援建，一方面政府间的援助很难引起当地群众的共鸣，另一方面很多中国援建工人去往当地容易引起当地群众的误解甚至引发一些冲突。

其次，从传统体育文化"走出去"来看，中国体育对外援助的形式大于内容。从前文可知，中国对外的人员派遣或者是人员培训中，不乏武术等传统体育项目的培训，但由于培训的时间较短，真正能够借此传播中国传统文化的实效可能并不如预期设想的那样。

（四）参与全球体育治理有限

1. 组织内参与不够

截至 2019 年底，我们一共有 320 余人在 66 个国际体育组织中担任了469 个职务，但大多是亚洲区域性的国际体育组织。一是在国际体育组织中我国担任主席的人数较少。新中国成立以来，我国大陆有 12 人担任国际单项体育组织的主席，仅吕圣荣、徐寅生、魏纪中和李全海 4 人为奥运项目国际体育组织的主席。目前，奥运项目单项国际体育组织的主席大多来自英国、意大利、瑞士、西班牙、英国、德国和法国，我国人员

担任主席的仅有世界帆船联合会。二是国际体育组织中我国执委和委员人数较少。本报告收集了40个奥运项目单项国际体育组织任职人员情况，中国籍执委和委员仅占比2.8%，远远少于美国、德国、法国、英国等国家。三是国际体育组织中我国技术官员人数较少。如在国际体育仲裁法庭中，中国籍仲裁员仅有6名，占比1.7%，远远少于美国、英国、法国、瑞士、澳大利亚、加拿大和德国等国家，其中美国籍仲裁员多达30名，占比8.6%。四是国际体育组织中我国全职工作人员较少。如国际奥委会有709名工作人员，分别来自62个国家，但鲜有中国公民。五是中国体育协会参与精力有限，但目前存在一个协会加入多个组织的情况。如中国极限运动协会包含都市时尚极限、水上极限、极限户外探险、冬季极限等运动项目，先后加入了国际漂流联合会、国际滑板联合会、国际冲浪联合会、国际滑水联合会等，分散了有限精力，难以全力支持多个国际体育组织的发展。

2. 社会参与不够

中国民众对国际体育组织的认知不够。本报告调查发现，56.39%的人不了解何为国际体育组织；超过半数的人不能区分国际体育组织与其主要负责的赛事，如将奥运会等同于国际奥委会、将世界杯等同于国际足联等；近30%的人不能区分国际体育组织与其他国际组织、地方组织，如把WHO和联合国教科文组织当作国际体育组织、将冬奥组委归于国际体育组织等。在民众缺乏全面认知的情况下，遑论参与国际体育组织。中国企业对国际体育组织的赞助有限，难以履行社会责任。自1985年国际奥委会实施TOP计划以来，中国仅有联想和阿里巴巴位列其中，占比不到2%；在当前的TOP计划中，美国企业占比50%、日本企业占比21%、中国企业占比仅7%。中国企业对国际体育组织举办的赛事转播的贡献率依然有待提升。北美洲在1997～2016年的各奥运会周期的贡献率均超过50%，在雅典奥运会周期的贡献率高达63%；而整个亚洲在各奥运会周期的贡献率在13%左右，在里约热内卢奥运会周期的贡献率达16%。

三　促进中国体育对外交往的未来展望

（一）构建综合人文交流机制

"十四五"时期，应深刻理解体育在人文交流中的战略深意，更好地发挥体育展示国家文化软实力的重要平台作用。

1. 做好体育人文交流的国家战略设计

首先，加强对体育人文交流的引导，提高认识，解放思想，提升其战略地位，将之列入国家总体外交和国际战略的重要议事日程。其次，面对日益增加的中外高级别人文交流机制，体育的交流要有战略重点，有主有次，体现出战略逻辑。再次，加强政府层面的政策沟通，积极利用好现有的体育人文交流资源平台，通过共同举办"国际体育年"等活动，建立长期稳定的人文交流合作机制。最后，通过内外兼修的方式，在实践中运用战略思维、国际思维和法治思维推进各项体育人文交流活动，化解国际社会对中国发展道路、发展理念和发展模式的疑虑和偏见，真正实现从战略层面提升我国软实力，扩大自身影响力和文化辐射力。①

2. 加强体育人文交流中的风险应对

首先，从思想上要树立高度风险防范意识。在体育人文交流双边、多边机制中，涉及国家众多，意识形态、宗教信仰与价值观也各不相同，在实施体育人文交流与合作过程中，要保持高度警惕，对于未来的风险预判，除底线思维外，也要适度运用极限思维。其次，建立体育人文交流风险防范化解机制。要有一套成熟完善的风险化解体系，第一时间主动采取一些紧急措施和实操方案做好有效应对，以免引起对象国以及民众之间的舆论分歧。最后，做好体育人文交流中的风险评估，分层、分类、分梯次推进各种体育人

---

① 钟秉枢、张建会：《"十四五"时期体育人文交流面临的挑战及实现路径》，《体育学研究》2021 年第 2 期，第 1～10 页。

文交流项目，及时评估进展与风险，确立更精细化的政策引导，以建立长期稳定的双边、多边交流关系。①

3. 讲好体育人文交流中的中国故事

首先，提升利用体育软力量讲述中国故事的能力。与不同国家进行体育人文交流时要从双方理解的角度去阐释，根据对象国的历史文化特征，有针对性、有目的性地选择故事的主角、故事的叙述框架去进行意义表达，真正让对象国民众了解中国，理解中国所言、所作、所为。其次，挖掘具有国际交流潜质的中国传统特色体育项目。特别是注重挖掘、开发与周边国家地缘和文化传统近似的体育项目。

4. 建立体育人文交流合作机制与平台

首先，要在国家层面建立体育人文交流的专门工作平台，聚焦国家战略，统筹协调各个部门、民间的具体实施，推动各文明之间的互学互鉴。其次，建立完善国内多元联动合作机制，不断推动体育人文交流的模式创新与机制协调。充分发挥政府的主导作用，激发中央和地方政府在推动体育人文交流活动中的积极性、主动性。鼓励专业化、国际化的社会组织和民间力量参与到具体项目运作中。最后，做好体育人文交流的理论研究，从而为中外体育人文交流合作发展战略、政策措施提供智力支持。增进国内体育学术研究、智库与国外体育研究机构的交流，建立多元化体育科研合作机制。②

（二）全力推动赛事交流

1. 牢抓作风建设，凸显中华体育健儿本色

建立综合考核评价体系，将体育精神和体育道德评价作为运动员评奖评优、职称评定、职务晋升的重要指标，推行职业道德和赛风赛纪"一票否

---

① 钟秉枢、张建会：《"十四五"时期体育人文交流面临的挑战及实现路径》，《体育学研究》2021年第2期，第1~10页。

② 钟秉枢、张建会：《"十四五"时期体育人文交流面临的挑战及实现路径》，《体育学研究》2021年第2期，第1~10页。

决制"，在警示教育中融入风险教育和法律教育，筑牢运动员的道德底线、纪律底线、法律底线。

2. 承担大型国际赛事，彰显大国担当

首先，审时度势，有选择性地承办大型国际赛事，总结前人经验，创造丰富的赛事遗产，承担起举办全球大型体育赛事的重要责任。其次，创新性地举办国际赛事。不仅要创新开闭幕式举办模式，应用 5G、智能设备、虚拟现实技术等体育"新基建"率先实现"数字观众"，还要拓宽新媒体平台传播渠道，利用 TikTok 等海外短视频平台，向西方受众展示中国普通民众视角下的开闭幕式，彰显中华传统文化和中国发展成就。

（三）强化国际体育援助效能

1. 拓展国际体育援助的对象国

首先，借助"一带一路"倡议，拓展国际体育援助的对象国。目前，中国与 138 个国家、31 个国际组织签署了 201 份共建"一带一路"合作文件，由此我们可以将共建"一带一路"国家和地区纳入国际体育援助的范围。

其次，充分彰显同舟共济的理念，为疫情下遭受冲击的国家和地区带去援助。疫情下中国向 150 多个国家和国际组织提供了 280 多批紧急抗疫物资，向各国提供疫情防控的有益做法和发布抗疫白皮书，加入"新冠肺炎疫苗实施计划"，等等。我们可以为深陷疫情的国家以及运动员提供备战冬奥会的一系列服务、训练场地以及指导等，既可以帮助这些国家和运动员全力做好冬奥会备战工作，也可以为 2022 年北京冬奥会的顺利开展提供保障。

2. 丰富国际体育援助的主体

正如前文所述，充分发挥"有效市场"和"有为政府"的作用。将社会组织、企业、个人、基金会等各类主体纳入国际体育援助的主体中。而政府需要做的是理论指导和政策引领，建立和完善国际体育援助的法律法规，全面搭建非政府沟通的渠道，保障国际体育援助主体的权益。

3. 提升国际体育援助的文化引领作用

丰富和拓展国际体育援助的形式和内容，不断增加中国体育精神文化和体育制度文化的体育援助，丰富体育物质文化的内涵，全面提升中国国际体育援助的文化引领作用，将中国的传统体育文化带出去。

（四）深度参与全球体育治理

1. 构建全方位参与机制

一是选派政治敏感度高、国际经验丰富、对多门语言精通的地方优秀官员、体育协会管理人员等人才到国际体育组织任职，大力支持其竞选领导层职务。二是培养和输送专业过硬的技术官员到国际单项体育组织、世界反兴奋剂机构（WADA）、国际体育仲裁法庭等各类国际体育组织。三是推荐优秀运动员、教练员、裁判员竞选国际体育组织委员或执行委员等，并提供语言培训等相关服务。四是依托相关体育院校，培养具有全球视野、通晓国际规则以及精通多门语言的复合型国际体育组织后备人才，利用国家留学基金委、国家体育总局设立的专项基金资助他们到国际体育组织实习，鼓励申请全职岗位。五是逐步丰富全国性体育协会的类型，助力其成为国际体育组织会员，有计划、分步骤地选派相关人员竞选国际体育组织职务。

2. 创建开放性参与模式

一是打造具有国际影响力的高水平体育智库，开展有关国际体育组织运行、改革的跟踪研究，并参与国际体育组织的决策咨询服务。二是积极培育体育领域享有国际声誉的学者，支持其以不同身份参与到国际体育组织各项工作中。三是鼓励有条件的中国企业加大对友华、亲华国际体育组织的赞助力度，并加大对赞助企业的税收优惠力度，提高它们对体育赞助的积极性。

参考文献

王洪飞：《新时期体育外交战略转型研究》，《体育文化导刊》2020 年第 3 期。

俞大伟：《从无偿到合作：中国体育对外援助主导方式转变探究》，《天津体育学院学报》2016 年第 2 期。

袁雷、郭昱铄、俞大伟：《改革开放以来的中国体育对外援助研究》，《沈阳体育学院学报》2016 年第 4 期。

翟京云、周庆杰：《"一带一路"背景下高校开展体育交流的现状、困境与策略》，《北京体育大学学报》2020 年第 8 期。

评 价 篇

Evaluation Report

B.10
体育领域重大改革推进效果分析
（2020~2021）

吴　迪[*]

摘　要： 2020年是"十三五"收官之年，也是全面建成小康社会的关键之年。突袭而至的新冠肺炎疫情影响了全世界，成为中国体育改革进程中的"黑天鹅"。尽管面临极大的挑战，我国体育领域的各项重大改革依然稳步推进，其中部分改革已经取得了明显成效。本报告从转变政府职能、创新体育社会组织管理、促进青少年体育事业发展、加强反兴奋剂工程建设、持续深化足球改革、创新体育场馆运营等体育改革的重点领域入手，梳理和总结"十三五"期间，尤其是2020年的改革成效，对标建成体育强国的要求，明确改革的方向与路径，分析未来改革趋势。

---

* 吴迪，管理学博士，北京体育大学管理学院讲师，研究方向为体育管理。

关键词： 体育强国　体育改革　反兴奋剂

　　体育发展与所处社会的政治、经济、文化等有着密不可分的关系，其所依托的社会环境决定了发展的模式与机制。中国体育诞生于计划经济体制时期，面对资源短缺、基础薄弱的现实，形成了"赶超式"的发展模式。① 随着社会经济的不断发展和全面深化改革的推进，人民群众的体育需求日趋多元，体育的社会和经济属性被不断挖掘，原有的发展模式已经不再适合现实需求，亟须通过深化改革适应新的发展。党的十九大报告提出"加快推进体育强国建设"，习近平总书记明确指出要"精心谋划，狠抓落实，不断开创我国体育事业发展新局面，加快把我国建设成为体育强国"②。2019 年，国务院办公厅正式印发了《体育强国建设纲要》，为建设体育强国设计了明确的"时间表"和"路线图"。2020 年，党的十九届五中全会公报再次明确，到 2035 年建成体育强国。建成体育强国的目标已经明确，需要设计系统化的改革方案，在重点领域实现关键突破，带动体育事业的整体转变。

　　2020 年是"十三五"的收官之年，2021 年党中央将对全面建成小康社会进行系统评估和总结，然后正式宣布我国全面建成小康社会。③ 在这样关键的时间节点，我们需要回顾历史，总结经验，分析体育领域重大改革的推进实施情况，立足当下，展望未来，充分发挥体育"四个重要"的作用，全面推进体育强国建设，使体育成为实现社会主义现代化的重要动力。2020 年初，突袭而至的新冠肺炎疫情成为影响改革的不确定性因素，面对挑战，体育界更需要坚定信心，推出有力的举措，推进改革不断深化。《体育发展

---

① 杨桦等：《中国体育发展方式改革研究》，高等教育出版社，2016，第 9 页。

② 《习近平会见全国体育先进单位和先进个人代表等》，中国政府网，2017 年 8 月 27 日，http：//www.gov.cn/xinwen/2017 −08/27/content_ 5220823. htm。

③ 《习近平：关于〈中共中央关于制定国民经济和社会发展第十四个五年规划和二〇三五年远景目标的建议〉的说明》，中国政府网，2020 年 11 月 3 日，http：//www.gov.cn/xinwen/2020 −11/03/content_ 5556997. htm。

"十三五"规划》提出了体育的五个重点改革领域,即加快政府职能转变、创新体育社会组织管理、推进职业体育改革、实施足球改革、创新体育场馆运营,体现了动员全社会力量开放办体育的思路。有研究认为体育重点改革的领域包括:公共体育服务体系、运动项目协会改革、青少年体育、职业体育和体制机制改革。① 基于中国体育事业发展的现实,结合"十三五"规划重点改革领域的相关要求,本报告将从转变政府职能、创新体育社会组织管理、促进青少年体育事业发展、加强反兴奋剂工程建设、持续深化足球改革、创新体育场馆运营等方面,分析体育领域重大改革的成效。

一 转变政府职能,推进"放管服"改革

"放管服"指的是简政放权、放管结合、优化服务,使市场在资源配置中起决定性作用,更好地发挥政府作用。② 为了转变政府职能,推进"放管服"改革,体育行政部门在体育赛事审批和健身设施建设审批等方面进行了改革。

一是取消体育行政部门对商业性和群众性体育赛事的审批。2014 年,国家体育总局发布《关于推进体育赛事审批制度改革的若干意见》,明确提出取消商业性和群众性体育赛事审批,意在激发社会和市场活力,调动社会力量举办体育赛事活动的积极性。该项意见的出台带来了体育赛事的蓬勃发展,以马拉松赛事为例,2015 年以来,马拉松相关赛事呈现持续快速增长的趋势,具体变化如图 1 所示。

与赛事蓬勃发展共同出现的也有一些不规范的行为,这些现象的出现,暴露了体育赛事活动管理制度不健全、办赛参赛不规范、监管手段不完善、执法依据不充分的问题。为加强对体育赛事活动的管理,国家体育总局对已

---

① 杨桦等:《中国体育发展方式改革研究》,高等教育出版社,2016,第 97~117 页。
② 《国务院关于印发 2016 年推进简政放权放管结合优化服务改革工作要点的通知》,中国政府网,2016 年 5 月 23 日,http://www.gov.cn/zhengce/zhengceku/2016 - 05/24/content_5076241.htm。

图1　2011~2019年中国马拉松相关赛事数量变化趋势

资料来源：《2019中国马拉松蓝皮书》，搜狐网，2020年5月5日，https：//www. sohu. com/a/393093843_ 505583。

有的规范性文件进行了整合和细化，通过研究、论证、征求意见等一系列流程，制定了《体育赛事活动管理办法》。该办法已于2020年5月1日实施，对体育赛事活动申办和审批、体育赛事活动组织、体育赛事活动服务、体育赛事活动监管、法律责任、废止文件等内容进行了详细的规定。根据《体育赛事活动管理办法》的要求，除了有具体要求的赛事之外，绝大部分体育赛事的举办已经不需要体育部门审批，但对于赛事流程的规范性提出了具体的要求，以保证办赛过程的规范性。

二是加大健身设施建设审批"放管服"改革力度。"放管服"中"管"的力度和强度要与"放"的程度相匹配，三者的发展节奏要统一。2021年5月，甘肃白银马拉松越野赛遇极端天气，导致严重后果。2021年7月5日，国家体育总局等11个部门联合印发《关于进一步加强体育赛事活动安全监管服务的意见》，提出要"进一步明确各部门职责，强化监管举措，统筹发展和安全，牢牢守住体育赛事活动安全风险的底线"[1]，明确了各级体

①　《加强赛事监管　统筹发展安全——体育总局等十一部门联合印发〈关于进一步加强体育赛事活动安全监管服务的意见〉》，国家体育总局政策法规司网站，2021年7月5日，http：//www. sport. gov. cn/zfs/n4974/c994939/content. html。

育部门、赛事组织者和场地空间提供方的责任和义务。健身设施是发展群众体育的基础，其合理的开发和利用体现了健身公共服务供给的水平。2020年末，全国共有体育场地371.3万个，体育场地面积31.0亿平方米，人均体育场地面积2.20平方米。①人均场地面积突破了2平方米，与之前相比有明显提升，但与周边国家和部分发达国家相比仍存在较大差距，人民日益增长的体育健身需要和健身设施发展不平衡不充分的矛盾依然突出。受新冠肺炎疫情的影响，民众的健康意识不断提升，对公共健身设施的需求也有所增加。为了提高全面健身场地设施建设水平，2020年国务院办公厅印发了《关于加强全民健身场地设施建设发展群众体育的意见》，其中明确提出"简化审批程序""支持社会参与"，并明确提出"各地区要加大健身设施建设审批领域放管服改革力度，协调本地区发展改革、财政、自然资源、生态环境、住房城乡建设、体育、水务、应急管理、园林、城市管理等相关职能部门，简化、优化审批程序，提高健身设施项目审批效率"。

二 创新体育社会组织管理

发展体育事业，实现体育治理体系和治理能力现代化需要政府、企业和社会组织的共同参与。体育社会组织包括体育领域的社会团体、基金会和民办非企业单位（公共服务机构），这类非营利组织具有社会公益性，在满足社会体育需求、实现体育公共服务多元化供给等方面具有重要的作用。党的十八大以来，体育社会组织的数量明显提升，从2012年的2.3万个增至2017年的4.8万个，数量翻番。②随着治理理念不断深入人心，体育社会组织在促进体育事业发展中的重要价值更加被认可，扶持体育社会组织健康发展、创新管理方式成为体育改革中的重要内容。

---

① 《中华人民共和国2020年国民经济和社会发展统计公报》，国家统计局网站，2021年2月28日，http://www.stats.gov.cn/tjsj/zxfb/202102/t20210227_1814154.html。
② 裴立新：《新时代中国体育社会组织发展研究》，《体育文化导刊》2019年第3期，第17~22页。

（一）支持体育社会组织发展

2016 年出台的《国家体育总局贯彻落实〈法治政府建设实施纲要（2015—2020 年）〉实施方案》将创新社会治理作为一项主要任务，提出大力引导和扶持体育社会组织发展；将适合社会组织解决的事项交给社会组织承担；以全国性体育社会组织为改革试点，推动各级各类体育社会组织改革；发展全民建设志愿服务组织；规范和引导网络体育社团社群健康发展；等等。2020 年国家体育总局等八部门联合印发了《关于促进和规范社会体育俱乐部发展的意见》（简称《意见》），旨在推动社会体育俱乐部健康规范发展。《意见》提出要全面支持社会体育俱乐部的发展，重点支持公益性的社会体育俱乐部，尤其是"民办非营利性社会体育俱乐部和面向青少年的社会体育俱乐部"的发展，使这些俱乐部在提供基本公共体育服务、培养体育后备人才方面发挥积极的作用。

（二）深化全国性单项体育协会改革

2019 年 6 月 14 日，国家发展改革委联合其他九个部委共同发布了《关于全面推开行业协会商会与行政机关脱钩改革的实施意见》（简称《实施意见》），为单项体育协会的"脱钩"指明了方向和路径。根据《实施意见》中列出的全国性行业协会商会脱钩改革名单，涉及国家体育总局主管的协会 89 家（包含全国性单项体育协会 74 家），包括已完成脱钩的协会 21 家、拟脱钩的协会 68 家。脱钩完成之后，这些体育协会要遵循"五分离"的改革原则，成为"依法设立、自主办会、服务为本、治理规范、行为自律"的社会组织。根据协会和中心出现的先后顺序，二者之间存在两种关系。一部分协会出现在中心成立之前，尤其是部分奥运会项目协会，基本属于先有协会后有中心，是"一套人马，两块牌子"的形式；还有一部分协会是由中心"孵化"而来，即本来没有存在的项目协会，随着项目的出现和发展，主要依托中心的资源而成立。

2019 年，国家发展改革委员会等十部委联合印发《关于全面推开行业

协会商会与行政机关脱钩改革的实施意见》，并公布了全国性行业协会商会脱钩改革名单。其中，单项体育协会根据脱钩完成的程度可以分为"已脱钩"和"拟脱钩"两种类型。"已脱钩"的协会实现了与行政部门之间的分离，项目协会与中心之间不存在隶属领导关系，这一部分协会脱钩较早，大部分属于群众参与度较高的非奥运会项目，或者社会化、市场化程度较高的项目。"拟脱钩"的项目协会还存在两种类型，一种是直接进行脱钩，另一种是在实体化后进行脱钩。

脱钩之后，全国性单项体育协会要提高社会化运行的程度，各协会主办的体育赛事活动资源、培训项目等符合条件的都要通过公开方式交由市场主体承办。2020 年面对疫情的影响，各协会在保障疫情防控的基础上，有奥运会备战任务的国家队落实训练要求，同时积极探索改革措施。如中国田径协会，紧抓制度建设，提高治理能力，在 2020 年组织修订和新增协会制度共计 110 项，包括内部管理制度 56 项、外部管理制度 54 项；构建田径发展新模式，通过开放合作建立共享共赢的新平台，与企业签署战略合作协议，创新赛事组织和业态发展模式。①

三　促进青少年体育事业发展

青少年是国家的未来和希望，科学有效的体育教育有助于青少年提升身体素质，塑造健全的人格，实现全面发展。足够数量的青少年参与体育运动也有助于为竞技体育培养和选拔人才。近年来，青少年体质健康已经成为全社会关注的热点。2020 年全国"两会"期间，全国政协委员、民盟中央副主席程红在政协大会发言时指出，我国儿童青少年体质健康主要指标连续 20 多年下降，33% 存在不同程度的健康隐患。② 在运动员培养方面，现行的三级训练体制

① 李东烨：《打好东京奥运　抓好协会改革　中国田协探索发展新模式》，《中国体育报》2020 年 12 月 2 日，第 3 版。

② 《青听午报｜青少年体质连续 20 多年下降　委员建议提高体育成绩占比》，中青在线，2020 年 5 月 25 日，http：//news. cyol. com/app/2020 – 05/25/content_ 18629517. htm。

中，各省（区、市）以体育运动学校、体育学院附属竞技体校和各类青少年业余体校为代表构成中级训练形式，在学校和专业队之间起到衔接作用。近年来，体校生源数量下降①、学训存在矛盾②的报道并不鲜见。

青少年的教育和培养离不开学校，学校是促进青少年提升身体素质的关键场所，也是竞技体育选拔后备人才的主要来源。2016 年，国务院办公厅发布《关于强化学校体育促进学生身心健康全面发展的意见》，提出"学校体育仍是整个教育事业相对薄弱的环节"，需要推动学校体育改革，目的是促进学生身心健康。2017 年，国家体育总局、教育部联合制定并印发了《关于加强竞技体育后备人才培养工作的指导意见》，旨在通过改革创新，完善竞技体育后备人才培养体系，提升青少年体育训练质量，推动竞技体育后备人才培养。这两个文件的出台对学校体育的发展和竞技体育后备人才的培养都提出了指导性的意见。

2020 年 5 月举行的全国青少年体育工作会议总结了 2019 年的成绩，并对 2020 年的青少年体育工作做出了部署，提出将体教融合、青少年综合素质提升和培养竞技体育后备人才作为青少年体育工作的关键点。

（一）深度推进体教融合

发展青少年体育直接涉及的部门就是国家体育总局和教育部，2020 年 9 月，国家体育总局和教育部联合发布了《关于深化体教融合　促进青少年健康发展的意见》（简称《意见》），该《意见》以融合和发展作为关键词，"文件要解决的问题，就是让广义的青少年体育蓬勃开展，让竞技体育形成良性循环，让两者融合起来"③。体教融合并不是简单地将教育部门和体育

---

① 《中国体校生源大幅下降　外媒：家长更注重文化教育》，参考消息网，2016 年 5 月 20 日，http：//www.cankaoxiaoxi.com/china/20160520/1165196.shtml。
② 《中国体校生源大幅下降　外媒：家长更注重文化教育（2）》，参考消息网，2016 年 5 月 20 日，http：//www.cankaoxiaoxi.com/china/20160520/1165196_2.shtml。
③ 《体、教"复位"、面向人人、因材施教——教育部体卫艺司司长王登峰解读〈关于深化体教融合　促进青少年健康发展的意见〉》，中国政府网，2020 年 9 月 21 日，http：//www.gov.cn/xinwen/2020-09/21/content_5545410.htm。

部门之间的资源进行叠加，其强调通过理念的变革，以学生为核心，真正地实现以体育人的目的。此文件包含三项核心的改革内容，分别对应学校、师资队伍和赛事。[1] 一是充分发挥学校的作用。学校是学生接受体育教育的主要场所，此次《意见》整合了原体育传统项目学校和体育特色学校，将之统一称为体育传统特色学校，由教育和体育部门联合对学校进行评定，即评估学校体育工作情况。二是加强学校体育师资队伍建设。学校体育教师面向青少年，其教学水平体现在体育课授课过程中，直接影响青少年体育的发展。《意见》提出了加强体育教育人才队伍建设，除了体育教师之外，还要在校园中设立教练员岗位，鼓励优秀的退役运动员和教练员进入学校兼任或担任体育教师，建立体育教师和文化课教师在中小学及体校之间任教的制度，加强对体育教师的培训。教练员岗位的设置有助于学校开展更具有专业性和针对性的体育项目训练，帮助学校建立高水平的运动队。三是对青少年体育赛事体系进行改革。过去，教育系统和体育系统分别主办青少年体育赛事，前者主要关注在校学生参与体育赛事，后者主要关注选拔高水平运动员，二者在赛事体系上并无重合，但青少年运动员本身和赛事存在的特点不免造成二者在某些方面的重复。如国家体育总局主办的全国青年运动会和教育部主办的全国学生运动会在参赛选手、比赛项目设置等方面就具有明显的重合。未来的赛事举办将打破竞赛设置的壁垒，让来自普通学校、体校和社会体育俱乐部的运动员都有机会参与比赛，形成多元化的人才培养方式，形成良性竞争。竞赛体系的重大改革就是将全国青年运动会和全国学生运动会合并组织，改称全国学生（青年）运动会。[2]

体教融合体现了以人为核心、健康第一的体育教育理念，将培养高水平竞技体育人才与全面提升青少年身体素质两个目标进行了结合。让更多的青

---

[1] 《"要把文化课作业减下来，但体育课作业必须加上去"——专家解读〈关于深化体教融合促进青少年健康发展的意见〉》，中国科技网，2020年9月22日，http://stdaily.com/index/kejixinwen/2020-09/22/content_1021422.shtml。

[2] 《体育总局 教育部关于印发深化体教融合 促进青少年健康发展意见的通知》，国家体育总局网站，2020年9月21日，http://www.sport.gov.cn/n10503/c963639/content.html。

少年参与体育、热爱体育，只有培养充足的青少年体育人口，才能保证高水平运动员的培养和选拔可持续发展。

（二）持续推进青少年体育俱乐部发展

发展青少年体育需要以青少年为中心，除了在校内，青少年在校外的体育活动也应受到足够重视，需要充分发挥家庭、社会等多个方面的作用。青少年体育俱乐部是青少年在校外参与体育活动的主要场所，发展青少年体育俱乐部可以提升青少年的运动能力和健康素养，同时可以推动和促进全民健身与体育消费。青少年体育俱乐部可以将校内和校外的体育教育进行衔接，打造完整的青少年体育教育。青少年体育俱乐部大概可以分为两种类型：一种是工商注册的营利性俱乐部；另一种是不以营利为目的、具有法人资格的社会组织。前者主要依靠投资，采取市场化的方式运作；后者则依托体育场馆、普通学校、体校、单项体育协会等进行运作。对于青少年体育俱乐部的发展均应当给予支持，但可根据其性质的不同予以分类支持，相对而言，非营利性青少年体育俱乐部得到的支持会更大。

国家体育总局大力支持青少年体育俱乐部发展。2000 年，国家体育总局办公厅发布《关于进行青少年体育俱乐部试点工作的通知》，并根据《1999 年度体育彩票公益金用于扶持创办青少年体育俱乐部试点工作实施方案》，用体育彩票公益金在全国 30 个省（区、市），分两批创建了青少年体育俱乐部，由此开始了我国青少年体育俱乐部的试点创建。2001 年 6 月发布的《关于各运动项目管理中心和训练单位创建青少年体育俱乐部的通知》，将国家体育总局直属的各运动项目管理中心和训练单位的部分体育场馆用以支持创建青少年体育俱乐部。2003 年，国家体育总局联合教育部发布《关于鼓励和支持学校创建青少年体育俱乐部的通知》，详细规定了学校创建青少年体育俱乐部的条件、措施、管理等事项。

2016 年，国家体育总局印发的《青少年体育"十三五"规划》指出，国家级青少年体育俱乐部的数量已经超过了 5000 个，需要完善青少年体育组织网络，"大力培育青少年体育组织，积极支持社会力量参与各类青少年体育组织建设，完善政策措施，激发社会活力"。2020年召开的全国青少年体育工作会议强调，"要大力扶持青少年体育社会组织发展，加强顶层设计，完善标准建设，加强人才队伍建设"。2020年国家体育总局青少司举办了青少年体育俱乐部管理人员线上培训，中国棒球协会推出《青少年棒球训练指南》，中国足球协会发布了《中国足球协会青少年训练大纲》。

四 加强反兴奋剂工程建设

习近平总书记指出，"要坚决推进反兴奋剂斗争，强化拿道德的金牌、风格的金牌、干净的金牌意识，坚决做到兴奋剂问题'零出现'、'零容忍'"①。2020年，面对新冠肺炎疫情的风险和挑战，中国反兴奋剂中心制定了《疫情防控期间兴奋剂检查工作方案》和《疫情期间兴奋剂检查工作指导》，在落实疫情防控要求的同时按照《检查与调查国际标准》实施兴奋剂检查工作。2020年全年共派出检察官1049批次2635人次，共实施检查14072例，查出阳性23例，其他违规2例，总体违规率为0.18%。② 图2显示了2017~2019年兴奋剂监测阳性结果，可以看出，无论是阳性出现次数还是阳性率都有了明显的下降。

2019年，国家体育总局办公厅印发《反兴奋剂工作发展规划（2018—2022）》，点明了反兴奋剂工作面临的严峻形势和重要意义，制定了"备战两个奥运反兴奋剂专项行动计划"，形成了"反兴奋剂理论体系"、"反兴奋剂法制体系"、"反兴奋剂组织体系"、"反兴奋剂预防体系"、"反兴奋剂查处体系"、"反兴奋剂诚信体系"、"反兴奋剂对外交流体系"、"反兴奋剂人才体系"和"反兴奋剂评估体系"9个执行计划。争取实现中国反兴奋剂

---

① 习近平：《在教育文化卫生体育领域专家代表座谈会上的讲话》，《人民日报》2020年9月23日，第2版。

② 《严格实施疫情防控 有效开展备战检查——反兴奋剂中心公布2020年兴奋剂检查数据》，国家体育总局网站，2021年3月3日，http://www.sport.gov.cn/n316/n340/c979789/content.html。

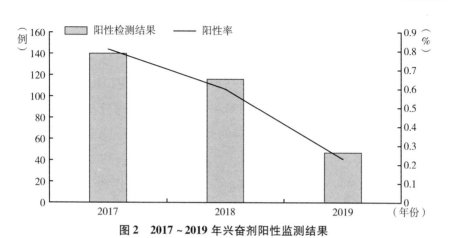

图2　2017~2019年兴奋剂阳性监测结果

资料来源：2017~2019年《中国反兴奋剂中心年报》。

工作治理体系与治理能力的现代化，形成长效机制和全覆盖的组织体系，在全球反兴奋剂治理体系变革中发挥更大的作用。

2020年5月，《国家体育总局"反兴奋剂工程"建设方案》（简称《建设方案》）正式发布，贯彻落实习近平总书记对反兴奋剂工作系列指示批示精神，落实党的十九届四中全会精神，构建长效治理体系，提升治理能力。《建设方案》强调要在整个体育系统，加大对《兴奋剂刑事案件司法解释》的宣传力度。加强与世界反兴奋剂机构的沟通与合作，落实《世界反兴奋剂条例2021》和相关国际标准的要求，将中国的反兴奋剂工作与国际接轨。在治理体系方面，《建设方案》明确了成立总局反兴奋剂工作领导小组，形成统一领导，各奥运项目中心和协会要建设专门的反兴奋剂部门或办公室，各省（区、市）体育局均要建立专门的反兴奋剂机构，压紧压实主体责任。与公安、司法、市场监管、药监、卫生、教育等部门协调配合，共同形成反兴奋剂综合治理体系。在运行机制方面，《建设方案》要求紧盯关键岗位和重点环节，加强对国家队和东京奥运会中国体育代表团的反兴奋剂工作；同时发挥反兴奋剂督察组的作用，加大兴奋剂检查力度和科学性，加强对食源性和药源性兴奋剂的防控能力。《建设方案》中强调对违规使用兴奋剂进行严肃追责，将发生重大兴奋剂违规行为等情形的经营主体或从业人员列入黑名单，加大反兴奋剂宣传力度，畅通兴奋剂问题举报

渠道。

2020 年 8 月，国家体育总局反兴奋剂中心制定了《国家队兴奋剂风险防控体系建设指南》，明确了国家运动项目管理单位（国家运动项目管理中心内和/或全国性单项体育协会和国家队）反兴奋剂的工作职责，对国家队兴奋剂风险防控体系建设做出了具体的指导和部署，为国家队建设兴奋剂风险防控体系提供了思路。2020 年 12 月，国家体育总局印发了《反兴奋剂规则》，在反兴奋剂领域形成了具有技术性和可操作性的规则，完善了法律法规体系，为反兴奋剂斗争提供了有力的保障。2020 年 12 月 26 日，第十三届全国人民代表大会常务委员会第二十四次会议通过《中华人民共和国刑法修正案（十一）》，修正案增设了与兴奋剂有关的罪名，在中国反兴奋剂工作中具有重要意义。刑法第三百五十五条后增加一条，作为第三百五十五条之一："引诱、教唆、欺骗运动员使用兴奋剂参加国内、国际重大体育竞赛，或者明知运动员参加上述竞赛而向其提供兴奋剂，情节严重的，处三年以下有期徒刑或者拘役，并处罚金。"①

五　持续深化足球改革

2015 年，国务院办公厅印发《中国足球改革发展总体方案》，强调了发展和振兴足球的重要意义与价值，从中国足球协会、职业足球俱乐部、足球竞赛体系和职业联赛体制、校园足球、社会足球、足球专业人才培养、国家队改革、足球场地建设、投入机制等多项内容进行了全方位的改革指导，为中国足球事业的改革和发展指明了方向。表 1 显示了 2016 ~ 2020 年中国足球改革的主要官方文件，包括发布年份、文件名称和发布机构。2016 年，多部门联合发布的《中国足球中长期发展规划（2016—2050 年）》和《全国足球场地设施建设规划（2016—2020 年）》

---

① 《中华人民共和国刑法修正案（十一）》，中国人大网，2020 年 12 月 26 日，http：//www.npc.gov.cn/npc/c30834/202012/850abff47854495e9871997bf64803b6.shtml。

进行了更为具体的改革设计，明确了中国足球近期、中期、远期的改革目标，对足球场地设施的建设提出了明确目标，即"到2020年，全国足球场地数量超过7万块，平均每万人拥有足球场地达到0.5块以上，有条件的地区达到0.7块以上"。2017年，中国足球协会发布《中国足球改革发展试点工作方案》《中国足球协会2020行动计划》。在原有试点城市和省份的基础上，进一步进行发展试点的推广，形成了2020年的行动目标和主要措施。2020年，中国足球协会发布《关于进一步推进足球改革发展的若干措施》。中国足球协会是促进中国足球发展、协调足球改革的关键组织，足协本身的机制改革和治理能力提升是促进全面深化改革的关键。构建完整的组织体系，制定规范的章程和制度是提升治理能力的基础。中国足球协会明确了加强足球行业党的领导，应进一步修订完善《中国足球协会章程》，构建现代协会管理体系。根据改革的进度和现实的发展情况，对标改革发展的总体方案，从提高足协治理能力、促进足球运动普及、国家队建设管理、职业联赛、青少年足球、专业人才培养、足球场地建设、地方足球发展等方面列出了详细的计划和具体的实施时间，进一步完善制度设计和体制机制建设。

表1 2016~2020年中国足球改革主要官方文件

发布年份	文件名称	发布机构
2016	《中国足球中长期发展规划（2016—2050年）》	国家发展改革委、国务院足球改革发展部际联席会议办公室（中国足球协会）、国家体育总局、教育部
2016	《全国足球场地设施建设规划（2016—2020年）》	国家发展改革委、国家体育总局、教育部、国务院足球改革发展部际联席会议办公室（中国足球协会代章）
2017	《中国足球改革发展试点工作方案》	中国足球协会
2017	《中国足球协会2020行动计划》	中国足球协会
2020	《中国足球协会关于进一步推进足球改革发展的若干措施》	中国足球协会

资料来源：中国足球协会官方网站。

六　创新体育场馆运营

体育场馆是开展体育运动的主要场所，可以作为竞技体育的比赛场地、全民健身的运动场地。除此之外，体育场馆可以作为表演和展会等大型集会活动的场所，具有一定的商业价值。2020 年疫情发生初期，武汉洪山体育馆被改造为"方舱医院"，使得体育场馆在疫情防控和防灾避险方面的功能得到了更多关注。图 3 显示了 2018～2020 年全国体育场地数量与面积变化，呈现了较为明显的增长趋势。从 2018 年到 2020 年人均体育场地面积从 1.86 平方米增长到 2.20 平方米，2019 年人均体育场地面积为 2.08 平方米，首次突破了 2 平方米。①

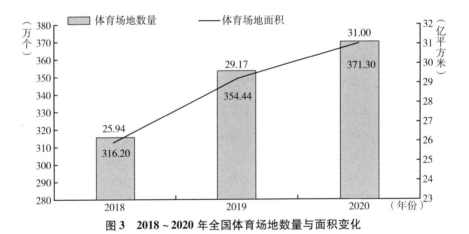

图 3　2018～2020 年全国体育场地数量与面积变化

资料来源：国家体育总局、国家统计局。

（一）提升场馆利用率，加强体育设施建设

尽管与场馆相关的各方面指标都有了明显的提升，但人民群众日益增长

---

① 《2019 年全国体育场地统计调查数据》，国家体育总局官方网站，2020 年 11 月 2 日，http：//www.sport.gov.cn/jjs/n5043/c968164/content.html；《中华人民共和国 2020 年国民经济和社会发展统计公报》，国家统计局官方网站，2021 年 2 月 28 日，http：//www.stats.gov.cn/tjsj/tjcbw/202103/t20210331_ 1815847.html。

的健身需求与运动场地供给不足的矛盾依然突出。在场地供给不足的同时，学校体育场馆使用效率低下、公共场馆开放不足的问题依然突出。因此，提高现有场馆的利用率、增加场馆的数量是解决运动场地不足的两个路径。

（1）现有场馆需要提高利用率和服务意识。《2019年全国体育场地统计调查数据》显示，现有的健身场地中，属于事业单位的场地为13.46亿平方米，占总数的46.1%。事业单位的运行不以营利为目的，一般会向社会免费或低收费开放，由中央财政进行补贴。2020年，财政部向全国35个省（区、市）或地级市提前下达了2021年的补助资金，包括奖励资金850万元、补贴资金9.17亿元，合计9.26亿元。① 有专家表示，"补贴对于场馆运维来说是杯水车薪"，"履行了开放义务的场所……其多数也仅仅履行了基本义务"，"服务意识没跟上"②。相对直接由场馆经营，由专业的第三方运营可能更具有效率。"第三方"指的是除场馆所有者和使用场馆的公众外运营场馆的机构。如有些运动培训机构利用学校的课余时间运营学校场馆，通过培训和举办赛事等多种形式，在满足群众运动需求的同时实现了盈利，激发了民众参与体育运动的热情和市场活力。2019年国务院办公厅印发的《关于促进全民健身和体育消费推动体育产业高质量发展的意见》明确提出，"政府投资新建体育场馆应委托第三方企业运营，不宜单独设立事业单位管理。支持职业体育俱乐部主场场馆优先改革"。

（2）进一步提升全民健身场地建设水平。2020年，国务院办公厅印发了《关于加强全民健身场地设施建设发展群众体育的意见》（简称《意见》），从完善顶层设计、挖掘存量建设用地潜力、提升建设运营水平、实施群众体育提升行动等方面对构建更高水平的全民健身公共服务体系提出了具体意见，对体育场馆的建设和使用提出了新的要求。《意见》提出要对公

---

① 《关于提前下达2021年公共体育场馆向社会免费或低收费开放补助资金预算的通知》，中华人民共和国财政部网站，2020年10月30日，http：//jkw. mof. gov. cn/gongzuotongzhi/202011/t20201112_ 3621614. htm。
② 《场地不足困住运动消费"刚需" 专业体育场馆开放给第三方运营?》，"经济导报"百家号，2019年9月20日，https：//baijiahao. baidu. com/s? id = 1645204894831331644&wfr = spider&for = pc。

共体育场馆进行平战两用改造，强化其在重大疫情防控、避险避灾方面的功能；促进社会力量参与场馆运营；完善政策体系，支持体育场馆向社会免费或低收费开放；建设相关法规和技术标准，支持建设气膜结构健身馆和装配式健身馆；等等。《意见》旨在解决体育场馆建设和运行当中的关键问题，如建设用地不足、运营水平低下等。2021年，国家发展改革委和国家体育总局联合印发了《"十四五"时期全民健身设施补短板工程实施方案》，明确提出到2025年，全国人均体育场地面积在2.6平方米以上的建设目标，并提出了具体的建设任务，为开展全民健身提供了保障。

（二）让体育场馆"智慧"起来

智慧体育场馆的建设依靠大数据、互联网等新技术，使其在运动健身功能的基础之上发挥社交娱乐作用，多维度满足消费者需求，提高场馆的利用率、服务水平。通过智慧系统，民众可以进行预订场馆、自助购票、问询业务等，不仅提升了便利程度，也极大地降低了场馆的运营成本、提高了运营效率。如江苏省五台山体育中心在使用智慧系统后，每年能耗可节约近200万元，场馆利用率提高了30%；宁波市体育公共服务平台"宁波体育"投入运营之后，场地服务人力成本下降50%，电子支付比例提升至80%以上，降低了人力成本和现金管理风险。[①] 在疫情防控常态化的背景之下，智慧系统有助于场馆控制使用人数，打通线上线下活动，优化健身体验，便于场馆的运营管理。随着5G技术的普及和推广，通过物联网技术链接体育场馆和用户也成为可能。通过QR代码、人脸识别等技术，体育场馆可以实现"无人值守，一卡通行"，提升顾客的体验感和场馆管理水平。场馆收集到的海量数据有助于分析场馆的运行特点，为场馆运行决策提供支持，获取的成员数据也可以用于对消费者的偏好和消费能力进行分析，从而形成用户画像，

---

① 《智慧体育场馆建设按下"加速键"》，国家体育总局网站，2021年3月31日，http://www.sport.gov.cn/n317/n3398/c983546/content.html。

提供有针对性的服务。① 除此之外，物联网与场馆的融合还可以通过 AI 和大数据技术，对进入场馆的消费者进行人口特征的识别和分析，从而得出有针对性的用户健康指导意见，增加用户黏性。②

随着数字技术的发展，智慧场馆的建设具有广泛的前景，除了技术层面的支持，还需要制度层面的保障。2020 年，国家体育总局办公厅发布了《体育场馆信息化管理服务系统技术规范》和《全民健身信息服务平台数据接口规范》，提升了场馆的信息化管理能力。目前，我国在国家层面还没有出台指导智慧场馆建设和管理的相应标准。2021 年初，浙江省出台了《大中型体育场馆智慧化建设和管理规范》的省级地方标准，提出了具体的场馆管理模式；《中国智慧体育场馆标准化白皮书》也在国家体育总局信息中心、研究机构和高科技企业的牵头之下，在多家智慧体育场馆的参与之下启动编制，场馆的标准化建设逐渐完善。③ 智慧场馆的建设需要进一步规范，通过面部识别等多种方式收集到的个人信息涉及大量隐私，如何保证数据在合理范围内进行使用，在进行决策的同时保证用户数据安全是需要解决的关键问题。

七 结语

2020 年，体育重点领域的改革稳步推进，取得了良好的成效，参与体育治理的主体更加多元，青少年体质健康得到重点关注，兴奋剂、足球、体育场馆等关键领域的改革逐渐深化。在改革过程中，逐渐形成了制度和组织层面的长效治理机制，为体育事业的"十四五"发展奠定了坚实基础。

多元参与的体育治理格局逐渐形成。要实现体育治理体系现代化，需要

---

① 《物联网 为智慧体育场馆赋能》，搜狐网，2019 年 7 月 4 日，https：//www. sohu. com/a/324820608_ 120100557。

② 《物联网 + 方兴未艾，智慧场馆应运而生》，亚体资讯，2020 年 8 月 12 日，https：//www. yt325. cn/news – show – 2488. html。

③ 《智慧体育场馆建设按下"加速键"》，国家体育总局网站，2021 年 3 月 31 日，http：//www. sport. gov. cn/n317/n3398/c983546/content. html。

多元主体的有序参与,即政府、市场和社会组织各自明确职责,各司其职,各负其责,形成促进体育事业发展的合力。经过一系列的改革,政府层面的"放管服"成效显著,政府职能转变,行政审批程序简化、数量减少、效率提高,促进了赛事数量的提升,为健身设施的建设"松绑"。需要注意的是,政府在进行"放"的同时,更要做好"管"和"服",提升管理能力、优化服务水平,保证体育事业健康有序发展。社会层面,支持和规范体育社会组织发展的制度不断健全,突出这类组织的公益性,打造惠及全民的社会体育公共服务供给主体。深化单项体育协会"脱钩"改革,提高协会社会化运行程度,将协会打造成为"依法设立、自主办会、服务为本、治理规范、行为自律"的社会组织。

青少年体育事业发展得到重点关注,体制机制建设有所突破。在校园范围之内,国家体育总局和教育部联合发布的《关于深化体教融合 促进青少年健康发展的意见》通过部际合作,突出体育与教育融合发展理念,将培养高水平竞技体育人才与全面提升青少年身体素质两个目标相结合,从学校、师资队伍和赛事三个层面明确了体教融合的实施机制。在校园范围之外,国家体育总局积极整合体育场馆、学校、体校、单项体育协会等方面的资源,持续推动公益性青少年体育俱乐部的发展和建设。

兴奋剂、足球、体育场馆建设等重点领域持续深化改革。以兴奋剂管理为例,中国对运动员使用兴奋剂现象的管理一贯严格,秉持"零容忍"态度,致力于建立反兴奋剂的长效机制。制度层面,2020年,兴奋剂违法行为正式"入刑",与《关于审理走私、非法经营、非法使用兴奋剂刑事案件适用法律若干问题的解释》、国务院《反兴奋剂条例》、体育总局《反兴奋剂管理办法》以及《体育运动中兴奋剂管理通则》共同构建起法律、行政条例、行业衔接配套的兴奋剂处罚机制。组织层面,《2020年反兴奋剂中心年报》显示,20个国家运动项目管理单位成立了反兴奋剂部门,27个省(区、市)成立了省级反兴奋剂机构,中国反兴奋剂中心加大兴奋剂检查工作力度,兴奋剂阳性和违规数量逐年下降。

《中华人民共和国2020年国民经济和社会发展统计公报》数据显示,

全年人均国内生产总值预计达到 72447 元，生活水平的提升将提高人民群众对体育的关注度和参与度，带来更多元的影响。2021 年是"十四五"开局之年，因此，需要对标 2035 年建成体育强国的目标，在开放办体育的思路下，深化体育领域改革。充分协调体育部门与其他部门、中央与地方之间的关系，深化体制机制改革，在职业体育、青少年体育、反兴奋剂、足球改革、体育场馆运营等重点领域促进发展，寻求突破，实现体育治理体系与治理能力的现代化。

参考文献

鲍明晓：《足球改革进程中深层次制约因素及化解策略》，《北京体育大学学报》2019 年第 11 期。

傅钢强、刘东锋：《我国体育场馆智慧化转型升级：基本内涵、逻辑演进、关键要素和模式探究》，《体育学刊》2021 年第 1 期。

卢扬逊、薛童：《我国兴奋剂争议解决机制的构建》，《天津体育学院学报》2018 年第 4 期。

仇军、张兵：《新时代体育强国建设的模式选择与路径找寻》，《北京体育大学学报》2019 年第 3 期。

杨春然、王学栋：《论反兴奋剂国际体育仲裁中的运动员程序保护》，《北京体育大学学报》2018 年第 11 期。

特　别　篇
Special Report

B.11
北京2022年冬奥会和冬残奥会
遗产报告（2020）*

北京 2022 年冬奥会和冬残奥会组织委员会　北京体育大学

序　言

创造奥运遗产越来越成为现代奥林匹克运动的重要目标，与通过体育构建更美好世界的愿景高度契合。举办一届奥运会，其目的不仅是要实现办赛精彩，为广大运动员公平竞技、实现自我价值搭建平台，更大的价值还在于为公众、主办城市、国家以及奥林匹克运动带来更多可以长期受益的有形或无形的奥运遗产。

北京 2022 年冬奥会和冬残奥会（简称"北京冬奥会"）是《奥林匹克

---

* 《北京 2022 年冬奥会和冬残奥会遗产报告（2020）》由北京 2022 年冬奥会和冬残奥会组织委员会（以下简称"北京冬奥组委"）会同北京体育大学编制，本书主编白宇飞和高鹏是核心参与者，收入本书时，此文略有技术性删改，原文请见北京冬奥组委官方网站，https：//www.beijing2022.cn/sv1/wog.html？cmsid＝20210623003628。

2020 议程》颁布之后第一届从筹办之初就全面规划管理奥运遗产的奥运会。北京冬奥会自 2015 年 7 月 31 日申办成功以来，北京冬奥组委始终秉持"绿色办奥、共享办奥、开放办奥、廉洁办奥"理念，积极践行《奥林匹克 2020 议程》及"新规范"要求，稳步有序推进各项筹办工作，朝着举办一届"精彩、非凡、卓越"奥运盛会的目标坚定迈进。同时，加强与相关国家部门、主办城市、社会组织、企事业单位等利益相关方的密切配合，将冬奥筹办工作与城市发展目标和人民群众美好生活需要紧密结合，通过科学规划、管理和运用筹办成果，努力为主办城市和地区留下可持续发展的丰厚遗产，开创奥林匹克运动与城市和区域良性互动、共赢发展的新局面。

为更好地规划创造冬奥遗产，加速带动经济社会可持续发展，北京冬奥组委与国际奥委会和国际残奥委会紧密协作，充分借鉴国际经验，传承利用北京 2008 年奥运会遗产，会同国家有关部门、北京和张家口两地政府有关单位、业主单位等利益相关方，建立高效协同机制，研究制定并推动实施《北京 2022 年冬奥会和冬残奥会遗产战略计划》，提出要在体育、经济、社会、文化、环境、城市和区域发展等 7 个方面 35 个领域重点打造一批冬奥遗产。五年来，伴随北京冬奥会筹办工作的有序推进，上述遗产计划有很多方面取得了重要进展，有些已转化为现实遗产，比如推动冰雪运动普及与发展、带动城市转型升级、改善京张地区生态环境、加快区域交通一体化、助力脱贫攻坚等方面，使主办城市和广大市民提前受益。随着筹办工作的持续深入推进，更多筹办成果将逐渐转化形成冬奥遗产，必将使广大民众与城市发展获得更多的长期收益。

本报告为 2020 年度遗产进展报告，是对北京冬奥会从 2015 年申办成功以来重要遗产成果的综合性总结和展示。后续还将陆续编制一系列遗产成果报告和案例报告，以全面梳理和总结北京冬奥会筹办和举办所创造的丰厚的奥运遗产。

本报告所称遗产可分为两类：一是冬奥筹办本身直接产生的遗产，例如场馆遗产、体育遗产以及办赛人才等方面的遗产；另一类则是间接遗产，是为冬奥筹办配套或服务保障赛会而加速建设形成的遗产，例如交通基础设施和生态环境改善，公共服务和城市文明程度的提升，等等。

一 群众冰雪运动广泛普及，从愿景走向现实

体育遗产是奥运会最直接也是最重要的遗产。北京冬奥会的筹办和举办对中国冰雪运动普及与发展具有巨大的带动作用。筹办五年来，北京冬奥组委与国家和主办城市政府有关部门密切合作，围绕"带动三亿人参与冰雪运动"宏伟目标，推动完善冰雪运动发展政策体系，积极引导社会各界和广大人民群众踊跃参与，促进体育文化普及和产业升级，让"带动三亿人参与冰雪运动"从愿景逐步走向现实。

（一）形成了比较完善的冰雪运动发展政策支撑体系

聚焦"带动三亿人参与冰雪运动"目标，从中央到地方各级政府出台了一系列文件，系统规划了冰雪运动普及与发展的目标、任务和基本路径，优化完善了冰雪运动发展的政策环境，为中国冰雪运动长期可持续发展提供了强有力的支撑。

（二）为大众广泛参与冰雪运动创造了更多机会

制定实施冰雪运动"南展西扩东进"战略，推动冰雪运动向四季拓展，千方百计扩大冰雪运动覆盖面，积极举办各类群众性冰雪赛事和活动，吸引更多群众参与冰雪运动。

打造群众性冰雪品牌。连续举办七届"全国大众冰雪季"和"全国大众欢乐冰雪周"等群众性冰雪活动，积极引导社会力量举办大众冰雪北京公开赛等业余冰雪运动赛事，集中宣传推广，推动形成品牌。

专栏1 "全国大众冰雪季"让冬季运动走近生活

"全国大众冰雪季"已经成为传播冰雪文化、推广冰雪运动、激发群众参与冰雪运动积极性的重要活动和平台。从2014年开始，每年12月举办"全国大众冰雪季"启动仪式，至2020年底已连续举办七届，活动开展区域逐步推广到全国，融合全国各地赛事活动，打造一个品牌。2018～2019年雪季举办第五届"全国大众冰雪季"，吸引2200余万人直接参与，覆盖全国31个省（区、市），共举办1408项冰雪赛事活动。"全国大众冰雪季"不断丰富赛事和文化活动，推进大众冰雪运动健康发展，让冬季体育运动走进百姓生活。

1. 开展"全民冰雪公开课"活动。在全国33家冰雪场地同步开展义务免费的冰雪教学活动，把冰雪知识和技能送到百姓身边。邀请"冰雪运动推广大使"到重点场次进行授课教学。

2. 成立"全国冰雪运动专家指导委员会"，邀请专家学者、冰雪运动从业者、冰雪运动管理者、冰雪运动知名运动员和教练员、冰雪运动传播者等，共同为中国冰雪运动发展出谋划策、贡献智慧，共同推动中国冰雪运动向前发展。

3. 推出全国大众滑雪技术等级标准和全国滑冰指导员培训考核实施细则，激发大众参与冰雪运动的热情，引导群众性冰雪运动安全、科学、快乐地开展。

4. 在涵盖滑冰、滑雪、冰球、冰壶等冰雪项目，世界雪日、冬季阳光体育大会、冰雪马拉松等赛事活动基础上，推出以"全国大众速度滑冰马拉松""全国大众滑轮（越野滑雪）城市挑战赛"为主要内容的"滑向2022"系列赛事。

5. 发挥中国冰雪大会的引领、带动作用，推动深化中国冰雪大会"百城巡回""百城巡展"等，让大众可以参与、体验冰雪的乐趣，同时部分采取商业化运作模式，让市场的力量参与进来，吸引更多企业参与进来，共同推动中国冰雪大会的进一步升级，为更多地区、更多人带去冰雪的乐趣。

6. 在全国不少于100座城市中建设近千块冰场（简称"百城千冰计划"），免费或低收费向群众开放，以带动更多人参与冰雪运动。

7. 集合"百城千冰计划"和全国大众滑雪技术等级标准、全国滑冰

指导员培训考核实施细则等，开展一系列培训活动，提升冰雪运动参与者的技能水平，增加社会相应技能人才的供给。

8. 发布中国冰雪的卡通吉祥物——冰娃、雪娃，不断加深大众对冰雪运动的认识，增强对冰雪运动的喜爱，进一步宣传推广中国冰雪文化，同时还将推出一系列冰娃、雪娃产品。

"全国大众冰雪季"满足了群众冬季多样化的健身需求，已成为落实全民健身国家战略、推广普及冰雪运动的品牌活动，在推动"带动三亿人参与冰雪运动"中发挥了引领作用。

推动冰雪运动向四季延伸。在非雪季组织开展轮滑、滑草等与冰雪运动技能相关的赛事活动，充分利用互联网技术，广泛开展冰雪主题在线赛事活动，实现四季覆盖、全民皆宜。2018～2019年连续两年在夏季举办"全国大众欢乐冰雪周"，其中2018年"全国大众欢乐冰雪周"持续时间为9天，组织开展群众性冰雪活动200余场，直接参与人数为30多万人，间接影响人数超过千万人，覆盖全国20个省（区、市）40余座城市。

促进残疾人群众性冰雪运动发展。全国各地每年开展1000余场残疾人冰雪实践活动和提供形式多样、内容丰富的体验与服务，为残疾人参与冰雪运动创造条件、搭建平台。截至2019年，"中国残疾人冰雪运动季"系列活动已成功举办四届，参与单位由最初的13个省（区、市）发展至26个省（区、市）。

（三）冰雪运动在青少年中得到快速推广

冰雪运动进校园成果丰硕。教育部门持续推动"百万青少年上冰雪"和"校园冰雪计划"，印发《北京2022年冬奥会和冬残奥会中小学生奥林匹克教育计划》，推动中小学校将冰雪运动知识教育纳入学校体育课教学内容。支持"冰雪运动特色学校"建设，制订并实施冰雪运动教学计划，至

2019 年已认定并命名 1036 所"全国青少年校园冰雪运动特色学校"。积极开展以"冰雪进校园"为主题的中小学生冰雪运动推广普及系列活动，让青少年接近冰雪、体验冰雪、享受冰雪。

校外青少年冰雪活动日趋丰富。在"全国大众冰雪季"上专门为青少年开设"世界雪日暨国际儿童滑雪节"活动，暑假期间举行"全国大众欢乐冰雪周"，并举办青少年冰雪冬令营、青少年公益冰雪系列活动，吸引越来越多的青少年参与其中。鼓励街道、社区联合冰雪企业开展面向青少年的冰雪活动，为青少年上冰雪创造条件。

青少年冰雪赛事方兴未艾。2018 年，中国冰球协会组织的全国青少年（中小学生）U 系列冰球锦标赛，有来自 12 个省（区、市）的 66 支队伍参加 5 个组别的比赛，运动员达到 1290 人。北京市青少年冰球、滑雪、花样滑冰赛事迅猛发展，其中北京市青少年冰球俱乐部联赛已成为亚洲规模最大的青少年冰球赛事，2019 年该联赛共有 31 家俱乐部 199 支代表队 2613 名运动员参加，比赛达 824 场次。2019 年北京市中小学生校际冰球联赛共有 118 所学校 132 支代表队 1900 余名运动员参加，比赛达 325 场次。北京市第一届冬季运动会参与人数达 6.24 万人，其中 5700 余人参加决赛阶段的比赛。

（四）冰雪运动社会组织程度明显提高

支持群众性冬季运动体育社团发展。推动国家级冬季运动单项协会进行功能优化改革试点，探索完善协会在群众体育、体育文化等方面的功能、机制。鼓励地方冬季运动协会发展，提高其承接政府购买冬季运动服务的能力。加快冬季项目体育社会组织的网络化和制度化建设，支持其在社区、乡镇开展活动。北京市推动成立 14 个市、区两级冰雪运动协会，统筹协调冰雪运动场所经营单位和俱乐部资源，引导冰雪体育组织品牌化建设，让市民通过身边的协会和俱乐部更便捷地参与冰雪运动。河北省张家口市也大力推动冰雪运动协会发展，为群众参与冰雪运动提供有组织的服务，提升群众参与度。目前，河北省全省冰雪运动类协会

总数达到 162 个。

加强冰雪运动指导员队伍建设。健全冰雪运动指导员和残疾人健身指导员培养体系，建立考核评价机制，培养一批专业素质好、技能水平高、教学能力强的冰雪运动指导员和残疾人健身指导员。

专栏 2 北京市冰球运动协会打造城市新名片

北京市冰球运动协会于 2012 年 5 月 28 日成立，作为代表北京市开展国际冰球运动交流的社会团体，从成立之初就确定了科学规划、合理有序地发展北京市冰球运动，组织各项各类国内国际比赛交流活动的宗旨。

本着扩大冰球运动在青少年群体中的普及程度的宗旨，多年来，北京市冰球运动协会每年定期举办各类冰球赛事及相关活动，极大程度地提高了北京市青少年的冰球热度，带动了更多冰球少年的家人、同学、朋友关注冰球运动，发现冰雪运动的魅力。在赛事组织之外，协会同时还负责北京市青少年冰球队和北京青年队的训练及培养。

目前，北京市的冰球运动员有 4000 余人，全年举办各级赛事达 2500 余场。在 2018～2020 年的全国青少年（中小学生）U 系列冰球锦标赛中获得了 11 块金牌；在 2019 年的全国第二届青年运动会冰球比赛中，男子组别获三块金牌，女子组别获一金一银。

目前协会的主要赛事有：北京市青少年冰球俱乐部联赛、北京市中小学生校际冰球联赛、"奥运城市杯"北京国际青少年冰球邀请赛。每年亦组织北京市青少年冰球队赴欧美等地参加多项国际青少年冰球邀请赛以及国际交流访问，各年龄段队伍均有不俗表现。

在国内，北京市青少年运动员不仅数量最多，水平也进入全国前列，能够与世界青少年同台竞技，成为国际交往、促进民心相通的一张亮丽的城市名片。

专栏3 奥林匹克教育融入特殊教育

奥林匹克教育在特殊教育中得到有效推广。在特殊教育学校开设冰蹴球、模拟冰壶、轮滑等适合残疾学生的冰雪仿真运动项目课程，吸引更多青少年参与到冬季运动中来。截至2019年，已有7所特殊教育学校入选"全国青少年校园冰雪运动特色学校"，学生人数为1503名；8所特殊教育学校入选"北京2022年冬奥会和冬残奥会奥林匹克教育示范学校"，学生人数为2108名。这有效推动了冰雪运动在广大残疾青少年校园中的普及与发展，构建了具有中国特色的冰雪运动特殊教学、训练、竞赛和条件保障体系。

二　冰雪运动竞技体系不断完善，
竞技水平稳步提升

北京冬奥会在带动中国冰雪运动普及与发展的同时，也有力促进了中国冰雪运动竞技水平的提升。以冬奥备战为牵引，坚持固强补弱，优化冰雪运动竞技项目布局，推动专业运动队建设，强化后备人才培养，取得初步成效。目前，国家队全项目参赛格局已经形成，2019年冰雪项目国家队在国际大赛上获得奖牌69枚。[①]

（一）冰雪运动竞技项目发展迈上新台阶

优化冰雪运动项目布局，实现全项目建队。重点发展优势项目和潜在优势项目，有针对性地发展一般项目，对冬奥会需要发展的新项目集中精力推动，实现跨越式发展。截至2018年底，组建31支国家集训队，覆盖北京冬

---

① 根据国家体育总局官方网站资料整理。

奥会全部109个小项。2019年，备战选手由4000多人精简至1153人，全面覆盖109个小项的各支国家集训队完成组建，为实现北京冬奥会"全项目参赛"筑牢基础。①

着眼长远，竞技人才梯队初步形成。制定实施《冬季项目竞技体育后备人才中长期规划》，打通冰雪运动项目和夏季运动项目后备人才的培养渠道，积极引导学校、企业、社会体育组织共同参与冰雪运动后备人才队伍建设。

强化科学训练，国家队竞技成绩稳步提升。大力推进科技攻关，提高医疗康复、技战术训练、器材装备等方面的备战水平，冰雪项目各国家集训队在国际大赛中成绩稳步提升，奖牌总数已由2015年的42枚增至2019年的69枚，其中雪上项目的奖牌总数增幅更是接近翻番，由2015年的16枚攀升至31枚。2018年，平昌冬奥会上中国代表团在4个项目上实现成绩突破，包括短道速滑男子项目首次获得金牌，单板滑雪项目首次获得冬奥奖牌，速度滑冰男子项目首次获得奖牌，花样滑冰男单项目取得第4名的历史最好成绩，且参赛项目为历届冬奥会之最。2018~2019赛季，中国钢架雪车队分别获得欧洲杯、北美杯冠军；2019~2020赛季，中国自由式滑雪空中技巧队和中国单板滑雪U型场地队都派出了较为齐整的阵容参加各项目世界杯赛，多次向金牌发起冲击。②

（二）残疾人冰雪竞技水平实现新突破

基础建设得到强化。加快残疾人冰雪运动设施建设，设立10个国家残疾人冰雪训练基地。中国残联先后与芬兰、俄罗斯、希腊等冰雪运动强国开展冬残奥会合作，培训教练员、分级员、裁判员，充实人才队伍。建立和完善残疾人冰雪竞技人才体系，通过将夏训与冬训、境内与境外、训练与比赛、本土教练与外籍教练相结合等多种手段，打造运动员梯队。通过组织开展冬残奥会项目全国单项比赛及承办国际赛事等，提升冬残奥会项目竞技水平。

---

① 根据国家体育总局官方网站资料整理。
② 根据国家体育总局官方网站资料整理。

竞技成绩大幅提升。全国冬残奥会比赛逐步开展，冬残奥会项目训练、竞赛实现全覆盖。国际比赛参赛规模和竞赛成绩取得突破性进展。2017年，残奥单板滑雪首获世界杯金牌、残奥高山滑雪获得洲际杯冠军。2018年，中国残疾人体育代表团26名运动员参加了平昌冬残奥会的5个大项、30个小项比赛，相比2014年索契冬残奥会10名运动员参加2个大项、6个小项有了较大提升，成为有史以来参赛运动员人数最多、参赛项目最全、代表团规模最大的一次，实现了参赛规模和项目翻番目标。2018年中国轮椅冰壶队夺得冬残奥会参赛史上首枚金牌，冬残奥会成绩实现历史性突破。2019年中国轮椅冰壶队首次获得世锦赛冠军，单板滑雪首次获得世锦赛2枚金牌，高山滑雪首次获得世界杯3枚金牌。残奥冰球队2018年首次参加世锦赛获C组冠军，2019年又获得B组第三名的优异成绩。

（三）专业性冰雪运动赛事数量和水平持续提升

冰雪运动赛事数量逐年增加，赛事规格越来越高，不仅为国内冰雪运动发展、国内冰雪运动员成长提供了很好的平台，同时在营造良好冰雪运动发展氛围、提升中国冰雪运动影响力方面也发挥了重要作用。

三 场地设施建设加快，冰雪运动发展基础得到强化

北京冬奥会的筹办极大地带动了中国人民参与冰雪运动的热情，也对冰雪运动场地设施供给提出了新的更大需求。面对冰雪运动发展的新形势、新要求，以冬奥会筹办为契机，各级政府加大公共资源调配力度，引导社会资本广泛参与，着眼扩大增量、提高质量，在全国范围内加快推动建设一批冰雪运动场地设施，为全面普及推广冰雪运动，更好促进我国冰雪产业发展，打下坚实基础。

（一）制定冰雪运动场地设施建设规划

国家体育总局、国家发展改革委等7部门制定实施《全国冰雪场地设施建设规划（2016—2022年)》，国家体育总局推出"百城千冰计划"，鼓励采取

"政府投入建设一批，争取中央部委支持一批，依托现有体育场馆（含大中小学）改造一批，利用废旧闲置厂房改建一批"等方式，多渠道筹措资金推进冰雪场地建设。北京、河北等地按照国家要求，制定实施具有自身特点的冰雪运动场地设施建设规划，推动全国冰雪运动场地设施建设迈上新的台阶。

全国滑冰场馆数量从 2015 年的 200 余家扩容至 2019 年的 876 家，滑雪场总数则从 2015 年的 500 余座增加到 2019 年的 644 座。[1]

（二）分类明确冰雪场地设施建设要求

加快滑冰场（馆）建设。鼓励城区常住人口超过 50 万人的城市根据自身情况建设公共滑冰馆，有条件的城市应至少建设 1 片 61 米×30 米冰面的滑冰馆。鼓励有条件的学校建设滑冰馆。推广室外天然滑冰场和建设可拆装式滑冰场，支持有条件的地区和学校在冬季浇建冰场，鼓励在公园、校园、广场、社区等地建设可拆装式滑冰场。北京市提出每个区至少新建 1 座有效冰面面积不小于 1800 平方米的室内滑冰场或可拆装式滑冰场，全市新建不少于 50 片室外滑冰场；河北省提出各设区市至少建设一个 1830 平方米的标准公共滑冰馆，各县（市、区）建设一个室内滑冰馆，全省室内滑冰馆总数在 200 个以上。

推动滑雪场建设。支持建设雪道面积大于 5 万平方米的滑雪场，鼓励现有滑雪场完善场地配套服务设施，支持有条件的滑雪场进行改扩建增容，完善设施功能，提升服务水平。

鼓励冰雪乐园建设。支持利用公园、城市广场等公共用地，建设以冰雪游憩活动为主的室内外冰雪乐园，满足公众参与冰雪、体验冰雪的需求。

（三）建设国家残疾人冰上运动比赛训练馆

国家残疾人冰上运动比赛训练馆是全国首个残疾人冰上项目训练专业场

---

[1] 《全国冰雪场地设施建设规划（2016—2022 年）》，国家发展和改革委员会网站，2016 年 11 月 25 日，https：//www.ndrc.gov.cn/fggz/fzzlgh/gjjzxgh/201706/W020191104624268874224.pdf；《2019 年全国体育场地统计调查数据》，国家体育总局官方网站，2020 年 11 月 2 日，http://www.sport.gov.cn/jjs/n5043/c968164/content.html。

馆，位于北京市顺义区，将为国家残疾人冰上项目运动队备战北京2022年冬残奥会提供标准的场地、先进的器材设备和完备的无障碍、体能训练、科研医疗、康复服务、培训交流等综合保障服务。项目占地面积18000平方米，建筑面积31473平方米，涵盖残奥冰球比赛训练馆、轮椅冰壶训练馆以及综合楼。

四　超前谋划赛后利用，努力打造优质场馆遗产

奥运场馆，一直都是一个城市的金色名片和地标。不论是在筹办奥运会的过程中，还是在赛时以及赛后，这些场馆都成为整个地区或者城市非常重要的文化、体育、国际交往、经济等活动的交会地。北京作为2022年冬奥会和冬残奥会的举办城市，各场馆和基础设施的建设都体现了文化中心和国际交往中心的定位，符合《北京城市总体规划（2016年—2035年）》的要求，也彰显了文明古都的魅力。张家口通过冬奥会，在精心建设各冬奥场馆的同时，充分发挥地域优势，打造冰雪产业的聚集区，给崇礼这座冰雪小镇插上了冬奥的翅膀，助力地区经济的腾飞。

（一）北京赛区注重现有场馆利用，树立奥运遗产可持续典范

北京作为"双奥之城"，奥运遗产非常丰富，尤其是在场馆和基础设施建设方面。2022年北京冬奥会将最大限度地利用好2008年北京奥运会的众多遗产。北京赛区主要场馆中，6个为2008年北京奥运会遗产。2008年奥运场馆中的竞赛和训练场馆通过全新技术和可重复利用材料进行改造升级，拓展冬季运动功能，既可满足北京冬奥会办赛需求，又可打造成为赛后服务竞技体育发展，满足大众冬夏健身，举办高水平国际赛事，融合文化、旅游、商业、会展等多业态发展，实现四季运营的综合体育设施，完美诠释资源节约和可持续发展理念，将成为"双奥场馆"综合利用典范。

国家游泳中心"水立方"在2008年北京奥运会期间举办了游泳、跳水等比赛，2022年北京冬奥会期间将举办冰壶和轮椅冰壶比赛。通过架空结

构的转换，将原有游泳池区域变成冰壶场地，它成为世界首个"冰水转换"的场馆。冬奥会后，冰壶场地将既能组织冰上赛事，又能承办游泳赛事，同时还能承接大型文化演出活动，从而实现场馆的反复利用、综合利用、长久利用。

国家体育馆在2008年北京奥运会期间举办了体操、蹦床、手球和轮椅篮球比赛，将在2022年北京冬奥会期间举办冰球和残奥冰球比赛。赛后，国家体育馆冰场将作为冬奥遗产永久保留，助力国家体育馆冰上板块发展，同时具备多种非冰上赛事活动的场地转换功能；将在"以体为本"的基础上，完善体育、文化、旅游业务，积极开展大型文体活动、科技娱乐沉浸式体验活动、青少年综合培训等。

五棵松体育馆及周边配套设施在2008年北京奥运会期间举办了篮球和棒球比赛，其中篮球比赛场地将继续作为2022年北京冬奥会冰球比赛场地；棒球比赛场地作为临建场馆，已经在2008年赛后拆除打造成为五棵松体育馆配套商业服务设施，融合了篮球、电竞、文化展演、休闲、餐饮、商业等，成为城市新地标。目前，五棵松体育馆是全国首家冰篮双主场体育场馆，篮球、冰球、文化演出三种模式6小时实现转换。赛后，五棵松体育馆及周边配套设施将继续以文化体育产业为引擎，打造城市活力中心。

国家速滑馆"冰丝带"的场地是2008年北京奥运会射箭场和曲棍球场，在这里举办了射箭、曲棍球以及7人制和5人制盲人足球比赛。2022年北京冬奥会期间将在此举办速度滑冰比赛，场馆采取全冰面设计，面积约1.2万平方米，可满足速度滑冰、短道滑冰、花样滑冰、冰壶、冰球等五大类冰上运动项目的竞赛要求。赛后，国家速滑馆将成为国际滑联卓越中心，常年举办各种冰上赛事，广泛开展群众冰雪运动，将成为北京市民参与体育运动的多功能场馆，打造成为集"体育赛事、群众健身、文化休闲、展览展示、社会公益"于一体的多功能冰上中心。

首都体育馆建成于1968年，是新中国首座室内滑冰场。2008年北京奥运会在此举办了排球比赛，2022年北京冬奥会将在此举办短道速滑和花样滑冰比赛。赛后，除保障国家队日常训练外，首都体育馆还将承办各类高水平冰上体育赛事，面向公众特别是青少年开放，成为公众冰上训练基地和冰雪运动体验中心。

首钢滑雪大跳台是世界首个永久保留和使用的大跳台场地，2022 年北京冬奥会期间将在此举办单板和自由式滑雪大跳台比赛，赛后它将成为中国国家队和国家青少年队训练基地，也将承办各类国际国内赛事。同时，也将对公众开放，开发大众体验项目，打造冬季冰雪嘉年华等全民健身和大众体验项目；除冬季以外，也将开发其他三季体育、文化和商业主体活动，实现大跳台的四季运营。

（二）延庆赛区重视生态环境保护，实现赛区可持续发展

北京冬奥会延庆赛区有两个竞赛场馆，即国家高山滑雪中心和国家雪车雪橇中心，在建设中秉承了"山林场馆、生态赛区"的核心理念，高度重视资源节约、环保节能和可持续利用等工作。建成后的延庆赛区将突出"美丽延庆、冰雪夏都"城市品牌形象，加快国家体育产业示范基地建设，积极申办国际国内冰雪竞技重大赛事活动，打造高端冰雪竞技体育训练基地和世界级冰雪体育文化交往平台；整合历史文化和自然资源，加快建设大众滑雪场和冬奥冰雪休闲小镇，发展冰雪体育、休闲文化旅游、生态农林业，建设成为以冰雪运动休闲、四季山水度假为主的冰雪休闲度假胜地和国际顶级的滑雪竞技中心，成为京张体育文化旅游带的重要组成部分。在春、夏、秋三季，还将充分利用延庆区人文历史和自然生态优势，建设户外拓展训练中心，大力支持发展健身跑、健步走、越野跑、山地自行车、登山攀岩、徒步穿越、滑草、滑车等户外项目，加快发展区域特色休闲旅游、山地度假、户外运动等产业，实现冬奥场馆的四季持续运营。赛区由高速铁路、高速公路连接，其广阔的赛后利用前景将带动整个地区的人口、资源、环境、经济、社会的全面可持续发展。

国家高山滑雪中心将承担 2022 年北京冬奥会高山滑雪比赛，在赛后将依然作为高山滑雪赛事的举办地，并为中国高山滑雪国家队和其他专业滑雪队提供训练场地。在满足专业性质比赛和训练的前提下，该区域还将在冬季

向高级别大众滑雪爱好者开放，非雪季时期作为山地观光和户外运动场所。依托南区训练赛道，赛后建成大众雪场，为最广大群众提供舒适且富有趣味性的滑雪运动场地，充分发挥奥运会场地的经济价值和社会价值。

国家雪车雪橇中心将承担 2022 年北京冬奥会雪车雪橇比赛，作为全中国唯一的雪车雪橇相关运动场馆，赛后将继续作为比赛场地，用于承接和举办各类高级别相关赛事，同时为国家队提供专业的训练场地。国家雪车雪橇中心在赛道预留大众体验出发口，便于赛后大众在专业安全保障情况下体验雪车雪橇项目，增加大众雪车雪橇娱乐体验项目，补充休闲娱乐空间，打造兼具大型赛事举办与大众休闲体验双重属性的特色场馆。

（三）张家口赛区聚焦赛后场馆综合利用，精心打造世界级旅游目的地

张家口赛区建有国家跳台滑雪中心、国家越野滑雪中心、国家冬季两项中心、云顶滑雪公园等冬奥场馆，赛后将依托这些场馆，以体育赛事活动为重点，强化场馆综合利用，鼓励社会力量投资兴办体育产业项目，建立国际滑雪培训学院，建设特色体育休闲区和运动训练基地，发展会议会展、健身休闲、竞赛表演、体育培训、户外运动等产业，建立现代体育服务业体系，创建国家级体育产业示范基地，打造全民、全季、全时、全域的冰雪娱乐中心和避暑旅游胜地。

云顶滑雪公园是商业运营较为成熟的滑雪乐园，将承担 2022 年北京冬奥会单板滑雪和自由式滑雪比赛，赛后将坚持以良好的自然生态环境为基础，以丰雪常冬、清爽夏日的物候景观①为特色，以冰雪运动和山地度假为核心竞争力，打造集运动、休闲、会议、度假于一体的山地型旅游度假区。

国家越野滑雪中心将承担 2022 年北京冬奥会越野滑雪和北欧两项的比赛，赛后其所在区域将改建成山地公园，冬季可举办冰雪小剧场表演、雪地摩托车比赛等；夏季可转换为森林剧场，举办山地音乐会；设立马术俱乐

---

① 物候景观指各种植物、动物、水文、气象的季变现象或其形成的景观。

部，打造马术训练场；并且依托 3 公里长的"冰玉环"，开展"崇礼跑"、自行车表演等文化体育活动。

国家跳台滑雪中心将承担 2022 年北京冬奥会跳台滑雪和北欧两项的比赛，在赛后将之打造成集高端会议、休闲体验于一体的商务旅游特色区域。滑道部分在冬季将保留原有滑雪功能，能够提供赛事和专业训练相关服务，夏季可在滑道种草，设置与滑草相关的娱乐项目。

国家冬季两项中心将承担 2022 年北京冬奥会冬季两项的比赛，在赛后将保留部分功能用房和赛道，冬季在满足国家体育专项训练和赛事的同时，打造适合儿童及青少年的滑雪培训和冰雪体验基地；夏季将之打造成户外活动中心，增设自行车越野、配套餐饮、小剧场等娱乐类项目和设施。

五　供给需求两端发力，冰雪产业
正迎来黄金发展期

随着北京冬奥会的临近，冰雪运动正成为越来越多中国人的生活方式之一，冰雪产业展现出广阔前景。五年来，国家聚焦冰雪产业供给侧结构性改革，加快完善产业发展的政策支撑体系，夯实产业发展的技术、人才和标准等方面的基础；各地坚持品牌培育和塑造，支持企业做强做大做优，推动中国冰雪产业实现了快速发展。

（一）冰雪装备产业实现快速突破

冰雪装备科技创新能力不断提高。深入实施"科技冬奥"攻关计划，支持企业加强冰雪装备创新研发，加大科研投入，提升创新能力，取得了积极进展和丰硕成果。比如，组织力量攻破"高速大运量脱挂式客运索道"核心技术，获授权发明专利 1 项、实用新型专利 8 项，科研成果已成功转化并在张家口赛区设立示范工程，使得国产脱挂式索道在国内新增同类产品市场中占比 50%。还比如，"零摄氏度以上人工造雪

和储雪一体化技术研究"取得阶段性进展，克服高温天气造雪难题，示范样机造雪量可达每小时 6 立方米，解决造雪机射程范围小的弊端，国内首创"塔式造雪机旋转支架"获得 8 项专利[1]，极大地提高了造雪质量和效率。

冰雪装备产业园区建设稳步推进。截至 2019 年，全国各地在建及拟建的冰雪装备产业园区及小镇接近 20 个，其中河北省就有 9 个。张家口市依托中煤张家口煤矿机械有限责任公司、宣工公司等现有的工业基础，积极引进国内外知名冰雪装备研发和制造企业，打造以张家口高新区、宣化区为核心的冰雪装备全产业链制造基地，签约项目从 2017 年的 8 个以及 2018 年的 21 个增长到 2019 年的 32 个[2]，园区产业链协同能力不断提升，配套设施不断完善，为装备企业发展创造了良好环境。

（二）冰雪健身相关产业快速发展

冰雪产业与相关产业深度融合。促进冰雪运动健身、场馆服务、培训教育、体育旅游等健身休闲业态发展；实施冰雪产业精品工程，支持打造优秀冰雪运动俱乐部、示范场馆和品牌赛事；鼓励冰雪运动场地依托自身自然环境和人文资源优势，积极发展由冰雪休闲、温泉养生、冰雪观光、冰雪民俗四大产品体系构成的冰雪旅游产业。[3]

冰雪旅游发展迅速。2016 年 12 月，中国冰雪旅游推广联盟正式成立，冰雪旅游产业步入快速成长期。2018~2019 年我国冰雪旅游投资额约为 6100 亿元；同期雪季，中国冰雪旅游人数达到 2.24 亿人次（见图 1）、中国冰雪旅游收入约为 3860 亿元（见图 2），分别同比增长 13.7%、17.0%。2018~2019 年雪季我国冰雪旅游人均消费 1734 元，是国内旅游人均消费的 1.87 倍，冰雪

---

① 《掘金"冰雪经济"迈向产业高端——看张家口如何打造中国冰雪装备制造产业基地》，河北新闻网，2019 年 5 月 8 日，http://hbrb.hebnews.cn/pc/paper/c/201905/08/c132790.html。

② 《2020 年河北省政府工作报告》，人民网，2020 年 1 月 15 日，http://he.people.com.cn/n2/2020/0115/c192235-33717723.html。

③ 《我省冰雪旅游调查报告出炉》，吉林省人民政府新闻办公室网站，2018 年 5 月 14 日，http://www.jlio.gov.cn/index.php/jrjl/jlly/9997-2018-05-14-01-04-28.html。

旅游内需拉动能力突出。随着冰雪旅游产业的发展，国内出现了大批融合运动、度假、商业、休闲娱乐等业态的冰雪特色小镇，2017 年国内已经建成 26 个特色冰雪小镇，2019 年中国冰雪小镇数量接近 40 个。[①]

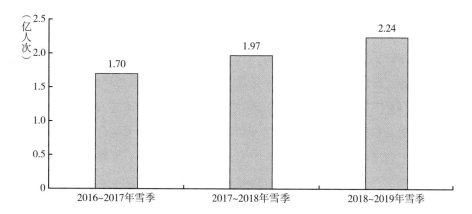

图 1　2016～2019 年中国冰雪旅游人数

资料来源：根据中国旅游研究院发布的《中国冰雪旅游发展报告》2018～2020 年整理而成。

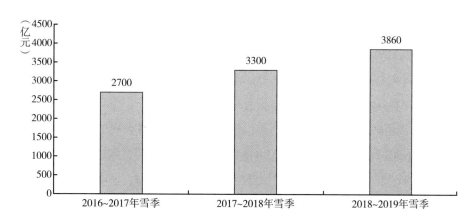

图 2　2016～2019 年中国冰雪旅游收入

资料来源：根据中国旅游研究院发布的《中国冰雪旅游发展报告》2018～2020 年整理而成。

---

① 中国旅游研究院：《中国冰雪旅游发展报告 2020》，"2020 中国冰雪旅游发展论坛"，2020 年 1 月 5 日。

（三）冰雪竞赛表演市场活力不断增强

高水平冰雪赛事日渐丰富。加强与国际组织合作，有计划地引进高水平国际冰雪赛事；大力发展国内高山滑雪、跳台滑雪、速度滑冰、花样滑冰、冰球、冰壶、雪车雪橇等各类冰雪体育赛事，推动专业冰雪体育赛事升级发展；举办冰球职业联赛，引导培育冰雪运动商业表演项目，打造群众性冰雪品牌；引导支持体育社会组织等社会力量举办群众性冰雪赛事活动。近年来，冰壶世界杯总决赛、国际冰联女子冰球世锦赛甲级 B 组比赛、国际雪联中国北京越野滑雪积分大奖赛、国际雪联单板及自由式滑雪大跳台世界杯、自由式滑雪雪上技巧锦标赛、自由式滑雪 U 型场地锦标赛等一批颇具影响力的国际赛事纷纷落户北京、河北两地，高水平赛事市场日趋活跃。

青少年冰雪品牌赛事加快培育。北京市中小学生校际冰球联赛、青少年冰球俱乐部联赛、青少年滑雪比赛、青少年花样滑冰比赛、中小学生冬季运动会等已成为北京青少年冰雪运动的"五朵金花"，不仅带动了青少年冰雪运动发展，也为培育潜在的冰雪产业消费需求打下了坚实基础。其中，2019 年青少年冰球俱乐部联赛吸引了 31 家俱乐部 199 支代表队 2613 名运动员参与。

冰雪竞赛表演市场主体日趋多元。探索多元主体办赛模式，营造冰雪运动氛围，引导大众消费理念，提升冰雪运动竞赛表演市场价值，不断壮大市场主体、优化市场环境。2019 年国家体育总局冬季运动管理中心与新浪体育达成合作，联合中国滑雪协会共同举办赛事，致力于打造亚洲最大规模的大众滑雪赛事。中国花样滑冰俱乐部联赛自 2018 年起已连续举办两年，顺应市场需求，培育花样滑冰"北冰南展"新热潮。由政府引导、社会参与、企业主导的冰雪竞赛表演市场发展格局初步形成，多元化趋势得到强化，市场发展活力不断释放。

六　加强生态环境保护，坚决
留下蓝天、碧水、绿林

北京冬奥会的筹办加速了主办城市生态环境治理步伐，推动实施了一系列生态环境保护相关规划与行动计划，加大了治气、治沙、治水力度，实现了场馆建设与生态修复、赛区环境提升同步推进，极大地促进了京张地区生态环境质量提升，对体育运动与自然环境融合发展起到了宝贵的示范作用。截至2019年底，北京市和张家口市空气质量状况明显改善，空气中细颗粒物（PM2.5）年平均浓度较2015年分别下降47.9%（见图3）和26.5%（见图4）。两市森林覆盖率持续提升，北京市森林覆盖率2019年达到44%，与2015年相比提高了2.4个百分点；张家口市林木绿化率2019年达到50%，比2015年提高13个百分点。两市水环境显著改善，2019年北京市污水处理率达到94.5%，比2015年提升了6.6个百分点；2019年张家口市主要流域水质监测断面功能区达标率为100%，地表水优良水质断面占比达87.5%。延庆赛区和张家口赛区及周边区域生态环境品质持续提升。①

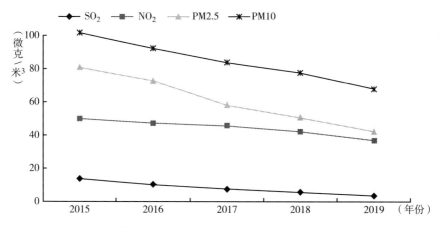

图3 北京市空气中主要污染物年平均浓度变化趋势

资料来源：根据北京市生态环境局网站资料整理而成。

（一）京张空气质量显著改善

中国政府高度重视并开展大气治理行动，制订并实施《打赢蓝天保卫

---

① 根据北京市生态环境局、北京市园林绿化局、张家口市生态环境局、张家口市林业和草原局等相关单位网站数据整理得到。

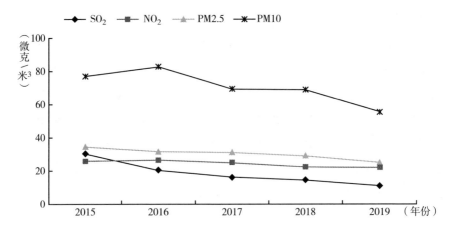

图4　张家口市空气中主要污染物年平均浓度变化趋势

资料来源：根据张家口市生态环境局网站资料整理而成。

战三年行动计划》。北京市在实施《北京市2013—2017年清洁空气行动计划》的基础上制订并实施《北京市打赢蓝天保卫战三年行动计划》，张家口市制订并实施《张家口市空气质量提升规划实施方案（蓝天行动计划2016—2022)》。京津冀通过建立三地及周边地区大气污染防治领导小组，打破行政区域限制，完善区域大气污染防治协作机制，强化区域联防联控。

加快调整能源结构，构建清洁低碳高效能源体系。加速在京津冀地区推进清洁取暖，开展燃煤锅炉综合整治，提高能源利用效率，加快发展清洁能源和新能源。2015～2019年，北京市煤炭消费量由1165.2万吨削减到182.8万吨，在能源消费总量中占比由13.7%降为1.8%，提前超额完成到2020年底煤炭消费量不超过400万吨的"十三五"规划目标。北京市可再生能源消耗占比由2015年的6.6%提高到2019年的7.9%。[1]

突出治理重点，大幅降低污染物排放。打好柴油货车污染治理攻坚战，开展工业炉窑治理专项行动，深化工业污染治理。

完善环境监测体系，严格环境执法督察。完善环境监测监控网络，强化

---

[1] 《"十三五"期间，北京五座煤矿全部关停》，北京市发展和改革委员会网站，2020年11月20日，http://fgw.beijing.gov.cn/gzdt/fgzs/mtbdx/bzwlxw/202011/t20201123_2142321.htm。

科技基础支撑，加大环境执法力度，深入开展环境保护督察。

2015～2019年，北京市空气质量明显改善。空气中细颗粒物（PM2.5）年平均浓度值从80.6微克/米³下降到42微克/米³；二氧化硫（SO_2）年平均浓度值从13.5微克/米³下降到4微克/米³；二氧化氮（NO_2）年平均浓度值从50.0微克/米³下降到37微克/米³；可吸入颗粒物（PM10）年平均浓度值从101.5微克/米³下降到68微克/米³（见图3）。

2015～2019年，张家口市蓝天保卫战取得阶段性胜利，提前两年达到北京冬奥会空气质量改善目标。空气中细颗粒物（PM2.5）年平均浓度值从34微克/米³下降到25微克/米³；二氧化硫（SO_2）年平均浓度值从31微克/米³下降到11微克/米³；二氧化氮（NO_2）年平均浓度值从26微克/米³下降到22微克/米³；可吸入颗粒物（PM10）年平均浓度值从78微克/米³下降到56微克/米³（见图4）。作为北京冬奥会主赛区之一的张家口市崇礼区连续保持河北省168个县（市、区）空气质量综合指数排名第一。

（二）京张治沙覆绿成效显著

北京冬奥会的筹办加速了京津冀三地在林业生态建设方面进行协同合作，加大了各项措施的实施力度、扩大了实施范围、加快了实施速度，三地共同努力构建区域绿色发展格局。国家林业局与京津冀三省市人民政府签订《共同推进京津冀协同发展林业生态率先突破框架协议》。北京市制定并实施《北京市"十三五"时期环境保护和生态建设规划》。张家口市制定并实施《张家口市鼓励荒山绿化实施办法》《张家口市绿富张垣攻坚规划（2016—2022年）》。

以赛区绿化带动区域绿化。共同推进北京冬奥会赛区、张家口赛区、燕山—太行山水源涵养生态功能区、国家储备林基地等重大造林绿化项目。推动京津冀水土保持、水源涵养功能区造林绿化，加快推进永定河流域综合治理与生态修复。加快实施京津风沙源治理、退耕还林、三北防护林、太行山绿化、平原绿化、城乡绿化等重点工程。

提升京津冀自然资源保护水平。明确划定京津冀地区林业生态保护红

线，全面加强森林资源监管，强化森林抚育和退化林修复，加强林木种质资源保存与利用力度。提升自然保护区、湿地、森林公园、风景名胜区等的建设和管护水平，在百花山—野三坡、海陀山、雾灵山、八仙山等四个区域建设跨京津冀的森林公园体系。加强京津冀湿地保护和修复力度，探索建立湿地保护协调和生态补偿机制。

京津冀区域林业生态空间持续优化。北京市自 2015 年以来人工造林、封山育林面积显著增加。2019 年北京市森林覆盖率达到 44.0%，与 2015 年相比增加了 2.4 个百分点（见图 5）。截至 2019 年，张家口市林木绿化率已稳定在 50%。①

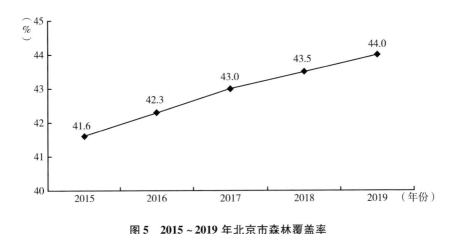

图 5　2015～2019 年北京市森林覆盖率

资料来源：《北京市国民经济和社会发展统计公报》（2015～2019 年）。

（三）京张水环境质量持续提升

实施流域协同治理。京津冀三地签署并实施一系列合作协议，通过流域协同治理，共同改善流域水环境。京冀两地政府建立密云水库上游潮白河流域水源涵养区横向生态保护补偿机制，开展官厅水库上游生态补偿机制前期研究。三地建立环境执法、应急联动工作机制，发布《京津冀重点流域突

① 资料来源：《张家口市 2019 年国民经济和社会发展统计公报》。

发水环境污染事件应急预案凤河—龙河流域》和《京津冀重点流域突发水环境污染事件应急预案（潮白河—潮白新河)》，开展水污染防治联合督导检查和渔政联合执法行动。

加快农村地区生活污水治理。按照污染治理与资源利用相结合、工程措施与生态措施相结合的原则，以水源地周边村庄、新增民俗旅游村庄、人口密集村庄为重点，解决生活污水治理问题。结合农村户厕改造，采用收集运输处理等方式解决人口较少村庄生活污水治理问题。

提升水源涵养功能。开展生态清洁小流域治理，完善地表蓄水网络格局，全面提升生态系统涵水功能。实施国家节水行动，大力推进节水型社会建设。治理地下水超采，开展退减灌溉行动，严控地下水开采。实施多源增水和引水，加强雨水资源化利用，大力推广再生水利用，有效实施生态补水。

北京市地表水水质持续改善。河流水质逐年好转，水环境质量"优增劣降"，湖泊、水库水质较好，基本达到水环境功能区要求，市级、区级饮用水水源地水质均达到或优于相关标准。全市污水处理能力有所提高，优良水体增加明显。污水处理率由2015年的87.9%提高到2019年的94.5%，城六区污水处理基本达到全面覆盖。①

张家口市2019年全市主要流域水质监测断面功能区达标率为100%，地表水Ⅰ～Ⅲ类水质（优良水质）断面比例占87.5%，水质类别为良好。②

（四）赛区全面落实生态文明理念

为有效监测和控制场馆建设运行对生态环境的影响，北京冬奥组委会同相关部门开展延庆赛区和张家口赛区森林生态系统综合调查和规划环境影响评价工作，分别编制《环境保护措施责任矩阵表》，从避让（预防）、减缓（管理）、重建（补救）、补偿四类，对动物、植物、土壤、水资源、大气环境、固体废物等分别制定了54项和44项保护措施，并确定责任主体和时间进度，督促其中的

---

① 数据来源：根据北京市生态环境局官方网站数据整理。
② 数据来源：根据张家口市生态环境局官方网站数据整理。

各项责任得到严格落实，高标准保护赛区生态环境。同时，推动节水设施、污水处理设施建设，推进水资源循环高效利用。通过上述措施落实生态保护理念，最大限度地减少北京冬奥会场馆建设运行对周边生态环境和生物多样性的影响。

七　深入推进低碳冬奥，创新建立可持续性管理体系

通过进行碳减排和碳中和技术创新和应用示范，在全社会倡导低碳生活方式，进行可持续管理体系创新，在低碳和可持续发展方面形成了诸多将长期造福主办城市和地区的遗产成果，有助于加速中国向低碳社会转型，以及在2030年前碳达峰、2060年前碳中和目标的实现。进行低碳场馆创新示范，推动节能减排建设和改造，奥运场馆历史上首次使用二氧化碳新型制冷剂；加速发展公共交通和新能源车辆，在全社会倡导绿色低碳出行方式；加速建成世界首个±500千伏张北柔性直流电网工程，推行实施绿电交易机制，实现低碳能源大众共享；创新实施林业碳汇捐赠和涉奥企业碳汇捐赠示范，搭建面向公众的自愿减排交易平台，积极推广多元化低碳冬奥行动；创新可持续管理体系认证，实现奥林匹克历史上第一个将三个国际标准整合为一体的可持续性管理体系，标志着北京冬奥会可持续性管理工作达到了一个新水平。

（一）低碳场馆树立绿色典范

优先利用现有场馆，减少新建场馆。北京冬奥会北京赛区的竞赛和非竞赛场馆中国家游泳中心、国家体育馆、五棵松体育馆、首都体育馆、国家体育场等直接利用了2008年北京奥运会场馆遗产。张家口赛区云顶滑雪公园也是最大化利用了现有的雪道和场地设施。

推动场馆低碳节能建设与改造。推动所有场馆满足低碳、节能、节水的相关标准。制定并实施《北京2022年冬奥会和冬残奥会场馆可持续性管理办法》。推动新建室内场馆达到绿色建筑三星级标准；创新制定《绿色雪上运动场馆评价标准》，推动所有新建雪上项目场馆达到绿色雪上场馆标准；推动既有场馆节能改造，争取达到绿色建筑二星级标准。在所有新建场馆建

设能源管控中心，实时监测电、气、水、热力的消耗情况，提升场馆运行能耗和碳排放智能化管理水平。各新建室内场馆、雪上项目场馆、既有场馆低碳节能建设与改造按计划持续推进。

专栏4　建设超低能耗示范工程：五棵松冰球训练馆

为在全社会积极推广低碳场馆理念，推动场馆低碳节能建设改造，鼓励场馆加强运行能耗和碳排放智能化管理，使用二氧化碳等新型制冷剂，减少碳排放量，鼓励未来更多场馆达到低碳节能标准，北京冬奥会在北京冬奥村、延庆冬奥村及五棵松冰上运动中心分别开展超低能耗示范工程建设。其中北京和延庆冬奥村因地制宜，充分利用地热、余热等资源，各自建设建筑面积不少于1000平方米的超低能耗低碳示范工程。五棵松冰上运动中心更是将整个38960平方米的场馆打造成为超低能耗示范建筑。

五棵松冰球训练馆作为北京冬奥会的冰球训练馆，整体按照超低能耗建筑设计和建设。建筑采用若干节能措施"降低需求"，通过优化围护结构热工性能降低围护结构所产生的空调冷热负荷，通过采用排风热回收装置降低新风所产生的空调冷热负荷，通过采用制冰余热回收降低项目市政用热量。"提高能效"，通过采用高性能冷水机组、高效水泵风机、风机水泵变频措施、冰场除湿优化等技术措施，提高设备能效，降低能源消耗，高效机电系统节能率为77.1%。"开源补强"，通过采用可再生能源系统，如光伏发电系统替代一部分传统能源，降低常规能源的消耗量。

在节能过程中，建筑采用若干创新技术。如国内首个传统铝合金幕墙系统，通过采用高性能玻璃，达到传热系数低于$1.0W/（㎡·K）$。首次在冰场采用溶液除湿机组替代传统的电热转轮除湿。首次对冰场区域进行再保温设计，平衡保温和结露风险。采用磁悬浮冷水机组、大风量全热回收空调机组，热回收效率≥70%。冰场区域采用满足高清转播需求的LED照明设计，照明系统升级节能23%。

加强建筑材料低碳采购和回收利用。制定并实施《北京 2022 年冬奥会和冬残奥会可持续采购指南》《北京 2022 年冬奥会和冬残奥会可持续采购实施细则》《北京 2022 年冬奥会和冬残奥会可持续采购技术细则》，促进并保障新建及既有场馆改造优先采购国家、地方低碳产品认证目录中的产品和低碳材料，优先采用可再生/可循环利用材料和以废弃物为原料生产的建筑材料。有效回收利用新建场馆的建筑材料。国家速滑馆地下结构施工期间剔凿下来的桩头被粉碎制成再生骨料，用作预制看台板的原料，实现废桩头 100% 利用，90% 以上增值利用，通过技术创新实现了对资源的循环利用。

因地制宜提高制冰造雪效率。选用高效造雪设备，合理控制造雪量。国家高山滑雪中心造雪系统已完成测试赛相关雪道全部造雪工作，国家冬季两项中心已完成造雪管道施工。按照最大节能原则设计制冷系统，充分利用冰场余热。在四个冰上场馆选取低碳、节能、稳定性好、制冷均匀的二氧化碳作为制冷剂进行示范应用，开奥运历史先河。

专栏 5　国际领先示范：冰上场馆二氧化碳制冷

北京冬奥会将有 4 个冰上场馆采用二氧化碳制冷剂，是首次在满足冬奥比赛要求的多功能、超大冰面滑冰馆采用二氧化碳制冷技术。二氧化碳制冷剂的全球变暖潜能值（GWP）为 1，破坏臭氧层潜能值（ODP）为 0，是最为环保和具有可持续性的制冷剂之一。除低碳外，二氧化碳制冷剂还具有节能高、稳定性好、制冷均匀等特点，可为奥运会赛事举办提供大型且温度平均的冰面。

由于二氧化碳制冷技术是将液态的二氧化碳相变、蒸发、吸热然后完成制冷和制冰的过程，在排热过程中可以把热量重新进行利用，用以制备热水、供暖、除湿、融冰，以及提供其他的能量需求。这一技术是对热力学循环过程的应用，通过这一技术，节能量可达 60%，余热回收产生的热平衡每年将节约大概两百万度电。减少的碳排放量约等于 3900

辆汽车的年度碳排放量，相当于植树超过120万棵所带来的碳排放减少量，用实际行动落实了习近平总书记绿色办奥的理念，展示了中国应对气候变化的行动与决心。

国际奥委会表示"这是一个里程碑式的决定，将在中国乃至世界帮助强调气候变化的议题"。

（二）低碳交通体系进一步完善

不同赛区间的转运充分利用高铁。制定跨赛区铁路使用政策，鼓励观众在北京冬奥会举办期间在不同赛区间通行优先选择铁路。加强冬奥交通与城市交通信息的互联互通，完善城市公共交通运行调度体系，提高智能化管理水平。京张高铁于2019年12月30日建成通车，未来不仅能满足赛事运行需求，也将成为低碳公共交通体系建设的重要一环。

大力发展公共交通和新能源车辆。倡导绿色低碳出行方式，支持赛区完善公共交通体系，积极推广新能源车辆，推动氢燃料车辆的示范应用，合理规划建设充电桩、加氢站等配套设施，满足赛区电动汽车、氢能源汽车运行需求。目前，北京市中心城区和延庆城区绿色出行比例在75%以上，张家口城市交通绿色出行比例在60%以上，公共交通服务已逐渐实现清洁方式供给。2019年末，北京公交集团新能源和清洁能源车型占比达93.7%。建设延庆综合交通服务中心，该项目建成后可更好地实现高铁与其他各类交通方式的换乘，便于公众绿色出行。

（三）绿电供应全面覆盖

北京冬奥会首次提出所有场馆常规电力消费需求100%由绿电即可再生能源满足的目标，并通过建设绿电供应工程和建立绿电接入使用机制，确保这一目标的实现，为赛后绿色电力的广泛应用提供了示范，留下了宝贵遗产。

建成张北柔性直流电网工程，确保绿电安全供应。该工程已于2020年6月竣工投产，是世界首个±500千伏四端环形结构的柔性直流电网，通过将张家口地区的新能源成功接入北京电网，可满足北京冬奥会测试赛和正式比赛用电需要并提供可再生能源保障，同时，该工程也是实现北京冬奥会赛区100%使用可再生能源目标的必要条件。该工程不仅具备重大创新引领和示范意义，对于推动能源转型与绿色发展、服务绿色办奥具有重要意义。此外，该工程对于引领科技创新、推动电工装备制造业转型升级等具有显著的综合效益和战略意义。

建立实施冬奥绿电交易机制，确保绿电消费使用。通过跨区域绿电交易机制，实现场馆常规电力消费需求100%由可再生能源满足，为绿色电力的广泛应用提供有力支撑。2018年制定并实施我国首个绿电交易规则——《京津冀绿色电力市场化交易规则（试行）》。2019年7月，北京市冬奥会场馆绿电交易工作正式启动，第一批7家冬奥场馆和配套服务设施用上绿色电力。至2019年底，北京电力交易中心组织开展的冬奥会场馆绿色电力直接交易成交电量0.5亿千瓦时。2020年6月，北京电力交易中心会同首都、冀北电力交易中心组织开展了冬奥场馆绿电交易，国家体育馆、国家游泳中心、五棵松体育馆等6家冬奥场馆绿电交易电量0.25亿千瓦时，节约用电成本约400万元；11月，国家体育场、国家冬训中心、首钢滑雪大跳台、延庆冬奥村4家场馆投入运营，并于当月实现了全绿电供应。①

专栏6　绿色用电全保障：张北柔性直流电网

张北柔性直流电网工程是世界首个柔性直流电网工程，也是世界上电压等级最高、输送容量最大的多段柔性直流输电工程，该工程新建±500千伏柔性直流换流站，额定输电能力450万千瓦，线路总长度666公里，总换流容量900万千瓦。工程投运后，把张家口等地区的清洁能

---

① 张婷：《绿电奥运100%》，《国家电网》2021年第1期，第28~31页。

源送入北京北部电网，每年可向北京等地区输送清洁电量约225亿千瓦时，折合标煤780万吨、减排二氧化碳2040万吨，大幅提升北京地区清洁能源消费比重，输送清洁电量约占目前北京市全年社会用电量的1/10。

该工程是集大规模可再生能源友好接入、多点汇集、多种形态能源互补、时空互补、灵活消纳、直流电网构建等于一体的重大科技试验示范项目，可以实现新能源侧自由波动发电和负荷侧可控稳定供电。工程采用我国原创、领先世界的柔性直流电网新技术，创造了"第一个真正具有网络特性的直流电网""第一个实现风、光和储能多能互补的直流电网"等12项世界之最，为破解新能源大规模开发利用世界级难题提供了解决思路。

（四）低碳发展理念深入人心

推进林业固碳工程。建立基于林业碳汇的北京冬奥会碳排放补偿机制，推动北京市造林绿化和其他造林绿化项目增汇工程建设，推动张家口市京冀生态水源保护林建设，将这期间工程所产生的碳汇量捐赠给北京冬奥组委，用以中和北京冬奥会的温室气体排放量。2016～2019年累计完成北京和河北地区造林任务22.07万公顷，2019年实施张家口市及承德坝上地区人工造林9534公顷，质量提升的森林面积为10467公顷，为林业固碳提供了有力的保障。

开展低碳冬奥公众参与活动。开发"低碳冬奥"小程序，在全社会积极倡导低碳生活方式，搭建面向公众的自愿减排交易平台。鼓励企业、社会组织和个人的低碳环保行为。举办2018年"全国低碳日"主题宣传活动，北京冬奥会官方合作伙伴代表共同签署《低碳冬奥倡议书》，倡导各方共同实现北京冬奥会低碳排放目标。举办"奔向2022绿色起跑　全民开动"2019国际奥林匹克日冬奥主题活动暨阿里巴巴北京世园会公益跑活动，向全社会倡导低碳生活方式，创造碳普惠制的"北京案例"。2018年10月，

河北省以张家口等城市为试点，制定并实施《河北省碳普惠制试点工作实施方案》，推进全省碳普惠制试点工作开展。启动运行全国碳排放权交易市场，推动北京冬奥会低碳管理核算标准建立。上述措施强化了低碳发展理念、绿色发展理念在全社会的宣传推广，绿色发展正在从办奥理念转化为支撑未来长期可持续发展最宝贵的奥运遗产。

（五）可持续性管理体系实现突破

全过程推行可持续性采购。制定并实施《北京 2022 年冬奥会和冬残奥会可持续采购指南》《北京 2022 年冬奥会和冬残奥会可持续采购实施细则》《北京 2022 年冬奥会和冬残奥会可持续采购技术细则》，涵盖工程、货物和服务采购活动的全过程。开展 11 种专项品类可持续性相关技术要求编制工作，在采购文件的推荐成交合同上排序原则、采购需求、评分标准、合同模板等内容体现具体的可持续性要求，将绿色办奥的可持续性理念逐步融入北京冬奥组委的采购活动中。通过正面示范，引导全社会在采购活动中实现经济、社会和环境的长期最大利益。

创新建立三标合一的可持续性管理体系。北京冬奥组委结合筹办工作实际，把国际大型活动可持续性管理体系（ISO 20121）、环境管理体系（ISO 14001）和社会责任指南（ISO 26000）三个国际标准体系有效整合，研究建立具有北京冬奥会特色的可持续性管理体系。2019 年 11 月 6 日，北京冬奥组委获可持续性管理体系认证证书。这是奥林匹克历史上首个把三个国际标准体系整合为一体的可持续性管理体系。北京冬奥会的可持续性管理体系是第一个覆盖奥运筹办全领域、全流程的可持续性管理体系。

八　加速完善交通基础设施，全面支撑
冬奥筹办和区域发展

京张高铁和京礼高速运营通车，赛区内外多条干线和客运枢纽的完工和顺利推进，不仅满足奥运需求，也为赛后区域长期可持续发展提供了有力支撑。

（一）建设京张高铁，一条高铁联结京冀蒙晋

冬奥筹办加快京张高铁的建设步伐。京张高铁是国家《中长期铁路网规划》中"八纵八横"京兰通道的重要组成部分。2008 年 12 月，原铁道部就建设京张高铁开展了预可行性研究。2014 年，京张高铁已开工建设。作为重要的交通保障设施，北京冬奥会的举办加快了京张高铁的建设和运营进度。它与同期投运的张呼高铁、张大高铁连通，对于加快构建西北、内蒙古西部、山西北部地区快速进京客运通道具有重要意义，对增进西北地区与京津冀地区人员的交流往来，促进西北地区与京津冀地区协同发展具有重要作用。

京张高铁全面提升冬奥交通保障能力。2019 年 12 月 30 日，京张高铁建成并开通运营。开通运营后，北京清河站至延庆站仅需要 20 分钟，北京清河站至张家口太子城站仅需要 50 分钟，大大缩短了北京冬奥会三个赛区的通行时间，北京冬奥会筹办工作也因此受益。赛时将为奥林匹克大家庭、媒体记者、观众等各客户群提供快捷便利的交通服务，有助于缓解交通压力、降低办赛成本、减少环境污染。

京张高铁带动张家口和延庆地区多产业发展。京张高铁的开通将张家口直接纳入了首都"1 小时生活圈"，通过连通北京这一常住人口超过 2000 万人的客源市场，北京人民参与体验冰雪运动、长城文化和草原文化的热情有效转化为实际行动，将极大地促进张家口和延庆地区冰雪、文化、旅游等产业的发展，造福京张两地群众。据统计，京张高铁开通首月旅客发送量 138.95 万人次，运营一周年共发送旅客 680.6 万人次。[①]

---

① 《京张高铁"满月"：运客 138.95 万人次》，中国政府网，2020 年 2 月 1 日，http：//www.gov.cn/xinwen/2020－02/01/content_ 5473625.htm；《京张高铁开通一周年发送旅客超 680 万人次》，中国政府网，2020 年 12 月 30 日，http：//www.gov.cn/xinwen/2020－12/30/content_ 5575356.htm#1。

专栏7 从历史开来的列车：京张铁路

京张高铁的前身京张铁路于1909年开通，是第一条由中国人自行设计和修建的铁路。作为当时我国工业生产水平的最高体现，京张铁路不仅是中国近现代工程技术界的光荣和铁路科技自主创新的起点，更蕴含着百年前特殊历史背景下中国不屈不挠的民族精神。

针对八达岭山区崇山峻岭、地势陡险的难题，京张铁路创造性地采用了两台机车掉头相互推挽的办法，依山腰作"人"字形线路，列车进青龙桥东沟后回头，用"长度"换"高度"，在降低线路坡度的同时，又缩短了八达岭隧道的长度，成功穿越了关沟天险。

詹天佑首次将矿山炸药用于山洞开凿，开创了大长隧道新施工工法——竖井法。这种方法可在地下同时展开6个工作面，提高施工效率，且部分竖井建成后被用作通风廊道，解决了当时蒸汽机车通过隧道时排气的问题。八达岭隧道是我国铁路建筑史上第一个超千米长的大隧道，它的建成揭开了我国自力修筑隧道的序幕。

京张铁路的胜利建成轰动中外，其深远影响远远超出工程技术领域。这条铁路的成功修建不仅连通了北京和京北重镇张家口，使两地的往来交通更加便捷，而且极大地提振了国人的民族自信，掀起了修建铁路的热潮。京张铁路还培育了一大批中国本土工程师，活跃在之后各条铁路线的建设中。

专栏8 智能高铁世界标杆：京张高铁

智能建设：京张高铁是世界第一条拥有全线、全专业、全生命周期采用BIM技术的高速铁路。京张高铁八达岭长城站位于青龙桥车站下方102米处，占地39800平方米，是世界埋藏最深、国内面积最大的地下高铁站。为不伤及长城，建设采用了国内研发、世界先进的电子雷管微损伤控制爆破技术。为了保证北京市重要的水源地——官厅水库不受污染，官厅水库特大桥施工采用了"顶推作业法"。为使1906年建成的清河站妥善保存，百年老站穿上了"铁背心"，通过专用轨道整体平移了359.36米。

智能装备：京张高铁是世界上第一条采用北斗卫星导航系统并首次实现时速350公里自动驾驶的智能高铁，依靠天地"最强大脑"实现车站自动发车、区间自动运行、应急自走行、运行状态自感知、设备故障自诊断、导向安全自决策、精确定位停车、站车同步开门。

智能运营：京张高铁是一条从购票进站到乘车体验处处彰显人性化的高铁。全线电子客票、乘车提醒、无感进站、最优路径、综合交通无缝衔接，让乘客畅行无阻；智能交互、5G Wi-Fi覆盖、无线充电、灯光智能调节、无级变色车窗，让乘客收获超值体验。设立媒体车厢，可进行冬奥赛事直播，在车厢连接处专为运动员和滑雪爱好者设置滑雪设备存放柜。

京张高铁为中国铁路发展在装备制造、施工工艺、新材料、人工智能等领域积累了经验，培养了人才，标志着中国铁路从高速时代进入智能时代，是中国铁路发展的又一个里程碑。

（二）京礼高速全线通车，两条高速串起京张两地

冬奥筹办加速京礼高速建设和布局。京礼高速由兴延高速和延崇高速合并而成。其中兴延高速是2019年中国北京世界园艺博览会的配套基础设施，连接了北京市的昌平区和延庆区。按照北京冬奥会申办计划，延庆和张家口赛区之间拟通过国道延崇路的升级改造来连接，申办成功后，交通运输部考虑到冬奥会对张家口赛区冰雪产业发展具有极大的带动作用，形成了新的经济增长点，故为推动京津冀协同发展国家战略的实施，完善区域高速公路网，将延崇路由国道提级为高速公路。

京礼高速大幅提升了京张公路交通效率。2020年1月23日，京礼高速全线贯通。京礼高速使延庆赛区至张家口赛区的转场时间由原先的2.5小时缩短到了50分钟，也使自北京六环转京礼高速至太子城赛场由原来的3小时缩短一半时间。京礼高速作为北京西北方向第三高速通道，对于疏解西北通道京藏高速、京新高速客货运交通压力，促进京张两地道路相连相通，积极助力张家口融入京津冀"1小时经济圈"，带动沿线地区社会经济发展具有重要意义。

专栏9 创新突破的京礼高速

京礼高速广泛采用创新技术和理念，在工程建设和运营上实现诸多突破。

绿色公路：京礼高速广泛应用光伏新能源、雨污水再生利用等技术。安装施工扬尘、噪声和隧道有害气体检测装置，施工排水安装净化装置。此外，通过建设特长隧道穿越、避让自然保护区。

智慧公路：京礼高速综合应用北斗高精度定位，实现全频段5G覆盖。特殊路段采用防冰雪路面、低噪声橡胶路面技术。在特长隧道内采用疲劳驾驶灯光唤醒技术，通过灯光和喷漆变化，让驾驶员更加清醒。建设应用智慧卫生间、智慧停车、智能机器人，提高运营管理智能化水平。

高难公路：松山特长隧道长度达9.2公里，具有京冀最长，地质构造复杂、岩层破碎、涌水量大等困难和特点。金家庄隧道以4.2公里世界最长螺旋隧道克服了陡峭地形高差。

人性公路：京礼高速由于全线桥隧比较高，建成后道路拓宽难度极大，因此全线预留了4米宽的应急车道，并设计了停车港湾。部分服务区增设加气站、房车营地、直饮水、儿童游乐设施等。

（三）赛区内部交通设施逐步完善，为赛后发展留下遗产

建设延庆和张家口赛区内场馆连接道路。建成延庆赛区内松闫路（改

线段）、赛区连接线、1号路、2号路、4号路等场馆连接路。进行张家口市区到崇礼省道、崇礼环线公路、崇礼区域路网优化提升，进行张家口赛区道路及应急疏导线建设，包括崇礼城区至万龙、长城岭、太子城公路，太子城至云顶公路，太子城至古杨树至棋盘梁公路。

建设延庆综合交通服务中心、张家口南综合客运枢纽、崇礼南客运枢纽。延庆综合交通服务中心建成后可满足高铁与多种交通形式的换乘和接驳，服务冬奥赛事，赛后服务延庆区的日常交通并加强与外部的交通联系，促进延庆整体发展。

张家口南综合客运枢纽建成后能满足赛事期间快速交通联系的需求，为各客户群出行创造更加便利的条件，同时加强张家口市与京津冀晋蒙的经济社会联系。

崇礼南客运枢纽建成后将有利于张家口方向乘客的集散、中转，满足本地居民和外地游客多元化的出行需求。

赛区内部道路、交通场站、客运枢纽的加快建设，既为冬奥会举办提供了交通保障，也客观上为赛区未来的发展提供了长远支撑。

九 坚持协同均衡发展，整体提升 区域公共服务水平

京张携手举办冬奥会，极大地带动了京津冀一体化协同发展。以冬奥筹办为契机，京张地区加大在通信设施、医疗服务、市政服务等多方面的投入，并建立健全协同共享的机制，努力推动和实现区域整体公共服务水平的提升，冬奥公共服务已提前呈现显著的遗产效应。

（一）加快完善通信基础设施，以智慧冬奥带动智慧城市

以北京冬奥会赛事举办场所为主，稳步推进重点区域通信基础设施及服务建设，规划建设京张高铁沿线通信基础设施，加速推进张家口智慧城市建设。

同步开通京张高铁沿线4G和5G网络系统，升级完成张家口地区广播电视有线网络。北京市针对新建场馆及交通干线进行了集群通信补充覆盖，

进一步完善了城市管理指挥调度体系，截至 2019 年底，北京市共建设 5G 基站 17357 个。

张家口市新建 189 个基站，实现了冬奥赛区及城市大部分区域的集群通信室外覆盖。2019 年张家口市区、张家口赛区、京张高铁沿线等共建设 5G 试验站 237 个，实现了崇礼云顶冬奥场馆及周边区域的 5G 全覆盖。2020 年实现张家口市区、崇礼城区及冬奥核心区、冬奥相关连接道路 5G 信号全覆盖。

专栏 10　中国联通 5G 赋能冬奥会

作为北京 2022 年冬奥会和冬残奥会官方通信服务合作伙伴，中国联通围绕冬奥观赛、参赛和办赛三大场景打造了智慧观赛、智慧安防、云转播服务、智慧交通、智慧场馆、无人机周界防控、5G 超高清直播、智慧训练、物流配送和智慧移动医疗等十大 5G 应用产品。在观赛场景中，联通致力于为观众提供先进、超清的多媒体服务以及良好的现场及家庭观赛体验服务，同时提高赛事及运动体验的娱乐与互动性；在参赛场景中，联通为合作伙伴提供智慧的信息设施系统、多功能的信息化服务，以此提升赛事整体服务水平；在办赛场景中，联通全力加强场馆运营能力，增强组织者高效可靠的后勤和安防能力、快速便捷的场馆服务能力、赛事及常态化的智慧运营能力。

（二）以冬奥会医疗保障为支撑，促进京张医疗服务协同发展

北京市发挥自身医疗优势，支持医疗资源对外援助服务、加强培训交流、共建合作医院，制定并实施一系列有利于医疗资源整合共享的服务政策，提升京张医疗协同发展能力。张家口市加快医疗服务体系建设，推进多个新建及维护项目（包括停机坪项目），不断提升医院应急医疗救援水平，8 家医院成为北京冬奥会定点医院，3 家医院成为航空医疗救护联合试点医院，在强化奥运支撑的基础上提升了本地医疗服务水平。

截至2019年底，张家口市共有48家公立医院与北京市62家医院展开了64项合作。① 2015年以来，张家口市各级各类医疗卫生计生机构数量、医院数量、实有床位数量、执业医师（助理）人数保持稳定的同时，服务质量不断提升。

专栏11　新建北医三院崇礼院区

为服务保障北京冬奥会，推动京津冀医疗卫生事业协同发展，提升崇礼区及周边地区医疗服务水平，2018年9月，张家口市人民政府、崇礼区人民政府、北京大学第三医院三方共同签署协议，由北京大学第三医院全面接管张家口市崇礼区人民医院，建设北京大学第三医院崇礼院区。

2018年12月，该院区建成。2019年1月，该院区被指定为北京冬奥会定点医院。院区总占地面积2.67公顷，建筑面积20215平方米，编制床位200张，在职职工270人左右，其中正高级职称2人、副高级职称17人、中级职称21人。设有14个临床科室、7个病区、6个医技科室、13个职能科室。

值得一提的是，院区设有建筑面积16079平方米的创伤中心，分别设有核磁检查室、复合手术室、输血科、康复中心和屋顶直升机停机坪。北京冬奥会期间将作为独立医疗保障场所使用，赛后作为国际诊疗中心使用。

2019年10月，经批准，院区成为第一批国家区域医疗中心试点建设项目。作为河北省唯一一家区域医疗中心，院区未来不仅将带动整个张家口地区医疗卫生水平提升，还将辐射周边五省区，100～200个县级单位发生重大群体事件伤、运动创伤等都可以在院区得到及时救治。

---

① 《京张医疗合作已签署64项协议，四年截留进京患者超10万》，腾讯网，2020年1月11日，https：//new.qq.com/omn/20200111/20200111A0OJDY00.html。

（三）完善市政基础设施，提升水、电、气、热保障能力

给排水方面，场馆建设遵循"海绵城市"理念，关注雨洪、融雪（冰）控制与水环境保护之间的关系，开工建设一批水资源循环利用工程，开展生态清洁小流域建设，提升赛区水环境品质。

北京市全面实施饮水安全巩固提升工程，推动污水处理设施建设运行。"十三五"期间，全市新建再生水厂 26 座，升级改造污水处理厂 8 座，万吨以上污水处理厂处理能力达到 676.5 万立方米/日，建设污水管道约 2433 公里，建设再生水管道 522 公里，累计解决了 1805 个村庄污水收集处理问题，污水处理率由 2015 年的 87.9% 提高到 2019 年的 94.5%。[①]

张家口市重点实施农村饮水安全巩固提升工程。截至 2018 年底，全市 4175 个行政村中有 3674 个已实现自来水入户，自来水普及率达到 85%、集中供水率达到 95%、受益人口为 349.1 万人。[②]

专栏 12　张家口市新建水厂及输配水管网项目

为做好赛时冬奥场馆及周边区域的用水保障，并考虑冬奥核心区的长远发展，建设冬奥核心区地表水厂 1 座，日供水能力为 1 万立方米，可供 1.5 万常住居民使用。考虑到崇礼城区当前的供水不足，并充分考虑城区周边雪场未来的长远发展，建设崇礼城区水厂 1 座，日产量 4 万立方米。此外，为了提高冬奥赛时供水保障能力，将崇礼城区水厂和冬奥核心区地表水厂的管网进行了连通。上述相关输配水管网铺设总距离为 100 多公里。两座水厂及输配水管网的建设充分考虑了整个区域全周期的用水需求，将为区域的长远发展提供充分的用水保障。

---

① 《以生态环境的注脚标记发展——首都水环境与水生态治理五年》，北京市水务局网站，2020 年 11 月 27 日，http://swj. beijing. gov. cn/swdt/swyw/202011/t20201127_ 2152552. html。

② 《砥砺奋进七十载张垣水利谱华章——张家口市水利事业七十年发展成就》，新浪网，2019 年 9 月 26 日，http://news. sina. com. cn/o/2019 – 09 – 26/doc – iicezzrq8522123. shtml。

供电方面，加快推进冬奥会电力设施配套工程、柔性直流示范工程、通州区域能源中心等重点电力工程建设，延庆赛区、张家口赛区变电站、配电线路，以及延庆区、崇礼区部分电力设施和线路的升级改造。

燃气方面，2019年，延庆区推进6个续建项目、4个新建项目建设，进一步扩大管道天然气覆盖范围。张家口赛区完成天然气工程管道敷设，LNG气化站完成基础工程施工并加速实施城区燃气老旧管网改造。

热力方面，北京市进行赛区热负荷预测，编制了供热规划，利用电能解决内部供热。张家口市崇礼区配套供热管网改造完成并投入运行。落实热电气联合调度工作，发挥华能煤机应急热源作用，增强热力保障能力。

水、电、气、热等市政设施的完善，既为保障冬奥会提供了有力支撑，同时也大幅提升了城市运行和服务能力，带动了主办城市基础设施的发展。

十 带动首钢转型发展，打造新时代首都城市复兴新地标

首钢于1919年建厂，是以钢铁业为主，跨行业和跨国经营的大型企业集团。考虑到举办奥运会以及经济社会发展的需要，首钢停产搬迁。2016年，北京冬奥组委入驻首钢园区。2018年，首钢签约成为北京冬奥会官方城市更新服务合作伙伴，创造奥运历史。以冬奥举办为契机，首钢紧抓战略机遇，将打造新时代首都城市复兴新地标与冬奥会筹办、老工业区有机更新、绿色高端发展紧密结合，坚持减量发展，推广绿色智能新技术，培育发展新动能，挖掘文化发展新内涵，努力实现多约束条件下超大城市中心城区文化复兴、产业复兴、生态复兴、活力复兴，整体塑造体现新时代高质量发展、城市治理先进理念和大国首都文化自信的新地标。国际奥委会主席巴赫多次称赞，首钢园区必将成为奥林匹克运动推动城市发展的典范，成为世界工业遗产再利用和工业区复兴的典范。

（一）冰雪场馆设施落户，带动体育相关产业快速发展

建设北京冬奥会相关比赛及训练设施，形成一批场馆遗产。建设完成北京冬奥组委办公区，它将成为北京冬奥会前期筹办及赛时指挥协调机构所在地，赛后将成为高端产业孵化服务基地。建设完成首钢滑雪大跳台，它将成为冬奥会第一个永久性滑雪大跳台场馆，在赛后将成为重大赛事举办地和群众健身休闲场地。建设完成国家体育总局冬季训练中心，做好冰上项目运动队入驻训练服务工作，同时积极承接北京冬奥会有关参赛国家运动队的赛前适应性训练等活动。

举办特色文化体育展会活动，建设国家体育产业示范区。积极承办以冰雪运动为特色的国际级体育赛事，如国际雪联中国北京越野滑雪积分大奖赛、2019沸雪北京国际雪联单板及自由式滑雪大跳台世界杯比赛、冰壶世界杯、KHL冰球联赛等。建成首钢极限公园，推动国际体育机构、国家级及市级体育资源、知名体育企业聚集。结合工业遗存特色，举办各类发布会，如北京冬奥会吉祥物发布会；举办专业演出，如2020北京新年倒计时、"抖in北京"、2019首钢园环境舞蹈展演；举办高端论坛，如国际奥委会平昌冬奥会和冬残奥会总结会，推动国际级会议、科技文化体育类展览落地。

以冬奥带动项目入驻，发挥冬奥溢出效应。培育拓展"体育+"和"科技+"产业生态，打造特色产业集群。建设北京冬奥会技术运行中心及附属通信枢纽，同时作为数字基础设施助力首钢园智慧园区建设，推动更新应用场景落地。建设冬奥云转播中心，为冬奥赛事转播提供保障与支持。建成北京首个体育特色公用型保税仓库，服务保障冬奥筹办。利用筒仓建设RE睿·国际创忆馆，举办光影感映展。此外，园区已陆续吸引腾讯体育、安踏体育、泰山体育等一批优质企业入驻。

（二）进行工业遗存改造利用，打造文化遗产特色名片

活化利用工业遗存。制定北京冬奥会首钢工业遗存保护名录，研究制定一系列支持政策。推进首钢主厂区、二通厂区等工业遗存保护利用改造，因

地制宜建设博物馆、产业孵化基地、休闲体验设施。北区工业遗址公园持续推进高炉和脱硫车间等保护性改造，植入文化、科技功能，形成特色景观带和灯光秀，打造更多网红打卡地。利用铁轨、管廊、传送带等工业遗存建设铁轨绿道、空中步道，营造城市特色公共空间。南区工业建构筑物、铁轨和管廊分类设施保护修补。

提升园区文化品质。通过文物修缮、内涵挖掘、环境整治、品质提升，传承保护利用永定河文化。加强石景山古建筑群保护利用，整合八大处、模式口等浅山文化资源，打造西山永定河文化带重要节点。加快推进永定河文化综合体规划建设工作。

（三）营造高品质宜居宜业环境，建设国际人才社区

精心打造绿色空间。加快永定河生态带建设，促进水系连通和水环境改善。加快首钢园区生态建设，完成石景山景观公园建设，建设工业资源活化利用的后工业景观休闲带，打造以绿为体、蓝绿交织、景观多样的绿色生态空间。加快推进生态示范工程，建设智慧能源系统，推进"海绵城市"、综合管廊试点，新建或改建一批高品质绿色建筑。完成秀池、群明湖改造，创造优美水环境。

推进国际人才社区建设。强化顶层设计，联合国际专业机构完成国际人才社区功能规划。完善生活配套设施，建成国际品牌咖啡店和国际酒店等餐饮、居住配套设施。进行国际宣传，举办"一带一路"全球青年领袖活动等具有国际影响力的品牌活动。搭建国际人才职业平台，首钢园海外院士专家工作站引入海外院士专家22名，高端人才类企业11家；积极拓展产业渠道，与多个海外单位初步确立合作意向。

目前，新首钢地区转型发展取得积极成效，工业遗存得到充分利用，体育产业、时尚产业、科技产业、文化产业集聚发展态势初步形成。鲜明的文化特色，宜居优美的生态环境，正在不断聚集的人气，充分彰显了新时代首都城市复兴新地标的崛起。

十一　助力张家口全面发展，打造脱贫攻坚新示范

张家口市紧抓筹办北京冬奥会这一历史机遇，紧密结合"十三五"规划实施和京津冀协同发展这一国家战略，在原有冰雪旅游产业的基础上，加速推进基础设施建设，加速改善生态环境，进一步发展冰雪旅游等相关产业，大幅改善了欠发达地区的落后面貌，使当地群众获得了更多的就业和发展机会，显著提升了生活水平，交出了冬奥筹办和本地发展两份优异答卷。截至2020年2月底，张家口贫困县区全部脱贫摘帽。[①]

（一）强化基础设施建设

大力解决交通基础设施落后的瓶颈问题。在陆路交通方面，适应冬奥会筹办需求建成京张高铁崇礼铁路，建设太子城至锡林郭勒盟高铁太崇段，建成张承高速和京礼高速，建成G335国道承塔线、6条省道、4条县道、14条乡道、259条村道，建设太子城高铁站、崇礼北、崇礼南三大客运交通枢纽，"四纵三横一环"的立体交通网络已经形成。

加快推进贫困地区饮水、电力、通信等方面基础设施改造提升。持续开展饮水安全问题大排查、大治理，消除饮水安全隐患。"十三五"以来，张家口市累计投入资金10.26亿元，实施安全饮水工程2184处，惠及154.79万农村人口，38.28万贫困人口；农村集中供水率从2016年的80%提高到2020年的95%，农村自来水入户率从2016年的74.4%提高到2020年的90%。[②] 此外，采取有力措施，使所有贫困村实现了电力能源、广播电视信号、网络宽带、4G网络信号等全覆盖。

---

① 《河北省贫困县全部脱贫摘帽》，"环球网"百家号，2020年3月1日，https：//baijiahao. baidu. com/s? id = 1659959301936900068&wfr = spider&for = pc。

② 《张家口市扎实推进农村饮水安全助力脱贫攻坚》，河北新闻网，2020年11月26日，http：//zjk. hebnews. cn/2020 – 11/26/content_ 8229505. htm。

（二）实施生态扶贫富民

积极探索生态扶贫新模式。随着北京冬奥会筹办及张家口市"首都水源涵养功能区和生态环境支撑区"建设工作的推进，近年来崇礼区植树造林力度空前加大。张家口市在实施造林绿化工程中，拓宽建档立卡贫困群众的参与渠道，优先安排农村贫困人口参与工程建设，增加务工收入，既满足冬奥筹办对生态环境改善的需求，又满足群众脱贫致富的需求，应不断探索生态扶贫新模式。河北省将有劳动能力的近100万建档立卡贫困人口选聘为生态护林员，带动300万人稳定增收脱贫。

创新完善生态富民新机制。张家口地区的脱贫坚持走生态富民的道路，坚持改善环境与农民增收相互促进、正向而行。为最大化增加项目区群众，特别是贫困群众的收入，张家口市崇礼区出台《林业助推扶贫购买式造林实施方案》，创新造林机制，促进生态林业和民生林业协调发展，最终造林收益的20%归集体收入并使用，80%用于精准扶贫和入社社员分红。比如，崇礼区驿马图乡霍素太村通过参与冬奥绿化项目以及购买式造林，村集体每年能增收100多万元。2019年，该村已成功实现脱贫。

（三）推动体育就业和产业发展

举办体育扶贫赛事。据张家口市体育局统计，2019年张家口举办30余项次省市级体育扶贫赛事，吸引了京津冀及周边省份逾12000人参与，扶贫共惠及张北、康保等贫困县区8个，贫困人口1000余人，并面向贫困户设立赛事服务岗位881个。

发展冰雪产业。因势发展奥运经济，大力推动冰雪运动和冰雪产业在张家口落地生根。"十三五"期间，全市建成滑雪场9家、滑冰馆19座，积极推进"111N"冰雪运动培训体系建设，创建冰雪运动特色学校80所、培训基地59家，参与冰雪运动人数突破500万人次。高新技术开发区和宣化

经济开发区两个冰雪运动装备产业园引进项目 82 个，投产运营 32 个，产业聚群初步形成。①

筹办北京冬奥会，一方面为张家口市的整体发展提供了前所未有的机遇，尤其在生态环境建设、基础设施建设等方面；另一方面也为张家口市贫困人口的脱贫提供了前所未有的机遇。借助发展机遇，张家口城市活力不断增强、发展水平持续提高，人民群众的幸福感、获得感也获得了大幅提升。

十二 促进延庆绿色发展，打造生态涵养区建设新样板

延庆区作为北京冬奥会三个赛区之一，是首都重要的生态屏障和水源保护地。以冬奥筹办为契机，延庆区深入落实生态涵养区功能定位，将保障首都生态安全作为主要任务，不断扩大生态环境容量和提高生态环境质量，提升基础设施建设水平和公共服务能力，增强内生发展动力，正探索走出一条特色化、品牌化、差异化的高质量发展之路。自北京奥运会申办成功以来，延庆区在生态保护、基础设施建设、公共服务和绿色产业发展等方面已初见成效。未来，北京冬奥会带来的长久收益，将把延庆区打造成为展现北京美丽自然山水和历史文化的典范区、生态文明建设的引领区、宜居宜业宜游的绿色发展示范区。

（一）开展全方位环境治理，彰显绿色办奥理念

（1）与张家口市加强区域大气污染联防联治，共同做好冬奥会空气质量保障工作。PM2.5 浓度由"十二五"末 61 微克/米³ 降到"十三五"末 31 微克/米³，累计下降 49.2%，重污染天数由 35 天减少到 6 天，空气质量达到国家二级标准。②

---

① 《2021 年张家口市政府工作报告》，张家口市人民政府网站，2021 年 2 月 3 日，http://www.zjk.gov.cn/content/2021/90857.html。

② 《2021 年政府工作报告》，北京市延庆区人民政府网站，2021 年 1 月 18 日，http://www.bjyq.gov.cn/yanqing/zwgk/zfgzbg/2851208/index.shtml。

（2）新建改建集中污水处理厂（站）14座，完成138个村污水治理，同期全区污水处理率由78%提高到92%，全域地表水水质由Ⅳ类稳定达到Ⅲ类及以上，获评全国水生态文明城市。①

（3）深入实施百万亩造林绿化等工程，造林、营林125.2万亩，同期森林覆盖率由57.4%增长到60.4%，城市绿地由1567公顷增加到1767公顷，人均公园绿地面积由41.9平方米增加到46.8平方米。获评全市首个"中国天然氧吧"称号，成功创建国家森林城市。②

（二）提升基础设施和公共服务水平，缩小区域发展不平衡

改善交通基础设施。北京冬奥会加快了延庆区原有规划中交通基础设施的建设步伐，随着京张高铁和京礼高速通车，延庆区正式进入首都半小时经济圈、生活圈，交通实现了质的改变。

（1）"十三五"期间，延庆区新建大修城市道路34.2公里、公路441.3公里，乡村公路实现100%通车、中等路以上比例达到90.3%，路网密度处于生态涵养区领先水平，市民的日常出行也更加安全便捷。③

（2）提升医疗、教育水平。"十三五"期间，延庆区医疗机构面积增加6.6万平方米，延庆冬奥医疗保障中心正式投入使用，并成立了由58名延庆区医院医护骨干和43名北医三院专家组成的冬奥专区救治队，将在赛时为运动员、教练等提供医疗保障。北京国际奥林匹克学院正式落户延庆，全区累计新建、改扩建幼儿园11所，新增学前学位3300个，普惠性幼儿园覆盖率达99.8%，教育满意度全市领先。④

① 《2021年政府工作报告》，北京市延庆区人民政府网站，2021年1月18日，http：// www. bjyq. gov. cn/yanqing/zwgk/zfgzbg/2851208/index. shtml。
② 《2021年政府工作报告》，北京市延庆区人民政府网站，2021年1月18日，http：// www. bjyq. gov. cn/yanqing/zwgk/zfgzbg/2851208/index. shtml。
③ 《2021年政府工作报告》，北京市延庆区人民政府网站，2021年1月18日，http：// www. bjyq. gov. cn/yanqing/zwgk/zfgzbg/2851208/index. shtml。
④ 《2021年政府工作报告》，北京市延庆区人民政府网站，2021年1月18日，http：// www. bjyq. gov. cn/yanqing/zwgk/zfgzbg/2851208/index. shtml；《延庆冬奥医疗保障中心正式投入使用》，新京报网，2020年12月31日，https：//www. bjnews. com. cn/detail/160940049115424. html。

（三）借力冬奥效应，培育壮大绿色产业

培育壮大冰雪体育产业。成功举办"美丽世园·科技冬奥"2018 延庆创新创业大赛，推动建设"中关村（延庆）体育科技前沿技术创新中心"，新引入冰雪体育相关类企业 102 家。

培育壮大新能源和能源互联网产业。加快氢能产业园、绿色云计算中心和智能微电网能源管理系统等工程建设，新引入新能源和能源互联网企业 57 家。

深化全域旅游发展，全域旅游提质升级。旅游产业一直是延庆的主导产业，近年来，延庆区统筹冬奥、世园、长城三张世界级"金名片"，四季全域旅游获得高质量融合发展，成功创建国家全域旅游示范区。精品民宿获得较快发展，打造了"冬奥人家""世园人家""长城人家""山水人家"四大品牌，打造精品民宿 100 余家、建成民宿小院 376 个，成为首批全国民宿产业发展示范区。

整体上看，筹办冬奥会带动了延庆区基础设施、生态环境的持续改善，促进了延庆区以体育、旅游文化为标志的产业发展，提升了区域公共服务水平，为延庆区打造绿色发展样板提供了强劲动力。

十三　弘扬奥林匹克精神，引领社会文明进步

以北京冬奥会筹办为契机，弘扬奥林匹克精神和残奥理念，普及冰雪文化，推广健康生活方式，提升社会文明程度和全社会助残意识，增进各国人民友谊，让世界更加相知相融是北京冬奥会的庄严承诺和遗产目标。

北京冬奥会筹办始终坚持"共同参与、共同尽力、共同享有"理念，大力实施《北京 2022 年冬奥会和冬残奥会社会文明行动计划》和《北京 2022 年冬奥会和冬残奥会志愿服务行动计划》。动员全社会积极参与冬奥会筹办工作。

（一）开展奥林匹克文化教育，提升全社会文明程度

奥林匹克教育成果丰富。北京市作为全球首个"双奥城市"，积极开展"冬奥我知道"宣传活动，组建冬奥宣讲团，通过进校园、进社区等形式，面向各界市民介绍冬奥筹办进展，普及冬奥知识。2019年6月启动"2019年北京市中小学生奥林匹克教育及冰雪进校园系列活动"，覆盖全市近200所中小学的近20万名中小学生及教师。① 张家口市多措并举，大力普及推广奥林匹克教育，倡导"课堂教学＋户外实践"的青少年冰雪运动普及模式，连续三届组织"万名中小学生冰雪体验活动"，约7万名小学生参与冰雪运动，极大地推动了奥林匹克教育和冰雪运动的普及。

社会文明建设效果显著。北京市积极开展冬奥进社区活动，从首个"夏奥社区"东四社区，到首个"冬奥社区"石景山区广宁街道高井路社区，奥运精神在社区层面得到最广泛的弘扬和传播。

专栏13　北京市首个"冬奥社区"揭牌

2019年5月11日，在北京市石景山区庆祝北京2022年冬奥会倒计时1000天系列活动暨"冬奥社区"揭牌仪式上，石景山区广宁街道高井路社区成为北京第一个被授牌的"冬奥社区"。自2018年以来，广宁街道多次组织辖区居民参与滑冰、冰壶等奥运项目体验及奥运知识讲座活动。目前各社区都已成立冬奥主题体育队伍，包括旱地冰壶队、旱地冰球队、广宁青年滑冰队等。街道将以此次"冬奥社区"授牌为契机，从民生改善、环境治理、产业发展、休闲娱乐等8个方面加快推进"冬奥社区"建设，为社区居民带来实实在在的获得感、幸福感和安全感。

---

① 《2019年北京市中小学生奥林匹克教育及冰雪进校园系列活动启动仪式成功举行》，北京市教育委员会网站，2019年6月25日，http://jw.beijing.gov.cn/jyzx/jyxw/201906/t20190625_665289.html。

张家口市以建设"体育之城、活力之城、康养之城、文明之城、富强之城"为目标，在社会文明行动中注重融入、使用奥运品牌和奥运元素，同时依托自然和人文资源，发展形式多样、群众参与度广的冰雪健身项目，推动全社会共同参与。崇礼区开展"迎冬奥、讲文明"活动以提高社区参与度，让大众更好地理解、支持、参与奥运，截至2019年底，累计参与各类冬奥宣传普及活动人数为20万余人次。

（二）培育发展冰雪文化，扩大冬奥影响力

推动冬奥文化艺术创作。设计开发具有民族性、艺术性和功能性的形象景观元素，打造冬奥名片，先后设计开发北京冬奥会和冬残奥会会徽、北京冬奥会和冬残奥会吉祥物等。通过广泛开展征集活动，激发大众创作的热情，推动形成中国传统文化和奥林匹克运动文化相融合，同时吸引世界专业设计者参与，带动提升国家文化创意设计水平。

传播冰雪文化。以主办城市为主，在全国范围内举办冬奥主题文化活动，弘扬奥林匹克精神，宣传北京冬奥会筹办理念和冰雪运动知识。持续举办国际奥林匹克日冬奥主题活动、"相约北京"国际艺术节、"全国大众冰雪季"、"全国大众欢乐冰雪周"等品牌活动，以及北京市民快乐冰雪季、"助力冬奥　有我更精彩"大型体育公益活动、北京冰雪文化旅游节、"相约2022"冰雪文化节、河北省"健康河北　欢乐冰雪"活动、张家口"大好河山　激情张家口"冰雪季、张家口年俗国际旅游节等一系列城市文化活动，在全社会营造良好的冰雪文化氛围。

开展冰雪文化国际交流。以北京2022年冬奥会为主题，在海外举办了一系列文化交流活动，包括"天下华灯"嘉年华、"欢乐春节"等文化推广活动，"中国红·点亮2022"等冬奥主题活动，以促进国际文化艺术交流。自2016年起，国际冬季运动（北京）博览会已经在北京连续举办五届，目前已成为全球规模最大、最权威的冰雪产业展。积极推动在2019年东北亚和平与发展论坛、2019年中国北京世界园艺博览会、亚洲文明对话大会等活动中融入冬奥元素，积极向国际社会讲好冬奥故事。

（三）加强志愿服务体系建设，大力弘扬志愿服务精神

动员社会力量积极参与冬奥志愿服务。以弘扬奉献、友爱、互助、进步的志愿精神为根本，北京冬奥会志愿服务工作有计划、有步骤地持续推进。2019年5月北京冬奥组委发布《北京2022年冬奥会和冬残奥会志愿服务行动计划》，设立前期志愿者、测试赛志愿者、赛会志愿者、城市志愿者、志愿服务遗产转化5个志愿者项目以及6个专项运行计划，确立了志愿者工作顶层设计。同时启动实施"迎冬奥"十大志愿服务示范项目。2019年12月5日，冬奥志愿者全球招募系统启动。

加强专业人才志愿服务培训。北京冬奥组委面向全国遴选拥有中高级道滑雪技能的专业人才，截至2019年底，共储备人才3090人，并联系培养其中的322名队员组建北京冬奥组委滑雪战队；与北京市、河北省的11所高等学校就专业人才的开发培养和教育培训工作签订合作协议。对冰雪运动专业人才开展冬奥会和冬残奥会通用知识、场馆岗位知识、专业知识等培训，使专业人才具备冬季体育赛事志愿服务技能，作为冬季运动志愿服务人才储备参与到未来大型活动中。

专栏14　滑雪战队——奥运主办城市的宝贵人才遗产

由北京冬奥组委人力资源部会同北京市体育局、河北省体育局等单位共同组建的北京冬奥组委滑雪战队，是一个专业人才"蓄水池"。自2018年10月组建至2019年12月，共联系培养队员322名。先后开展230学时的实战培训和业务知识学习活动，新冠肺炎疫情发生后，连续开办多次在线集中培训，培养了一支"召之即来、来之能战、素质过硬、作风优良"的专业人才队伍。

滑雪战队发挥两个作用：一是作为冬奥赛时专业人才临时调配的补充力量，按照"召之即来、能征惯战"的要求，选拔人员从事竞赛区辅

> 助、赛道作业、器材保养等工作，可以国内技术官员、业主单位临时补充人员、专业志愿者等身份参与；二是作为冬奥培训师，面向社会推广开展公益性教育实践活动，普及冬奥知识。

推动志愿服务精神接棒传承。2008年北京奥运会之后，志愿者成为北京一道亮丽的城市风景线。十多年来，2008年北京奥运会的志愿服务遗产已经升华为城市的信念和态度，渗透于市民的生活、城市经济社会发展的各个领域。全社会志愿服务精神和理念得到有效提升，志愿服务能力在大型活动保障、公共服务、环境保护、防疫防控等领域得以彰显。自2015年北京冬奥会申办成功至今，"志愿北京"平台注册志愿者人数已从320余万人增长到440余万人，志愿服务理念广泛传播，志愿服务组织迅猛增加，志愿服务活动蓬勃开展。双奥志愿服务在组织机制、人才培养等领域正在实现跨越时空的无缝对接。2019年中国北京世界园艺博览会共2万名志愿者陆续走进各个展馆，参与园区运行和游客服务工作。2020年初突袭而至的新冠肺炎疫情中，广大志愿服务集体和志愿者的最美逆行和互助奉献，充分体现志愿服务精神的传承与弘扬，志愿服务精神已深入人心。

（四）加强无障碍环境建设，营造包容性社会氛围

残疾人事业发展整体环境持续优化。《"十三五"加快残疾人小康进程规划纲要》中要求完善无障碍环境建设政策和标准，全面推进无障碍环境建设；《国务院关于加快推进残疾人小康进程的意见》中规定加强和改进残疾人的基本公共服务，是改善残疾人生活质量，提高残疾人自我发展能力，加快残疾人小康进程的有力支撑。《北京2022年冬奥会和冬残奥会无障碍指南》《北京市进一步促进无障碍环境建设2019—2021年行动方案》《张家口市无障碍设施建设管理条例》等一系列国家和主办城市有关无障碍环境建设的政策法规陆续出台，在全社会营造尊重、理解、关心、帮助残疾人的良好社会氛围。

无障碍设施建设同步提速。2019年12月初，北京市开展为期三年的"全市无障碍环境建设专项行动"，聚焦冬奥会和冬残奥会场馆周边、四环以内中心城区、城市副中心等3个重点区域，以城市道路、公共交通、公共服务场所、信息交流4个领域为重点，进行无障碍设施排查。张家口市加大各区无障碍设施建设，并持续加强盲道、缘石坡道，无障碍电梯、卫生间、停车位，接待和服务区域低位设施的改造。

社会建设的包容性稳步提升。北京市加大无障碍理念和知识宣传力度的同时，大力推进残疾人就业和志愿助残服务培训，普遍开展"无障碍推动日"活动，在全社会努力营造共建共享无障碍的良好氛围。

2018年北京市首家"激情冬奥志愿助残服务基地"在朝阳区亚运村街道揭牌。2019年5月，"美好生活工程"残疾人就业项目培训活动启动。

张家口市通过广播、电视、网络、报刊等新闻媒体对国家、省、市关于无障碍建设的政策规定进行宣传，引导全社会积极参与，努力营造良好的社会舆论氛围。张家口市残联以"助力冬残奥会，共享健康生活"为主题进社区开展冬残奥会知识宣传，让群众了解冬残奥会及比赛项目。

专栏15　亚运村建设"激情冬奥志愿助残服务基地"

2018年10月，北京市首家"激情冬奥志愿助残服务基地"在朝阳区亚运村街道揭牌，旨在联合社会爱心团体，通过丰富社区居民的文化生活，倡导践行扶残助残理念。基地将鼓励爱心居民和残疾居民参与社区文化活动和冬残奥会的宣传推广，并成为冬奥场馆和赛事的志愿者。亚运村街道是为奥运会提供服务保障的亚奥核心区街道。自申冬奥成功以来，街道重视冬季奥运文化的传承和发展，开展了"我与冬奥有个约会"等一系列活动。同时，亚运村街道也是助残先进单位，为残疾人设置了制作木版画、红木漆艺吊坠等职业康复项目。

专栏16 "美好生活工程"项目启动

2019年5月,"美好生活工程"残疾人就业项目培训班在北京启动。"美好生活工程"残疾人就业项目针对有就业意愿、就业能力的残疾人,基于优势视角、精准意识的理念,与国内知名企业合作,创造就业岗位,筛选和培训适岗的残疾人,通过项目的开展逐渐摸索推出适合残疾人培训就业、稳岗增收模式,开创残疾人大批量、有尊严、可复制、可推广的就业新途径。

结束语

伴随北京冬奥会筹办工作的有序推进,一批有影响、可持续的冬奥遗产正在逐步显现,并对国家、区域和主办城市的发展发挥着积极作用。我们相信,这些遗产也必将伴随精彩、非凡、卓越冬奥会的举办而更加丰富、更加持久、更加密不可分地融入国家、区域和城市发展,从而成为人民追求幸福美好生活的重要、长久的推动力。

B.12
后　记

白宇飞*

体育是中华民族从"站起来"、"富起来"到"强起来"的见证者、亲历者和推动者。从"文明其精神，野蛮其体魄"到"发展体育运动，增强人民体质"，从第一个世界纪录到第一个世界冠军，从"乒乓外交"到女排"五连冠"，从2008年夏奥会的成功举办到2022年冬奥会的高质量筹办，从《"健康中国2030"规划纲要》的破茧而出到体育强国建成时间的全面提速，正可谓"体育强则中国强，国运兴则体育兴"。

瞄定2035年，立足"两个一百年"历史交替的重大节点，体育蓝皮书系列之《中国体育发展报告》应运而生。首部报告从构思到立项、从写作到成稿，历时整整18个月，恰与新冠肺炎疫情从突袭而至到多地蔓延再到抗"疫"取得决定性胜利进入疫情防控常态化阶段的时间轴高度吻合。在此期间，体育战线严格遵循习近平总书记提出的"坚定信心、同舟共济、科学防治、精准施策"总要求，一手狠抓疫情防控，一手稳推各项工作，全民健身提档升级，竞技赛场捷报频传，产业复苏稳中求进，备战筹办"两不误"，改革跑出"加速度"，在抗击疫情和防控常态化各环节彰显了体育精神、体育力量、体育担当。因此，疫情、体育、发展就是《中国体育发展报告（2020～2021）》的主背景、关键词、逻辑链。

作为国内第一部聚焦体育发展的蓝皮书，《中国体育发展报告（2020～2021）》在研创之初、过程之中、成稿之后先后咨询了学界、业界、政界逾50位专家，力求全面梳理并系统总结疫情下体育战线以"排头兵"意识向"疫"而行取得的成绩以及暴露的短板，力求准确判断并客观分析新冠肺炎

---

* 白宇飞，经济学博士，北京体育大学体育商学院教授，研究方向为体育经济和体育战略规划。

疫情给群众体育、竞技体育、体育产业、体育文化的发展和北京冬奥会筹办、体教融合、体医融合、中国体育对外交往的推进以及重点领域改革的深入带来的影响。不过,由于时间压力大、覆盖领域广、调研难度高、作者经验少,终稿与预期仍有一定差距,甚至不排除有疏漏或不当之处,欢迎各界读者提出宝贵意见和建议。

借此,一方面向所有为本书写作和出版提供指导、支持、帮助的专家、同事、朋友表达最诚挚的感谢;另一方面期待更多关注和关心中国体育发展的海内外同仁来到北京体育大学,与我们共同开启《中国体育发展报告(2021~2022)》的新篇章。

2021 年 6 月

Abstract

Sport is an important way to improve people's health and fulfill their aspirations for a better life, an important means to promote well-rounded human development, an important driving force for economic and social development, and an important platform for showing national cultural soft power. Our country will be strong only if our sport is strong and our nation will thrive only if our sport thrives. The Party and the state have made unprecedented emphasis on sport. And sport has undertaken the mission of realizing the Chinese Dream of national rejuvenation unprecedentedly. Therefore, it is pivotal and urgent to carry out prospective and targeted studies on sport.

In 2020, COVID – 19 pandemic swept through the world and response to coronavirus pandemic continues in 2021. We must fight against it for the great rejuvenation of the Chinese nation and for building China a sports power in 2035 as scheduled.

Annual Report on the Development of Sports in China (*2020 – 2021*), is compiled by China Research Institute for Sport Strategy, Beijing Sport University. The book's main concern is the impact of COVID – 19 pandemic on China's sport and response measures the sport system has taken. It reviews the progress of the sport system' response to coronavirus pandemic since its outbreak in 2020, when sport departments working in front line with concerted efforts to advance pandemic control and losing no time in work and production resumption. This book also conducts in-depth analysis of how mass sports, competitive sports, sports industry, and sports culture have developed under the COVID – 19. Research has been done on the specific progress of sport and education integration, sport and medicine integration, Beijing 2022 Winter

Olympic Games preparation work, as well as sports foreign exchanges. Based on scientific research, the book evaluates the effects of several major reforms in sport, cautiously looks forward to the development of sport in the initial year of the 14th Five-Year Plan period .

While embarking on a new journey toward the second Centenary Goal and carrying out regular COVID – 19 control, the book *Annual Report on the Development of Sports in China*（*2020 – 2021*）reckons that high-quality development of a sports power can only be built through stimulating the vitality of mass sports, tapping the potential of competitive sports, accumulating momentum in the sports industry, and disseminating multi – dimensional sports culture; a "simple, safe and splendid" Beijing 2022 can be delivered through improving the development of national ice and snow sports, enhancing event operations across – the – board, thoroughly applying the vision of hosting "green, inclusive, open, and clean" Games, and accelerating the coordinated development of Beijing-Tianjin-Hebei; in-depth integration of sport and education can be further enhanced through updating the ideal of physical education, strengthening physical education at school, and integrating the resources of sport and education departments; the growing demands for health of the people can be met and the integration of sports and medicine can be carried out through focusing on the improvement of system and mechanism, the balance of supply and demand, and the degree of integration; a new level of sport in foreign exchanges can be achieved through solid people-to-people and cultural exchanges mechanism, actively promoting the exchanges of international events, strengthening the effectiveness of sports assistance, and participating more in global sports governance; a solid foundation for realizing the modernization of the sports governance system and capabilities can be laid through advancing reforms to delegate, streamline administration and optimize government services, activating the vitality of the main players in the sports market, and focusing on the pivotal breakthroughs in key sectors.

Keywords: Sports Power; National Fitness; The 2022 Winter Olympics in Beijing; Sport and Education Integration; Winter Olympic Heritage; Sport and Medicine Integration

Contents

Ⅰ General Report

B.1   The Development of Sport in China under the COVID −19

Pandemic （2020 −2021） *Fan Songmei*，*Wu Di* / 001

Abstract： 2020 is an extraordinary year for sport in China. This report starts with in-depth analysis on how hard the COVID − 19 pandemic has hit sport in China and response measures of the sport system. It is found that under the coronavirus pandemic， fitness-for-all programs have built on previous achievements， competitive sports has built solid its foundation， sports industry has bottomed out， and sports culture has taken proactive approaches to disseminate. The sport system has come to embrace the "three accelerations and one shift" opportunities of accelerating the growth of China's regular exercise population， accelerating the digital transformation of sports， and accelerating the introduction of support policies for sport along with the shift of international professional sports market to China. While confronting challenges internal and external， the sport system has strictly adhered to prevention and control by law. Furthermore， it has strengthened fiscal support and taken the initiative in publicity and other response measures. The report then sorts out the important functions of sport in China from "standing up" to "growing rich" and explains the strategic role of sport in the phase of "becoming strong" as "an important way to improve people's health， an important means to meet people's aspiration for a

better life, an important driving force for people's all-round development and economic and social development, and an important platform for showing national cultural soft power. " Finally, it is pointed out that the strategic role of sport in the 14th Five-Year Plan period should be given full play through multiple channels to improve people's health, creating a national fitness atmosphere at different levels, upgrading sports industry structure in multiple dimensions, and tapping various sports culture resources.

Keywords: Development of Sport; Fitness-for-all; Competitive Sports; Sports Industry; Sports Culture

II Sub Reports

B.2 Report on the Development of Sport-for-All in China
(2020 −2021)   *Gao Peng, Wang Meirong and Dai Xiaoli* / 019

Abstract: This report introduces the progress made in sport-for-all in China, uncovers its existing problems and provides some countermeasures. At present, new policy documents on sport-for-all have been issued to increase funding on venue construction and sport-for-all activities, which has made significant achievements. While issues like imbalance in fitness-for-all programs, maladjustment of sport facilities construction and utilization, under performance of multiple functions of sport-for-all, and the need to update the performance management mechanism of sport-for-all services remain unsolved. To resolve the bottlenecks in sport-for-all, we should adopt people-centered approach to promote its shared development; accelerate sports facilities construction to balance supply and demand of sport-for-all; exert its diverse functions to support coordinated development; foster a performance assessment mechanism for public sports services to enhance the efficiency of sport-for-all and so on.

Keywords: Sport-for-all in China; Athletic Sports; Fitness-for-all

B.3　Report on the Development of Competitive Sports in
　　　China（2020 −2021）　　　　　　　　　　　　*Wu Di* / 035

Abstract: Since the reform and opening up, China's competitive sports, as the "vanguard" of the cause of sports, has been picking up and has achieved remarkable achievements in the past ten years. This report sorts out major events in competitive sports and its profile in 2020, summarizes the characteristics of development, and looks to the future. In terms of development profile, many sport events have been suspended or even cancelled due to COVID − 19 pandemic. In the face of these changes, Chinese sport system has made great efforts to contain coronavirus pandemic and athletes have vigorously prepared for competition as scheduled. Meanwhile, the sport system has been actively exploring new models for staging events and endeavored to ensure tournaments resumption while carrying out regular COVID − 19 control. In terms of important events, Beijing 2022 Winter Olympic Games has received the most attention in 2020. Anti-doping work remains to be another key point. The illegal use of doping has become a "milestone" in the legalization of doping control. Looking back, COVID −19 pandemic has severely hit sports economy, disturbed athletes' preparation for competition, and challenged the host city's capacity and competence. How competitive sports shall reshape events attractiveness and how to adopt new technology to further its development is worth of attention.

Keywords: Competitive Sports; Olympic Games; Anti Doping

B.4　Report on the Development of Sports Industry in China
　　　（2020 −2021）　　　　　　　　　　　　*Fan Songmei* / 055

Abstract: In 2020, a sudden outbreak of COVID − 19 pandemic severely shocked China's sports industry. This report comprehensively analyzes China's sports industry from 2019 to 2020 and its major troubles. Turns out, sports industry scale

continues to expand with the overall scale comparatively small; the industrial structure continues to improve, mainly in the service industry, but the total output and added value of sports performance activities are relatively low, which needs further optimization and upgrading; industrial layout is accelerated with more policy support and further regional coordinated development; sports enterprises continue to grow with their influence needs to be strengthened; policy, platform, financial support and other sectors' development conditions have been improved but social system of sport governance needs to be improved, talents training is scarce, and the level of sports consumption is low. This report puts forward suggestions focusing on the following six aspects: top-level design, three main factors of production (land, labor and capital) allocation efficiency, optimization and upgrading of industrial structure, regional industrial layout coordination, sports enterprises' influence, and innovation-driven development model.

Keywords: Sports Industry; Industrial Structure; Industrial Policy

B.5 Report on the Development of Sports Culture in China
(2020 −2021)   *Cai Juan* / 072

Abstract: This report reviews the development course of material culture, institutional culture, and the spirit of sport in China. It also elaborates on the problems that exist in sports culture, such as sports culture failing to support national strategy, sports spiritual culture and material culture having certain limitations at different levels. To promote the development of Chinese sports culture, it is proposed that we must attach great importance to the strategic position of sports culture in the future, develop material culture of sport when appropriate, and constantly innovate the development platform of Chinese sports spiritual culture and cultural products.

Keywords: Cultural Confidence; Spiritual Culture of Sport; Material Culture of Sport

Ⅲ   Topic Reports

B.6   Research on the Preparation of Beijing 2022 Winter

Olympic Games   *Gao Peng, Yao Yuansheng and Zhang Qianyu* / 107

Abstract: The Beijing 2022 Winter Olympic Games is a major landmark event in our country's history, so it is of great significance to do a good job in the preparation work. This report mainly consists of three parts: the preparation for Beijing 2022, the overall achievements and future trends. The preparation includes formulating and rolling out ice and snow sports policies, launching ice and snow activities, completing the construction of Winter Olympic venues in succession and actively promote the construction of supporting projects, carrying out ice and snow cultural exchanges between China and foreign countries, preparing for Winter Olympic test events, and exploring new media and broadcasting models for the Winter Olympic Games. After careful preparation work in the early stage, progresses have been made in the preparations for the Beijing Winter Olympic Games such as the ice and snow sports popularization, systematic staging of Winter Olympic events, widespread dissemination of the Olympic spirit, continuous improvement in ecological environment, and the preliminary establishment of talent pool for Winter Olympics. The preparation for the Beijing 2022 Winter Olympic Games will drive forward our nationwide ice and snow sports, comprehensively enhance sport events operation capacity, and promote the coordinated development of Beijing-Tianjin-Hebei while adhering to a "green, inclusive, open and clean" approach.

Keywords: Beijing Winter Olympic Games; Concept of Preparing for the Olympic Games; Ice and Snow Sports

B.7 Research on the Integration of Sport and Education

Gao Peng, Song Jiamin and Lin Na / 122

Abstract: The introduction of the opinions on deepening the integration of sports and education and promoting the healthy development of teenagers, the overall plan for deepening the reform of educational evaluation in the new era, and the opinions on Comprehensively Strengthening and improving school physical education in the new era have pointed out the direction for better carrying out the integration of sports and education in the new era. This report reviews sport and education integration policies' formulation, introduction background, achievements accomplished and typical cases in a bid to examine the dilemma and future of sport and education integration. On the whole, despite a series of achievements, there are still some urgent problems unresolved in the implementation of current sport and education integration policies, such as the deviation of ideas between physical education and education, practical difficulties in school physical education, and a lack of management synergy between departments. Therefore, upgrading physical education philosophy, strengthening school physical education, and integrating the resources of sport and education departments to form an educational synergy would be the key measures for future integration of sport and education.

Keywords: Integration of Sport and Education; Physical Education; Competitive Sports; School Sports

B.8 Research on the Integration of Sport and Medicine

Shi Jing / 140

Abstract: The integration of sport and medicine can give play to sport in physical fitness, immunity enhancement, disease prevention, etc., thereby promoting the overall effectiveness of the health management system and national health level. The *Outline of the Healthy China 2030 Plan* proposes to carry out extensive fitness-for-all programs, strengthen the integration of sport and medicine and non-medical health interventions, which raises the integration of sport and medicine to a strategic level. As an emerging field, the integration of sport and medicine is still in the pilot and exploratory stage in terms of policy formulation, technology research and development, talent training and service models. However, it can be seen from literature, research and empirical studies that in recent years, the exploration of sport and medicine integration has been accelerated, and the industry has been more mature with the awakening of health awareness in the whole society, especially the public health crisis caused by coronavirus pandemic since 2020. More efforts should be made to perfect institutions and mechanism, to balance supply and demand, and to improve sport and medicine integration in a bid to meet people's growing demands for health and help to build a healthy China.

Keywords: Integration of Sport and Medicine; Exercise Prescription; Healthy China

B.9 Research on the Development of China's Sport Exchanges
with Foreign Countries *Cai Juan* / 162

Abstract: This report reviews the history of China's sport diplomacy, and expounds the achievements sport diplomacy has achieved from the following aspects: cultural exchanges, event exchanges, international sport aid, and participation in global sport governance. Problems in China's sport foreign exchanges like low effectiveness in cultural exchanges, emergence of risks in events exchanges, limited international sport aid and participation in global sports governance are to be discussed. Accordingly, this report proposes that it is necessary to foster a comprehensive cultural exchange mechanism, promote event exchanges, strengthen the effectiveness of international sport aid, and participate more in global sports governance in the future.

Keywords: Sport Diplomacy; Global Sport Governance; International Sport Aid

IV　Evaluation Report

B.10　Report on the Effects of Major Reforms in Sport

　　　　（2020 −2021）　　　　　　　　　　*Wu Di* / 182

Abstract：2020 is the closing year of the 13th Five-Year Plan and a crucial year for the building of a moderately prosperous society in all respects. Various reforms in sport are advancing steadily. The outbreak of COVID −19 pandemic has slashed the world and has become the "black swan" in the process of China's sport reform. In spite of the great challenges, major reforms in sport remain steady, and some of the reforms have achieved outstanding results. This report starts from the key areas of sports reform, such as changing government functions, innovating sports social organization management, promoting the development of youth sports, Anti Doping project construction, continuously deepening football reform and innovating the operation of stadiums and gymnasiums, etc. Then it summarizes reforms in the 13th Five-Year Plan period , especially those in the year 2020. The report clarifies the direction and path of reform and analyzes reform tendency according to the requirements of becoming a sports power .

Keywords：Sports Power；Sports Reform；Anti Doping

V　Special Report

B.11　Legacy Report of Olympic and Paralymic Winter Games

　　　　Beijing 2022（pre-Games）

　　　　Beijing Organising Committee for the 2022 Olympic and Paralympic

　　　　　　　　　Winter Games, Beijing Sport University / 202

B.12　Postscipt　　　　　　　　　　　　　　*Bai Yufei* / 255

皮 书

智库报告的主要形式
同一主题智库报告的聚合

❖ 皮书定义 ❖

皮书是对中国与世界发展状况和热点问题进行年度监测，以专业的角度、专家的视野和实证研究方法，针对某一领域或区域现状与发展态势展开分析和预测，具备前沿性、原创性、实证性、连续性、时效性等特点的公开出版物，由一系列权威研究报告组成。

❖ 皮书作者 ❖

皮书系列报告作者以国内外一流研究机构、知名高校等重点智库的研究人员为主，多为相关领域一流专家学者，他们的观点代表了当下学界对中国与世界的现实和未来最高水平的解读与分析。截至 2021 年，皮书研创机构有近千家，报告作者累计超过 7 万人。

❖ 皮书荣誉 ❖

皮书系列已成为社会科学文献出版社的著名图书品牌和中国社会科学院的知名学术品牌。2016 年皮书系列正式列入"十三五"国家重点出版规划项目；2013~2021 年，重点皮书列入中国社会科学院承担的国家哲学社会科学创新工程项目。

权威报告·一手数据·特色资源

皮书数据库
ANNUAL REPORT(YEARBOOK)
DATABASE

分析解读当下中国发展变迁的高端智库平台

所获荣誉

- 2019年，入围国家新闻出版署数字出版精品遴选推荐计划项目
- 2016年，入选"'十三五'国家重点电子出版物出版规划骨干工程"
- 2015年，荣获"搜索中国正能量 点赞2015""创新中国科技创新奖"
- 2013年，荣获"中国出版政府奖·网络出版物奖"提名奖
- 连续多年荣获中国数字出版博览会"数字出版·优秀品牌"奖

成为会员

通过网址www.pishu.com.cn访问皮书数据库网站或下载皮书数据库APP，进行手机号码验证或邮箱验证即可成为皮书数据库会员。

会员福利

- 已注册用户购书后可免费获赠100元皮书数据库充值卡。刮开充值卡涂层获取充值密码，登录并进入"会员中心"—"在线充值"—"充值卡充值"，充值成功即可购买和查看数据库内容。
- 会员福利最终解释权归社会科学文献出版社所有。

社会科学文献出版社 皮书系列
SOCIAL SCIENCES ACADEMIC PRESS (CHINA)

卡号：918178914782
密码：

数据库服务热线：400-008-6695
数据库服务QQ：2475522410
数据库服务邮箱：database@ssap.cn
图书销售热线：010-59367070/7028
图书服务QQ：1265056568
图书服务邮箱：duzhe@ssap.cn

基本子库
SUB DATABASE

中国社会发展数据库（下设 12 个子库）

整合国内外中国社会发展研究成果，汇聚独家统计数据、深度分析报告，涉及社会、人口、政治、教育、法律等 12 个领域，为了解中国社会发展动态、跟踪社会核心热点、分析社会发展趋势提供一站式资源搜索和数据服务。

中国经济发展数据库（下设 12 个子库）

围绕国内外中国经济发展主题研究报告、学术资讯、基础数据等资料构建，内容涵盖宏观经济、农业经济、工业经济、产业经济等 12 个重点经济领域，为实时掌控经济运行态势、把握经济发展规律、洞察经济形势、进行经济决策提供参考和依据。

中国行业发展数据库（下设 17 个子库）

以中国国民经济行业分类为依据，覆盖金融业、旅游、医疗卫生、交通运输、能源矿产等 100 多个行业，跟踪分析国民经济相关行业市场运行状况和政策导向，汇集行业发展前沿资讯，为投资、从业及各种经济决策提供理论基础和实践指导。

中国区域发展数据库（下设 6 个子库）

对中国特定区域内的经济、社会、文化等领域现状与发展情况进行深度分析和预测，研究层级至县及县以下行政区，涉及省份、区域经济体、城市、农村等不同维度，为地方经济社会宏观态势研究、发展经验研究、案例分析提供数据服务。

中国文化传媒数据库（下设 18 个子库）

汇聚文化传媒领域专家观点、热点资讯，梳理国内外中国文化发展相关学术研究成果、一手统计数据，涵盖文化产业、新闻传播、电影娱乐、文学艺术、群众文化等 18 个重点研究领域。为文化传媒研究提供相关数据、研究报告和综合分析服务。

世界经济与国际关系数据库（下设 6 个子库）

立足"皮书系列"世界经济、国际关系相关学术资源，整合世界经济、国际政治、世界文化与科技、全球性问题、国际组织与国际法、区域研究 6 大领域研究成果，为世界经济与国际关系研究提供全方位数据分析，为决策和形势研判提供参考。

法律声明

　　"皮书系列"（含蓝皮书、绿皮书、黄皮书）之品牌由社会科学文献出版社最早使用并持续至今，现已被中国图书市场所熟知。"皮书系列"的相关商标已在中华人民共和国国家工商行政管理总局商标局注册，如 LOGO（　）、皮书、Pishu、经济蓝皮书、社会蓝皮书等。"皮书系列"图书的注册商标专用权及封面设计、版式设计的著作权均为社会科学文献出版社所有。未经社会科学文献出版社书面授权许可，任何使用与"皮书系列"图书注册商标、封面设计、版式设计相同或者近似的文字、图形或其组合的行为均系侵权行为。

　　经作者授权，本书的专有出版权及信息网络传播权等为社会科学文献出版社享有。未经社会科学文献出版社书面授权许可，任何就本书内容的复制、发行或以数字形式进行网络传播的行为均系侵权行为。

　　社会科学文献出版社将通过法律途径追究上述侵权行为的法律责任，维护自身合法权益。

　　欢迎社会各界人士对侵犯社会科学文献出版社上述权利的侵权行为进行举报。电话：010-59367121，电子邮箱：fawubu@ssap.cn。

社会科学文献出版社